从马车到登月

[美] 小理查德·A. 赛特斯坦　小格伦·H. 埃尔德　丽莎·D. 皮尔斯 — 著
Richard A. Settersten Jr.　Glen H. Elder Jr.　Lisa D. Pearce

万丽莹 — 译

LIVING ON THE EDGE
AN AMERICAN GENERATION'S
JOURNEY THROUGH THE TWENTIETH CENTURY

中国科学技术出版社
·北京·

LIVING ON THE EDGE: An American Generation's Journey through the Twentieth Century By Richard A. Settersten Jr., Glen H. Elder Jr., and Lisa D. Pearce.
© 2021 by The University of Chicago. All rights reserved.
Preface to the simplified Chinese edition © 2024 by Richard A.Settersten Jr., Glen H. Elder Jr., and Lisa D.Pearce.
Licensed by The University of Chicago Press, Chicago, Illinois, U.S.A.
Simplified Chinese translation copyright © 2025 by China Science and Technology Press Co., Ltd.

北京市版权局著作权合同登记　图字：01-2024-0838

图书在版编目（CIP）数据

从马车到登月 /（美）小理查德·A. 赛特斯坦 (Richard A. Settersten Jr.),（美）小格伦·H. 埃尔德 (Glen H. Elder Jr.),（美）丽莎·D. 皮尔斯 (Lisa D. Pearce) 著；万丽莹译. -- 北京：中国科学技术出版社, 2025.7. -- ISBN 978-7-5236-1291-0

Ⅰ. K837.128

中国国家版本馆 CIP 数据核字第 20259NL113 号

策划编辑	方　理	责任编辑	高雪静
封面设计	今亮后声·齐云枫	版式设计	蚂蚁设计
责任校对	焦　宁	责任印制	李晓霖

出　　版	中国科学技术出版社	
发　　行	中国科学技术出版社有限公司	
地　　址	北京市海淀区中关村南大街 16 号	
邮　　编	100081	
发行电话	010-62173865	
传　　真	010-62173081	
网　　址	http://www.cspbooks.com.cn	

开　　本	710mm×1000mm　1/16	
字　　数	322 千字	
印　　张	21.75	
版　　次	2025 年 7 月第 1 版	
印　　次	2025 年 7 月第 1 次印刷	
印　　刷	北京盛通印刷股份有限公司	
书　　号	ISBN 978-7-5236-1291-0/K·469	
定　　价	89.00 元	

（凡购买本社图书，如有缺页、倒页、脱页者，本社销售中心负责调换）

致中国读者

在某些方面，本书是小格伦·H.埃尔德在1974年出版的经典著作《大萧条的孩子们》的姊妹篇。埃尔德在《大萧条的孩子们》一书中，对加利福尼亚州奥克兰市1920—1921年出生的孩子做了追踪研究，追踪其从童年至中年的情况。但该项目少有涉及这一群体的父母在残酷的大萧条之前和之后的生活。为了填补这一空白，埃尔德开始在加利福尼亚大学伯克利分校翻查人类发展研究所的档案资料——奥克兰项目数据也发掘于此。通过档案资料，他了解到，继奥克兰项目之后的伯克利指导研究项目，不仅追踪了出生于近十年之后，即1928—1929年的儿童，也追踪了他们父母的情况。这就为我们研究出生于1900年前后的夫妻群体提供了机会，并最终成就了一项独一无二的终身研究，让我们了解到这些夫妻和家庭群体在大半个20世纪里的情况。这段时期，各种革命性剧变轮番上演：移民、战争、经济萧条与经济繁荣来回剧变、超乎想象的各种科技发明与进步纷纷涌现。一位曾参与过该研究的同僚在20世纪80年代时曾感叹道："变化速度如这般迅猛的时代，历史将不再有。这个速度，可是从坐大篷马车到登月的速度！"

尽管这是一本写美国人的书，写的也是一个多世纪以前出生的那一代人，但书中的很多经验教训却能够跨越时空。"让历史对个人生活与集体生活的重要性变得可见"，本书从根本上阐明了生命历程研究这一大核心原则的重要性。它让我们看见，一个迅速变化的世界如何影响人们的生活，这些变化又如何影响每一家每一户，在不同的家庭里完成过滤。它让我们看见，各种历史事件和社会变迁如何既深切地，却又往往无法预见地，让人变得无所适从，迫使人应变，暴露人的不平等，以及改变人的机遇和选择。当前，面对着战争、经济衰退与萧条、种族不平等、政治冲突与内乱、气候变化，以及在每个社会中对人们生活有着重要影响的其他种种事件，本书中的很多内容，我们都可以加以应用。

基于档案数据，我们得以通过第一手资料观察 20 世纪前半叶人们的生活情况。这些情况鲜为人知，有一些甚至挑战传统观念。特别是，我们看到这一时期的女性，在兼顾工作与家庭上一马当前。这些女性很多都接受过大学教育，在国家层面获得选举权之后，尤其在家庭领域，看到了自己的进步空间。她们表达自己的能动性，重新定义婚姻关系为更具有友伴性的关系。而且出人意料的是，这些女性大都有工作。实际上，在 20 世纪的美国，甚至世界上很多其他地方，其中一个宏大叙事便是女性的崛起。如社会学家克劳德·菲舍尔（Calude Fischer）在有关本书的一篇博客文章中写道："在这（过去）一百年间，对美国个人生活的改变影响最为深远的，非女性崛起莫属……上一世纪的诸多重大事件，颠覆了父权制家庭结构，为 20 世纪初女性的赋权奠定了基础。"（发表于美国博客，2021 年 7 月 27 日）

这一代父母，也为现在世界上很多地方所知晓的，更为精细化的育儿模式搭建好了舞台。他们，尤其是中产阶级的父母，开始重新定义亲子关系为以子女为中心、以科学为导向。夫妻更加重视父亲的角色在子女发展上的重要性。很多男性都希望能够做一名更好的父亲，更好的丈夫。他们参与了为父母提供育儿指导的干预计划，成为在一个世纪后得以广泛传播的诸多信息的早期传播者。

也许我们所看到的最普遍的现象，是相互依赖的家庭关系——或相关联的生活——所带来的挑战影响重大。世纪之交出生的这代美国人开始操持家庭生活的时候，我们当今所熟知的一些政府项目还未成形，接受"公共援助"仍被看成奇耻大辱。遇上困难时期，就意味着要依靠家庭成员，或竭尽所能四处求援。提供援助以及接受援助，甚至不得不两家合住的举措，带来了嫌隙和怨恨。最让人触动的，是这些"00一代"❶为了应对生活的艰辛，忍痛做出了许多艰难抉择：不继续要小孩、背井离乡、放弃带不走的资产、大幅削减消费、失去社会地位，以及为了保住脸面，向旁人掩盖自己生活上的困难。

我们也看到，一个人过去的生活，对自己晚年的身心健康有着多大的影响。在20世纪这关键的几十年里，不论在哪个节点上，男性的情绪健康状况都不及女性。这些年里，男性的情绪健康水平在下降，而女性的情绪健康水平在上升。导致这种结果的一项核心机制，便是大萧条时期艰难岁月所形成的长久遗患。生活越艰难，情绪压力越深重、越持久。可供丈夫选择的角色范围把他们禁锢在一张"养家糊口责任状"上，对他们的期待便是抚养家庭，而且是必须抚养家庭。然而局面却让他们毫无胜算。没有能力抚养家庭，往往会带来强烈的羞耻感和绝望，造就如这样一副场景：餐桌上，丈夫两手撑着脑袋，痛苦不堪，妻子因为害怕他会真的像之前所扬言的那样自杀而歇斯底里。按照当时的风气，大多数已婚女性都是家庭主妇，而不是工薪一族，但很多伯克利女性趁子女在校期间，或家庭有需要的时候，都做过兼职。一半的伯克利女性在"二战"期间都有工作。经营家庭与从事有薪工作，成为女性自信与韧性的主要来源。在艰难时期过去约30年以后仍然在世的夫妻里，妻子的能动性与韧性都优于其

---

❶ 从后文对本书研究对象的叙述中可以看到，这个群体生于1885—1908年间，不仅仅包括出生于1900年之后的人们。本书统一译为"00一代"。——译者注

丈夫。

我们认为，这些一脚跨在19世纪，一脚跨在20世纪的00一代美国人是伦纳德·凯恩（Leonard Cain）所说的"铰链一代"，抑或是一座桥梁，连接着过去与现在。他们的生活与其先辈的生活截然不同，而他们所努力应对又推动着的很多变化，又在后世当中得到绵延回响。在他们的一生中，工作发生了深刻的变化，工作场所与家的距离越来越远，高等教育实现了扩张，女性劳动参与率得到提高，婚姻以及育儿模式越来越平等。在研究这一代人的过程中，我们意识到了这样一个事实，那就是我们自以为专属于我们这个时代的很多东西，其实在我们之前很久就已经有了，甚至是建立在那时人的观点与行为的基础之上。

我们希望这本书能激发大家对中国历史与社会变迁做类似的深刻思考，反思这些变迁如何影响着你的生活经历，以及你大家族中每一代人的经历。如果面前的你是一位研究人员，我们邀请你思考历史与社会变迁与你所研究的主题和人口群体可能有着怎样的关系，抑或历史与社会变迁会如何改变你的研究问题、数据收集或研究方法。能有幸向众位读者分享本书的中文版本，我们深怀感激。

小理查德·A. 赛特斯坦，小格伦·H. 埃尔德，
丽莎·D. 皮尔斯

CONTENTS 目 录

第一部分　走进未知世界

第 1 章　新世纪的美国人：20 世纪的 00 一代 - 003

研究问题与研究方法 - 005
分析框架 - 012
伯克利：一座大学城 - 015
"长路"研究 - 020

第二部分　谋生：1910—1930 年

第 2 章　加利福尼亚州，我们来了！ - 027

加利福尼亚州移民 - 028
移民故事 - 031
出生地和家族史 - 036
终身影响 - 040
结语 - 046

第 3 章　男儿初长成 - 048

20 世纪 20 年代的核心主题 - 049
接受教育与参加工作 - 053
谋生与应变 - 056
居者有其屋 - 060
储蓄和证券投资 - 063
亲属和社区依赖 - 066
结语 - 068

第 4 章　成为女人 - 071

　　教育路径　- 072
　　薪水和一些自主　- 075
　　下一步：结婚　- 077
　　家与生活方式　- 080
　　机遇与身份正在改变　- 083
　　结语　- 090

第 5 章　婚内离合 - 093

　　婚内世界　- 097
　　不同的人生：共处与矛盾　- 102
　　婚姻角色与家庭模式　- 107
　　大萧条前的婚姻　- 110

第三部分　萧条年代：最坏和最好的时代

第 6 章　幸与不幸 - 115

　　经济重创与家庭困境　- 117
　　收入与生活成本下降　- 118
　　职业生涯模式　- 121
　　家庭不幸之因　- 124
　　熬过大萧条的路径　- 132
　　不平等与大萧条的经历：结论　- 139

第 7 章　唯有更艰难 - 141

　　经济衰退的含义　- 142
　　当困难变成糟心　- 147
　　性别、婚姻与情绪健康　- 154
　　让糟糕的日子变得更糟糕　- 161

第 8 章　经济困难时期的生育　- 163

是否多生育　- 164
家庭承压时父母的影响力　- 175
生育却无力养育　- 180

第 9 章　亲属之间　- 182

亲属接济结构　- 183
同住与分居　- 196
亲属之间相关联的生活　- 202

第四部分　大后方的战争

第 10 章　战争对家园的影响　- 210

社区变化与调适　- 211
战时家庭变化　- 223
结语　- 233

第 11 章　在职女性　- 236

女性的战时工作　- 238
职业生涯的路径　- 241
工作类型　- 245
形塑女性工作　- 247
情境之下的女性工作　- 255

第 12 章　一代又一代　- 257

走向现代育儿的漫长弧线　- 258
性别观念的变迁　- 265
教养新世界的年轻人　- 268
对子女的期望　- 271
结语　- 276

第五部分　巨变的时代与人生

第 13 章　老年的回忆　- 281

人生进入巨变后的世界　- 283
大萧条对老年生活的影响　- 289
回望人生　- 295
一代人的主旋律　- 300

附录

附录 A　附图与附表　- 309

附录 B　样本、数据来源及方法　- 315

伯克利样本及社区情况　- 315
20 世纪 30 年代和 40 年代：数据收集　- 317
1969—1982：数据收集与测量　- 320
丰富又灵活的素材　- 321

附录 C　1962—2019，项目的来龙去脉　- 323

缘起　- 323
计划与机缘　- 325
队列比较研究　- 327
社会变化与 00 一代父母——伯克利指导研究　- 328
著述成书　- 331

致谢　- 333
补遗　- 337
注释　- 338

第一部分

走进未知世界

PART 1

1870年，美国处于现代的黎明。其后60年，人们生活的方方面面都经历了一次革命。到1929年，美国城镇已实现电气化，各家各户几乎都通过电、天然气、电话、洁净的自来水和下水管道等与外部世界互联。到1929年，马匹已经差不多从城镇街道上消失了，机动车数量与家庭户数之比达到了9∶10。到1929年，家庭可享受的娱乐方式远远超出人们在1870年时的想象，有了留声机、广播，还有在雕梁画栋的电影宫❶里播放的电影。

——罗伯特·J. 戈登（Robert J. Gordon），
《美国增长的起落》（*The Rise and Fall of American Growth*）[1]

---

❶ 20世纪第一个十年中期，美国很多大城市都建了高档的电影院，称为"movie palace"（直译为电影宫），一是为了吸引上流人士来影院消费，改变当时电影被认为是低俗消费的认知；二是为了和剧院竞争。——译者注

第 1 章

新世纪的美国人：20 世纪的 00 一代

> 我们今天所处的时代，很可能是人类制度史上变化最为迅猛的时代之一。
>
> ——罗伯特·林德（Robert Lynd）、海伦·林德（Helen Lynd），《中镇》（*Middletown: A Study of Modern American Culture*），1929 年

20 世纪之交出生的美国人经历了一个迅速现代化的世界。这个世界带来的影响让人眼花缭乱，它们也将以不可预见的方式改变这代人的生活。"一战"前夕，生于这一年代的美国作家、评论家沃尔特·李普曼（Walter Lippmann）曾写道："我们的不安直抵我们的存在之根。"这个变化中的世界"并非想象，而是现实。我们真真切切地在走向新颖、走向发明，每天都有见所未见的事物被创造出来"。我们"没有先例可用做指引，所得的智慧全都来自过去更简单的时代。我们改变周身环境的速度，远超过我们了解如何改变自身的速度"[1]。这一代人所处的世界变化如此之快，快得他们都来不及了解要怎么改变自己。他们的一大半人生都与大规模的国际和国内移民浪潮、城镇惊人的经济增长以及 19 世纪末 20 世纪初各种革命性的发明创造——电、电话、机动交通，以及住房现代化等现象有关[2]。20 世纪 20 年代对于美国西岸地区来说尤其具有变革意义，那段时期，城市发展之势锐不可当。一个多世纪之后，李普曼的观察对于时刻处于变化边缘的美国各代

人来说仍然适用。

20世纪20年代末，总统赫伯特·胡佛（Herbert Hoover）提出组建社会科学专家小组来记录"近年来的社会趋势"[3]的计划。1929年秋，在小组第一次会议上，胡佛论及"传统生活方式的惊人之变"[4]。让众位科学家印象最深刻的是各项重大发明带来了巨大的累积效应，美国人在各种社会和经济力量的驱赶之下，匆匆地"告别拓荒时代，迎接层出不穷的、几乎让人难以置信的各种现代事物"[5]，包括大型公司的出现、大型零售（mass merchandising）以及分期付款的兴起。

然而，社会上的一片欣欣向荣之感很快被经济困境的暴风雨所替代，随之而来的是大萧条时期的经济彻底崩盘、失业率急剧上升、半技术工人和非技术工人由此遭受了长达十个年头的持续影响。尽管如此，各项技术突破仍明显地让未来变得更加光明，甚至促成了20世纪20年代到70年代之间的"美国大跃进"[6]。这次跃进主要围绕着由联邦政府巨额的战时支出所成就的战时"生产奇迹"展开。新闻记者兼编辑凯里·麦克威廉斯（Carey McWilliams）将这段经济爆炸增长期称为自"40年代以来的'华丽腾飞'"[7]。1939年新年前夕，联邦政府总支出攀升至全美国经济总量的80%以上。1939—1944年，仅仅五年间，美国实际国民生产总值几乎翻了一番，劳动者及其家庭的生活水平得到了大幅提升。[8]

战时经济的高速增长一直持续到了战后。战争迫使存款增加，又压抑了民众对耐用消费品的需求，使得战后这方面的购买力成为可能。随着数百万名退伍老兵带着《退伍军人权利法》❶拨

---

❶ 法案名为 *G.I. Bill of Rights*，又名 *Serviceman's Readjustment Act*，即《军人重新适应法案》。G.I. 为英文"Galvanized Iron"（镀锌铁）的缩写，因其是制作军事装备的主要用料之一，所以用其指代"军人"。该法案由美国政府于1944年颁布，旨在向战后退伍军人提供各种福利，后来适用范围扩展至所有退伍军人。——译者注

给他们的一大笔资助金回归平民生活,这种需求更是飙升。该法案为他们参加高等教育、职业培训和购置房产等事项提供了过渡性资金支持[9]。迅速壮大的中产阶级中,新一批的年轻家庭也到了自谋住处的时点。来之不易的经济繁荣让新老一代都对今后生活的稳定性抱有更大的期待。

从以上历史记录中我们可以清楚地看到,20世纪00一代的人生轨迹,是在一连串社会经济的跌宕起伏之间向前延展的。而所有这些兴衰,全都发生在戈登所称的"经济增长的革命性百年"间,即美国内战后的1870年到20世纪70年代间[10]。相比之下,美国在1870年前一百年的变化则较为缓慢。对20世纪00一代来说,这个世纪经济的飞速增长是与大萧条时期经济的戏剧性崩盘联系在一起的。不过,正如我们在后文中所述,即使在大萧条期间也并非所有家庭都陷入了贫困。实际上,在那段时期,有一些人基本上没有遭遇失业和收入减少的不幸,而工人阶级中的一些人却直到"二战"结束都还没有恢复到1929年的收入水平。[11]

研究问题与研究方法

这个快速变化的社会给20世纪00一代的美国中产阶级和工人阶级的生活带来了怎样的影响?他们又是怎样去适应这个经历了两次世界大战,见证了经济大繁荣和大萧条轮番登场的翻天覆地、变化无穷的世界?为了解答这些问题,我们借助了"伯克利指导研究"(Berkeley Guidance Study)项目的档案资料。伯克利指导研究是纵向研究的先锋之作,其档案资料蔚为壮观。

伯克利指导研究项目始于20世纪20年代末,由加利福尼亚大学伯克利分校心理系临床心理学家琼·沃克·麦克法兰(Jean

Walker Macfarlane）在伯克利儿童福利研究所（Berkeley Institute of Child Welfare）发起。[12] 该研究所最终演变为著名的伯克利人类发展研究所（Berkeley Institute of Human Development），它因开展了多项具有里程碑意义的儿童追踪调查而在国际上享负盛名，这些调查对个人从童年、青春期直至老年的生活进行了追踪，伯克利指导研究也不例外。麦克法兰主持该研究项目超过40年，追踪了多达420名20世纪00一代及其子女的生活。他们中有男有女，出生年份集中在1885—1908年，生于欧洲或美国，但最终均定居在加利福尼亚州，并在那里结婚和生活。截至1929年，这项研究覆盖了200多对在伯克利定居的夫妇，而当时这座与旧金山隔湾相望的城市的居民数量大约为40000人。

参与伯克利指导研究项目的夫妇均育有一个在1928—1929年间出生的小孩，该项目也正是在这两年开展的样本选样。项目对这些大人和小孩在20世纪大部分时间里的生活进行了非常详细的追踪。1972—1973年小格伦·H.埃尔德休年假期间，来到研究所，并且发现了伯克利指导研究纵向记录的大宝藏，里面包含了基于多年观察和访谈而记录的各对父母及其子女的生活情况，一份份均整理成册，档案质量很高。有关父母和小孩的各类数据收集范围广泛、内容丰富，体现了项目发起人的主要学术兴趣和专长。[13] 麦克法兰的临床训练方向是家庭关系和儿童发展。为了获得伯克利指导研究中亲代（00一代）社会出身方面的信息，她对他们进行了访谈，让他们回顾自己的生活史，同时在访谈中询问他们父母的社会出身。这些生活历史记录把00一代置入特定的社会语境中，为我们了解他们的成长经历，以及他们迁居至伯克利的过程，提供了很有价值的信息。

麦克法兰的研究团队采用了多种方法收集数据，但其更偏好开放式访谈的方式，尤其是在探究子代发展问题和行为问题方面，而这原本也是伯克利指导研究最初的关注点。除开放式访谈外，研究还配以问卷、工作人员评分、工作人员家庭观察记录和社区观察记录等。访谈数据分阶段收集而成，第一收集阶段是1937—1947年间，第二收集阶段是1969年至20世纪80年代早期。[14] 把这些丰富的数据资料拼凑在一起，便呈现出一幅相对完整的四代人的画像：20世纪00一代，生于1885—1908年间，他们是本书的主要研究对象；他们的亲代，生于美国南北战争之后；他们的子代，生于大萧条时期不久之前或期间；他们的孙代，生于"二战"之后。本书将基于这种代际框架和史学框架，从高度情境化的视角，去追踪观察00一代的各种人生转变、转折点和路径。

20世纪90年代兴起了一套用于了解个人生命历程（包括其中各种转折和轨迹在内）的理论框架。该理论包含五大范式原则，而这五大原则也正是本研究的指导原则。[15] 第一大原则是，每个个体的生活都与他人相互关联。考虑到这种相互依赖性，"生活相关联"（linked lives）的原则认为，个体置身于与他人的关系之中，并受到这些关系的影响。第二大原则是"时间安排"（timing），它关注个人经历诸如婚姻、生育、长大离家等生活事件的时间点。时间安排上的差别，即这些事件的发生时间是较早、正好还是较晚，将切实影响一个人的人生轨迹和各类关系。第三大原则是"历史时间和地点"（historical time and place），它指引我们关注人们所处的经济、文化和社会环境对其生活的影响。第四大原则是"主观能动性"（human agency），指个人自身的选择和行为会影响他们生活的方向和结果。第五大原则是"终身发展"（life-span development），指人的发展和衰老是一个毕生的过程，即始于出生，终于死亡。

生命历程理论视角及其研究在基本特征上与早期一项有关

家庭和生活中的社会变化的著名研究有很多相同点，即威廉·I.托马斯（William I. Thomas）和弗洛里安·兹纳涅茨基（Florian Znaniecki）所著的《身处欧美的波兰农民（1918—1920）》[The Polish Peasant in Europe and America (1918–1920)]。他们是通过回溯性生活史来描摹个体的生活，而不是像麦克法兰的伯克利指导研究一样，对父母子女进行长时间的追踪记录。采用回顾历史的方式收集过往生活信息，会受限于个人记忆的不可靠性。人们在回忆过去时，为了让过往的生活看上去比真实的情况更连贯、更有序，往往会对往事进行选择性地"编辑"。"波兰农民"研究也收集了广泛的数据，从人们的生平故事、信件，到政府机关的记录和实地观察记录等。这项宏大的研究以"旧世界移民群体"及其适应新世界的历史过程为研究重点，被认为是"那个时代一项杰出的美国社会学研究"。[16] 此外，值得一提的是，该研究中的一位作者托马斯意识到了20世纪20年代各类回溯性生活史研究的局限性，开始积极呼吁直接观察人们从童年、青春期直到成年早期的生活。在布鲁金斯学会（Brookings Institution）1930—1931年一次有关社会科学研究方法的研讨会上，托马斯呼吁"推动追踪调查研究"，呼吁跟随"被研究群体走向未来生活，以便第一时间获得其生活经历的连续记录"。[17]

本书将追随伯克利00一代❶的生活脚步，从他们的社会出身，到求学、结婚、生子，到20世纪20年代经济繁荣期与30年代大萧条时期的就业情况，再到"二战"时期，经历处于战争动员令下的国内大后方，一直到老年，走进长时期的战后繁荣。

---

❶ 下文所称"伯克利00一代""伯克利男性""伯克利女性""伯克利家庭"等相关表述均指作为伯克利研究项目研究对象的00一代、男性、女性、家庭。书中多将00一代父母表述为"parents of the Berkeley generation"，将00一代表述为"the Berkeley parents"，为避免直译带来的歧义，译稿将前者译为"00一代的父母"，将后者译为"00一代父母"。——译者注

对于寿命更长的一些父母而言，这项研究甚至一直到20世纪80或90年代。本研究将从第一手资料赋予的近距离视角，来观察一个群体及一群家庭如何经历，又如何叙述那些塑造了其生活并赋予其生活意义的一系列独特的历史时间和地点。

很大程度上，伯克利00一代所处的生活情境让这项研究变成一个加利福尼亚州故事，一个有关人们如何在这个于美国开拓、冒险和创新历史上发挥核心力量的地方追求更美好的生活的故事。伯克利的00一代中，部分人是欧洲移民，部分人来自美国东海岸或者中西部地区。本研究依托美国西部地区发展进程中的部分事件，例如19世纪60年代后期，加利福尼亚大学伯克利分校（the University of California, Berkeley）作为公办大学得以设立，并在20世纪70年代早期开始接收女生，远早于美国西部很多其他的政府赠地院校（land-grant university）❶。然而，他们的故事远不只是一个加利福尼亚州的故事，其影响在历史时间的维度上也更为久远和宽广，因为他们将成为生活在一百多年后的各代人的先辈。

伯克利指导研究是一项终身研究，这也使得我们可以不断地追踪了解每个个体的情况及其所处的关系。1929—1931年，研究对象提供了他们父母及伴侣的情况。从本书第2章，我们开始进入他们的人生旅程，追踪伯克利00一代迁居到旧金山一带（不到20%的人是这一带的原住民）的路径，以及他们在20世纪30年代之前，当他们处于成年早期阶段时，在伯克利经历的

---

❶ 1862年7月2日，美国联邦政府颁布了《莫里尔法案》（Morrill Act），也称《赠地学院法》（Land-grant College Act）。按照该法案，联邦政府按照每个州在国会中的众议员和参议员人数，按照3万英亩（约121平方千米）每人的面积向各州划拨土地，州政府可以通过开发或者出售这些土地所得的收益在每州至少资助开办一所农工院校，主要讲授农业和机械技艺方面的知识，为人口西迁背景下的工农业发展培养专门人才。——译者注

求学、工作、结婚、生子等一系列转变（第 3 章和第 4 章）。此后，我们借助婚姻关系方面的档案资料，通过最早之一的互动性陈述（interactional accounts），来了解婚姻伴侣如何看待他们之间的关系，以及他们的关系是否和谐，是否以相互理解为特征，双方是否会交流彼此的经历等（第 5 章）。到了 20 世纪 20 年代末，各对夫妇在教育、职业角色、社会阶层等方面的差别已经显现出来，而这些差别又将对他们在经济萧条时期和繁荣时期的脆弱性和坚韧性产生重大影响。1929 年，这些家庭中 60% 的家庭处在中产阶级。

随着这些伯克利家庭走进 20 世纪 30 年代，不论境遇如何，他们都携带上自己的全部经济资源和社会资本，准备迎接前路的未知。一两年内，他们将遭遇经济的日渐衰退。旧金山湾区的经济在 1933 年触底，当时有 25% 的劳动力走向失业。并非所有中产阶级和工人阶级家庭都陷入了贫困，但当经济困难遇上婚姻矛盾（第 6 章和第 7 章），以及需要在当时的处境之下和面临未来的不确定性之时，做出是否多生育的痛苦决定（第 8 章），使原本已经艰难的时期变得更加沉重。在 25% 的家庭中，焦虑的上一辈老人的到来，让家庭关系陷入紧张局面，用一位女性的话说，这很快给整个家庭都"蒙上了一块湿布"（第 9 章）。多代人同住的家庭通常会面临富裕程度、文化、语言等方面的巨大差异，有人出身于东欧的农村；有人在旧金山经商，过着上流阶层的富裕生活。

到 20 世纪 40 年代，00 一代及其家人结束了物质匮乏的十年，走向一个经济急速爆发的时期。那段时期的人，无论男女，都被招进国内大后方的劳动大军，帮助应对与日俱增的战备物资和民用物资需求。当时伯克利的社区生活状态反映出战争让人们陷入了强烈的焦虑和巨大的压力之中。据居民们描述，当时大批人从

第 1 章
新世纪的美国人：20 世纪的 00 一代

南方涌入，去往各大造船厂谋生，他们中有白人、有黑人，也有其他外来人员，这彻底改变了旧金山湾区的人口结构。他们讲述了社区的整个架构因此而发生的变化，以及他们当时身历其境的感受（第 10 章）。他们也讲述了人们处在日本袭击珍珠港阴影笼罩之下的生活，以及如何度过美国参战后加利福尼亚州海岸陷入危险的那段时期。其他一些变化也带来了压力，军工行业的生产压力与日俱增——工作日和工作周变长，生产线永不停歇，这种现象让家庭生活变得紧张，男性、女性和子女的情绪及健康也都受到了影响（第 10 章和第 11 章）。

凭借纵向调查数据，我们得以重新聚焦"二战"之前（从较早的经济繁荣期一直到大萧条时期）女性的工作情况（第 11 章）。很多有关女性的社会历史研究都把"二战"看成美国女性职业史上的一个重大转折点。然而，我们看到的却是，20 世纪 00 一代的女性，尤其是工人阶级女性，并不是在战争时期突然加入劳动力市场的，实际上，她们早在结婚之前就已经有过工作经历，或者在大萧条时期就已经给自己的家庭提供过经济支持。

当经历了战时动员文化和社区环境的父母们，看见他们十几岁的孩子们在一个快速发展的世界里，既获得了流动性和自由，同时也面临着许多新的诱惑和风险时，他们的内心发生了剧烈挣扎（第 12 章）。他们的教育方式也因为性别观念——何以称为一名男性或女性，丈夫或妻子，父亲或母亲——的演进而受到挑战。同样面临挑战的还有父母对孩子进入成年之后的预期。这代人做父母时，正值与儿童和家庭发展相关的科学研究兴起，因此，与前几代人相比，他们在这方面拥有更多的知识储备。他们的故事，尤其是中产阶级家庭的故事，反映出他们对育儿的投入和方法都出现了深刻的文化转向，为现今的精细化育儿铺就了道路。

在最后一章，我们循着已步入老年的伯克利 00 一代男性和女性的目光，回顾他们的生命历程（第 13 章）。回顾重点放在他们经历了艰难的大萧条时期和紧张的世界大战之后的个人收获。翻阅访谈记录，我们拼凑出他们在经历 20 世纪多次起伏巨变之后的人生感悟，并且串联起在几代人的生活当中，曾反复出现、消亡又再现的一些主题，例如工作与婚姻的稳定和危机。

这些伯克利男性和女性在 20 世纪的生活变迁，也可以从累积优势和累积劣势的理论视角来认知。他们的童年或安稳舒适，或朝不保夕。等到 20 世纪 20 年代，他们进入青年时期，在旧金山湾区又都过上了相对富足的生活。[18] 从 18 岁到成年早期，他们所面临的挑战大多是完成学业、找工作、找对象，然后组建家庭。他们在这些方面的转变和成就因人而异，而这些转变和成就又在 20 世纪 30 年代以及大萧条时期，将他们分别带往了不幸或幸福的道路。之后，这些轨迹和差异伴随他们走进了充分就业和紧张的"二战"时期，并引发了从战后一直到他们走向老年的过程中的一系列转折。

分析框架

本研究有两个核心概念：个体在多代同堂大家庭中的世代地位，以及个体在历史时间背景下的队列地位。上文提到，伯克利指导研究涉及前后四代人：00 一代的父母、00 一代、00 一代的子女和孙辈。从代际传承和生活依赖周期来看，新生儿出生以后被抚养长大成人，生育下一代，然后变老，最终死亡。各代人因为出生时期的不同，他们的人生可能截然不同。

这一动态视角引导我们注意观察老少各代在家庭和社会中的社会关系，但它并不能反映生育以及其他重要事件是发生在哪个人生阶段和哪个历史时期，而按年龄递进的生命历程视角则可以。通过年龄，我们可以了解个体所处的生命阶段及其大致的责任和义务范围。此外，研究把所有在某一特定年份或某几个年份之间出生的人都归属于一个特定的出生队列。当相邻的出生队列面临同样的社会变化时，他们因所处的"事业阶段不同而呈现出巨大差异"。[19] 我们按照出生年份的中位数把作为父母的伯克利00一代分成两组，以方便我们更好地评估社会变化的历史意义。例如，在大萧条艰难时期开始时，不同年龄意味着不同的事业阶段。按照这种划分方式，00一代的人可以大致分为两个不同的"世代队列"（generational cohort）——1890末一代（生于1900年之前）以及1900初一代（即生于1900年及以后）。

在19世纪与20世纪之交，00一代（不论属于较早的队列还是较晚的队列）所处的出生队列正是社会学家伦纳德·凯恩（Leonard Cain）所称的"历史铰链"。较晚出生队列在20世纪20年代刚刚成年不久，因为这个铰链的关系，他们的人生经历与较早出生队列的人不同。[20] 这种视角会引导我们在关注社会变化发生时个人所处的人生阶段，例如"一战"爆发时期的男性。"一战"中，当美国向德国宣战时，只有1890末一代男性才会受到战争动员的影响；而在"二战"初期，处于这两个出生队列的大多数男性要么已经过了参军资格的年龄上限，要么在国内大后方的重要行业里参加劳动。就女性而言，所处出生队列对她们最大的影响是生育数量。较晚出生队列中的女性生育数量更少，部分原因是受大萧条时期经济水平的限制。她们也有更大概率等到进入性活跃期之后才结婚，这个结果与20世纪20年代年轻女性的解放形象相吻合。

在解读所处世代与出生队列的影响时，区分清楚另一个概念也很重要，即地位群体，如社会阶级、性别、出生地/祖籍和宗教信仰。性别是区分同一出生队列群体的关键指标。性别不同，个人期望和机会也随之不同。同样，过往研究显示，社会阶层也是导致同一出生队列群体中的个人及其家庭存在差异的关键因素，例如对大萧条时期奥克兰市的儿童和家庭的相关研究。[21] 失业现象在工人阶级聚集，这一阶级的大多数父亲直到"二战"时期，还一直处于失业状态。而在遭遇收入大幅下降之后，中产阶级家庭的恢复速度要快于工人阶级家庭。

不同地位的交互方式，与个人应对变化的方式具有高度关联性，无论这种变化是某种事物的丧失，还是某种关系的破裂。例如，在大萧条时期长大的奥克兰市青年队列就亲身经历了构成剧烈变化及调适过程的关键要素。[22] 剧烈的变化通常会引发危机，导致传统的调适方式失灵，部分原因可能是个人对自己的能力或生活水平的期望过高。而当现有的选项被证明无效时，人们便会探索其他方案的有效性。这种失效性恰好印证了李普曼对走进20世纪的美国人的观察结论——他们所处环境的变化速度，快过他们知道怎么去改变自己的速度。

一些个人品质也有助于个人高效地适应社会变化，包括善用资源的能力和韧性。众所周知，这两种品质是一个人在成功克服障碍、战胜苦难之后可以获得的品质。要摆脱不利处境，解决问题，首先要做好应对各种挑战的准备。最重要的是，调适方式的成败很关键。有研究表明，自如地应付各种情况的经历，能积累起成就感，培养个人提升灵活性和善用资源能力的技能。这些个人资源的积累，关系到00一代及其子女的生活，他们子女中的大部分人都是在充满压力的大萧条时期出生和长大的。

这样一项追踪研究，需要一个能够把社会经济变化与个人的调适，以及这些行为对生命历程所产生的后续影响结合起来的分析框架，也需要敏锐地洞察那些能够调节这些变化影响结果的个人地位交集。因此，着眼于社会变化何以产生特定结果，我们跟随伯克利00一代走进20世纪20年代、30年代、40年代，直至他们的老年，探究他们的生活和家庭情况。

伯克利：一座大学城

19世纪后期，随着欧洲移民不断涌入，以及国内人口为了寻找更多的就业机会而从农村向城镇地区、从东部向西部不断迁移，人口西迁，成为美国一大核心主题。加利福尼亚州的开拓过程可以生动地反映这段历史，旧金山市以及位于旧金山湾东部沿线的伯克利市的发展过程亦是如此。从1900—1910年，加利福尼亚州的人口增长了一倍。当时，大多数加利福尼亚州的居民都来自其他州，有些甚至来自国外。本书第2章讲述了伯克利00一代迁居加利福尼亚州的过程。他们大多是与其他人（父母、其他家庭成员、朋友等）一同成行，而且可能来自中部平原和中西部地区的城镇，而非农村。只有20%的人来自国外，而国外人口最后一般都定居在加利福尼亚州一些主要城市的中心区。

年轻人及其家人之所以被吸引来伯克利市，主要是因为这里有一座享誉盛名的州立大学，这所大学不仅声誉好而且入学门槛低，而且这里的社区生活质量很好。南北战争之后，私立的文科类大学预备学校——加利福尼亚学院（College of California）经提议与农业、矿业和机械工艺学院（Agricultura, Mining, and Mechanical Arts College）合并，使得加利福尼亚大学伯克利分校于1868年成为现实。联邦政府根据《莫里尔法案》提供赠地，而出售土地所得的收益则用于办学。[23] 为了纪念创设了哥伦比亚大学高等教育模式的乔治·伯克利（George Berkeley），主管大学迁址的人将该校区周围的城镇区域统称为伯克利市。加利福尼亚州大学的医学院最后落在旧金山，农学院则落在加州戴维斯

（Davis）市的郊区。

19世纪70年代，加利福尼亚大学伯克利分校因招收女生入学而备受瞩目。女生入学人数很快超过了男生人数，尽管当时州内达到大学学龄的男生要多于女生。到1900年，该校总学生人数超过3000名。20世纪头20年，归功于教职工在教学和科研上的国际声望以及慈善家对其的慷慨捐助，学校的声誉水涨船高。到了1920年，一座相当气派的校园已经在伯克利这片丘陵上拔地而起，建筑呈新古典风，周围风景优美。在1928年开创了伯克利指导研究的麦克法兰，便是在6年前从加利福尼亚大学伯克利分校获得了临床心理学博士学位，成为该校心理学系的一位具有开创精神的女性成员。

加利福尼亚大学伯克利分校设立时，校董会确立了州内居民可以免费入学的原则。学校收取的唯一费用是例如医疗等各类学生服务成本。学校声望高，上学成本却极低，这对于希望在西部地区追求更美好生活的家庭来说有着巨大的吸引力。此外，这座城市本身还因为新生儿出生死亡率低以及承诺提供一流的医疗保健服务而颇有名气，这点也同样重要。加利福尼亚州的历史机遇也为伯克利的发展创造了利好条件。

加利福尼亚大学伯克利分校实体校区和学生人数的扩张在伯克利的发展中起到重要作用。但在最开始阶段，学校的教职工和学生主要住在隔壁的奥克兰市，日常乘坐马车往返。城市住宅区一开始集中在伯克利的西半边，这部分区域最后发展成工业区，被称为"沿湾海景区"（Ocean View along the Bay）。几年之后，东半边建设起了加利福尼亚大学伯克利分校的校园。截至1900年，城市开发促成了新街道、邮局、学校、交通设施（例如有轨电车及环湾列车等）和一座公共图书馆的建成，城镇的建制得以设立。城镇上配备了选举制公务员、消防、警察和公共用水供应系统。

第 1 章
新世纪的美国人：20 世纪的 00 一代

从过去到现在，加利福尼亚一直因为地震和火灾而出名。20世纪发生的两起灾难，即 1906 年的旧金山地震和 1923 年的伯克利大火事件，在那个世纪头 30 年伯克利人口和住房规模的增长当中扮演了重要角色。地震中，旧金山地区各处的住房和商厦都遭到了毁灭性的破坏，震后天然气管道爆炸导致的大火席卷了整座城市，很多建筑和片区被夷为平地。好几万名住户需要安置，他们当中很多人最后都被安置在位于东湾的伯克利和奥克兰的多个社区里。《奥克兰论坛报》(Oakland Tribune) 对此有过生动的描绘。地震发生之后的当天，火车拉来了一车厢接一车厢的人，"除了身上穿的衣服，他们什么也没带"。[24] 数百名难民最后在伯克利定居下来，这使该地区的人口在 1900—1910 年间翻了 3 倍，并在 1909 年建市成功。

面对这场危机，东湾各个城市迅速响应，设立了救助委员会来管理各个教堂、服务团体和个人志愿者提供的援助行动和资源。在军队的帮助下，东湾地区设立了 7 个帐篷营地。从慈善组织伯克利社团（Berkeley Society）发展而来的伯克利福利社（Berkeley Welfare Society）也得以设立，以应对如浪潮般从旧金山地震灾区涌来的难民的需求。部分伯克利 00 一代的家人便是来自旧金山湾被大火烧毁的地区。其中有一个家庭为了躲避大火，在旧金山湾的一艘救生艇上漂了好几天。除人口安置之外，这场地震也促使旧金山的部分行业迁移到了伯克利滨湾地区。

20 世纪初发生的第二场大灾难是 1923 年的伯克利火灾。火势顺着强风，从山上席卷而来，蔓延到位于城市西北边的商业区，并且烧毁了几千座房屋。[25] 在大部分的住宅区，唯一的房屋痕迹是孤零零地立在四处的烟囱，让人想起"一战"时期法国战场上那些孤独的遗骸。超过 4000 名住户的房屋被毁，经济损失超过 1000 万美元。令人吃惊的是，在众志成城的努力之下，这座城市在两年之内便得以恢复，考虑到当时火灾的破坏程度，这个速度让人难以置信。两年之后，除了独栋房屋严重匮乏，灾难的痕迹几乎无处可寻。一些家庭也因此被迫在临近的社区租房或购房。

尽管发生了这场灾难性的大火，但伯克利市的经济在20世纪30年代之前已经回弹并蓬勃发展。那个时候，人们无论如何也预料不到会出现大萧条和长期的经济危机。等那一切都发生时，各个社会阶层的家庭收入都减少了，工人阶级的失业率超过25%。大萧条的10年间，加利福尼亚州和纽约市是失业最为严重、以工代赈力度最大的州市之一，大萧条对西海岸地区的打击晚了6个月才到来。[26] 这10年也见证了一些重大进步，例如连接旧金山市与伯克利市以及奥克兰市的海湾大桥（Bay Bridge）在这一时期完成建造。

大萧条对这座大学城的打击程度，可以从伯克利福利社所发挥的公共职能上清楚地看出来。福利社的设立目的是帮助从旧金山地震中逃脱出来的难民，而到了1935年夏，它已经接手了伯克利所有的救济工作。当时，它的资源也接近耗竭。提供这么大范围的救济，它依靠的仅仅是300万美元的市政贷款。到1932年底，接受救济的家庭数量已经上升到大萧条之前市县一级救济家庭数量的7倍，平均每10个家庭中就有1个家庭依赖这笔日渐减少的公款过活。1935年，伯克利福利社转为私人机构，专门解决补充性的家庭需求。[27] 自那以后，它原本的救济工作开始由联邦政府和州政府的以工代赈政策承接下来。

"二战"时期，在军用和民用需求急速攀升的刺激下，国内经济从大萧条转向蓬勃发展，这种一百八十度大转弯似的历史转变实属罕见。大萧条时期经济衰退，人们为了适应这一变化，已经习惯了过紧日子。而随之而来的"二战"时期，为了实现建造

"民主军火库"的目标，美国开始了空前规模的动员。[28]20世纪30年代，在经济衰退和国家孤立主义政策的双重影响下，美国在教育、健康、军事和基础建设方面的支出大幅削减。伯克利对此感受颇深，大学生和大学教职工的资助大幅减少。然而，在欧亚上空不断积聚的战争乌云很快便扭转了这一下降趋势，它刺激联邦政府增加支出，以在"二战"期间实现国家再工业化。到战争结束时，加利福尼亚大学伯克利分校已经收到了接近6000万美元的资助，用于与战争相关项目的研发。

这所大学能从大萧条中恢复过来，很大程度上得益于新校长（委派于1930年）的领导力和招聘能力。校长名叫罗伯特·戈登·斯普劳尔（Robert Gordon Sproul），是一名土木工程师。到20世纪30年代末期，加利福尼亚大学伯克利分校的教师团队已经参与到从海湾大桥到伟大的胡佛大坝（现称博尔德大坝）工程等多个大型土木工程项目的一线工作中。欧内斯特·劳伦斯（Ernest Lawrence）研发了第一台能够把原子核撞开的回旋加速器，并因此获得了诺贝尔物理学奖。同样来自该校的另一批科学家，在罗伯特·奥本海默（Robert Oppenheimer）的带领下，在战时原子弹的研发工作中起到了关键作用。战争结束后，在教师们所取得的各项成就的推动下，联邦政府继续向该校提供资金，以支持其开展大型科技项目的研发。

"二战"期间，已达应征年龄但从事非必要平民工作的人被征召入伍，这为伯克利市和奥克兰市的居民提供了更多的就业机会。为了满足新形式的战时紧急生产任务（例如旧金山湾沿岸的船厂建设），州外招工也有所增加。这一新的行业既需要白领工人，也需要蓝领工人，但批量生产方法的应用使得招募没有造船经验或技术的工人成为可能。[29]这些工人当中有很多是来自南方和中西部地区经济最贫困的一些地方的移民。美国向轴心国（德国、意大利和日本）宣战后的一年内，联邦政府的国防支出上升了12倍，这是美国为了在整个西方世界取得领导地位的又一笔巨额投资。伯克利市和加利福尼亚州全境在整个20世纪50年代持续繁荣发展，直到20世纪70年代中期，战后繁荣期结束。

"长路"研究

伯克利指导研究发起的时候，美国对个体研究的典型做法是收集他们在某一个时点的数据。在美国，只有不到十项儿童研究是以记录其成长过程为目标的，而且大多数项目相比于人类发展研究所开展的伯克利指导研究和奥克兰研究来说，规模都比较小。横断研究模式的一个重要例外是路易斯·特曼（Lewis Terman）在斯坦福大学对加利福尼亚州高素质人群开展的一项纵向研究。其对象群体也是在20世纪头二十年内出生的男性和女性。研究前后开展了多轮数据收集工作，样本数多达一千名以上。[30] 伯克利指导研究的规模尽管没有这么大，但它独特的地方在于它追踪调查了前后两代人——小孩和父母——的生命历程。除此之外，它在数据收集方面也独具一格，收集密度大、数据来源多样，包括开放式问卷调查、家庭财产清单、父母子女问卷调查，以及针对各家各户做的年度记录等。

与现在的纵向研究不同，在伯克利指导研究时期，纵向研究项目缺少联邦政府的资助。这一限制具有重大影响，因为这类研究所需要的资金远远超过单轮研究。弗雷明翰心血管纵向研究（Framningham Cardiovascular Longitudinal Study）是美国第一个大规模的采取前瞻性研究视角的研究项目。该项目始于1948年，两年后，国家健康研究所（National Institutions of Health）设立。后来，该所成为支持战后全国性纵向研究的主要经济支柱。在那之前，伯克利指导研究这项纵向研究项目的很大一部分经济资助，都来自劳拉·斯佩尔曼·洛克菲勒纪念基金（Laura Spelman Rockefeller Memorial）。

对于研究个体终身情况的项目，老年时期的样本会变得具有高度选择性，因为有人去世、有人退出，最后留下来的参与者大多是经济上最具优势、身体最健康的人。麦克法兰的样本取自"老伯克利人"，样本家庭中的儿童都生于20世纪20年代末。可想而知，如果这些样本取自"二战"之后的伯克利人，那么样本的构成将会非常不同。其中一个显著的区别，源于战后伯克利日益增加并最终固化下来的种族多样性。当时在战争工业的带动下，黑人家庭大规模迁入伯克利市。而在20世纪20年代取样的"老伯克利"家庭中，只有一对夫妇是黑人，这明显代表不了战后伯克利市的情况。亚裔和拉美裔的家庭也是如此。纵向研究的研究对象是这个世界，而社会变化是这个世界的内在属性。本研究以20世纪00一代为研究对象，其核心任务是研究社会变化对这一代伯克利人的生活产生了哪些终身影响。

麦克法兰所研究的家庭，是在1928年1月1日至1929年6月30日间迎来新生儿出生的家庭群体的代表性样本。研究一共招募了244个家庭，这些家庭被随机分成两组，一组设定了密集的数据收集制度，包括开展父母访谈和观察等；另一组的数据收集密度则较低。每一组中，有约67%的家庭是中产阶级家庭。之所以开展密集的数据收集，是为了给在抚养子女过程中遇到挑战的父母们提供持续的指导，也正因为如此，项目最初的名字叫作"伯克利指导研究"。[31]

任何基于档案数据的研究，都不可避免地需要调和现在的标准与基于不同目的或按照不同流程所收集的数据的可用性之间可能存在的一些冲突。研究任务决定了合格数据的标准、测量标准和研究设计，但调查员对这些内容的选择一般受限于研究项目启动时的标准。因此，如果我们要基于档案数据做二手分析，那么我们必须想办法充分利用现有数据。[32]

幸运的是，伯克利指导研究的档案数据选择面宽、可能性多。基于访谈记录和观察记录，我们获得了定性数据，系统性的观察编码又可供进行定量测量。开放式访谈和观察同时也让我们有机会构建定量模型，用于评估与现今研究方向更相匹配的一些概念。结果证明，伯克利指导研究的这一特性，对于研究那些处在一个快速变化的社会当中的00一代的生命历程、家庭模式及其信仰和价值观等都至关重要。

例如，伯克利指导研究原先并没有打算把研究对象及其家庭置入这些特定的背景之下，不管是20世纪20年代的经济繁荣期、20世纪30年代的经济萧条期，还是"二战"时期的国内大后方。然而，它对开放式访谈的依赖，让我们能够对这些历史时期进行情境化测量。例如，在社会经济因素方面，可测量的内容包括人们在20世纪20年代的职业生涯经历和教育转变、20世纪30年代的收入水平和职业生涯变化、"二战"时期的工作角色变化以及收入和工作时长的增加等。关于20世纪20年代的意识形态方面，可测量内容包括教育目标、教育理念、对职业生涯的期待，以及婚姻生活中的性别平等观，等等。举例而言，收入减少所引发的痛苦程度，在很大程度上与伯克利男性和女性的实际生活水平和预期生活水平有关。

很幸运，有一位杰出的口述史学家查尔斯·莫里西（Charles Morissey），在20世纪70年代对伯克利指导研究中超过四十名男性和女性开展了口述史研究。[33] 他们翔实地叙述了自己的早年情况，也就是从20世纪20年代到"二战"时期以及战后的情况。例如，一名伯克利女性描述了"二战"期间她家如何举办家庭社交聚会招待海军和陆军战士。

从广义上来说，本研究的前景在很大程度上得益于伯克利指导研究史料巨大的时间跨度，其记录了好几代人的生活及家庭情况。这项终身性研究成果的灵感来源于麦克法兰，并归功于其连续几十年追踪调查伯克利儿童及其父母状况的决心。然而，在项目之初（大概在1930年），没有人能想到这些父母的生活最终会被载录成册，并且在伯克利人类发展研究所一直保存到20世纪80年代。这些史料的翔实程度及时间跨度在其历史时期之内绝无仅有。

这项对伯克利00一代的研究计划，萌芽于埃尔德在研究所的那段时期（1972—1973年）。当时，他开始着手研究这些规模庞大的历史档案，研究其中涉及的具体问题及相应的历史时期。最重要的是，档案中既能找到20世纪20年代、30年代、40年代到50年代的各时代生活史记录，也能找到关键的历史细节。这些纪录挖掘了研究对象的个人看法，并记载了他们的原话。从中我们可以看到，经济衰退、战争和其他一些历史、社会变化与这些男性、女性及其家庭生活之间是如何相互作用的。有了这一发现之后，埃尔德把在研究所的工作重心都投入整理数据和撰写提纲中，他准备写一本书，书的主题是20世纪风云变幻之下的伯克利00一代。从他的脑海里有了这个基本框架之后，经过近半个世纪的酝酿，这本书终于得以成型。

本书讲述的是，生活水平经历了空前发展的一百年（1870—1970年），以及其间发生的多次经济与社会动荡，如何在20世纪00一代的男性和女性身上留下它们的印迹。他们不仅推动自己的生活，也推动着社会变化本身，改变着伴侣、子女、年迈的父母以及自己社区的生活。他们的生平故事反映了一段不断调适、适应变化、应对变化所带来的种种影响的复杂过程。

然而，00一代的生活，同时也预示着其后各代人的生活。从某些方面来说，他们的故事就是我们所有人的故事，毕竟，现代生活的很多方面都缘起于他们曾经走过的那个年代，或他们曾经为之奋斗过的事物。毕竟，对于生活在一个瞬息万变的世界里会有着何种深刻却又时常相互矛盾的体验，现在和将来的各代人都很容易与他们产生共鸣。

第二部分

谋生:1910—1930 年

PART 2

对伯克利00一代男性和女性来说，在20世纪的头几十年，也就是他们在成年早期阶段，谋生意味着实现两大目标：一是依靠教育和自食其力在社会上立足；二是建立能够通向婚姻的关系。他们生平故事的起源，大多在湾区以外很远的地方。大多数人来自加利福尼亚州和美国的其他地区或者欧洲。他们一般都是在家人和朋友的帮助和陪伴下迁入伯克利❶（第2章）。通过他们的移民史，我们可以看到他们在决定来这个地方寻找更好的生活之前，思想上经历过怎样的拉扯。

20世纪20年代为伯克利带来了繁荣，这里的各行各业和加利福尼亚大学都欢迎年轻男女的到来。其他一些地方院校和机构也为人们提供了额外的选择。在第3章，我们会重点讨论男性的教育和职业成就，并特别强调"实现住房自有"在当时是一项核心价值观。我们希望了解，00一代男性是否利用高等教育为自己搭建了一条通往中产阶级职业的道路，以及伯克利的年轻女性，面对着C.怀特·米尔斯（C.Wright Mills）曾在《白领：美国的中产阶级》(*White Collar: The American Middle Classes*)一书中生动刻画过的新兴白领世界，处境如何？[1]她们是否充分利用了接受高等教育的机会，以及大学所能提供的新中产阶级就业机会？在第4章我们将会探讨，在那个时代，当女性在家庭以外的领域的前景有所扩大，人们对家庭内部分工的预期有所转变时，伯克利女性能在多大程度上通过教育、工作和家庭之外的社区活动来拓宽她们的人生选择。

无论对伯克利00一代的男性还是女性来说，高等教育都是一条通往更多选择及个人发展的潜在路径。然而，这种个人发展也可能造成婚姻矛盾。20世纪的工业化导致工作世界和家庭世界分离，同时也导致男性和女性在生活上的分离。在第5章，我们将按照社会学家欧内斯特·伯吉斯（Ernest Burgess）在研究20世纪20年代和30年代家庭生活时所采用的视角，探究伯克利指导研究对象的婚姻关系质量和夫妻沟通情况。大萧条前夕，丈夫和妻子工作场所的分离通常是导致他们婚姻关系紧张的一大关键因素。丈夫下班回家后，在家操持了一天家务的妻子迫不及待地想和丈夫分享她这一天的生活，可在外挣钱养家的丈夫对此却往往没什么回应。在经济危机时期，男性通常会把这种倾诉行为，看成是对他们的掌控力和自尊的一种威胁。

---

❶ 因为书中对伯克利00一代迁入伯克利的时间未作描述，所以不确定他们迁入时伯克利是否建镇或建市。因此，"Berkeley"仅表述为"伯克利"，不再表述为"伯克利市"。——译者注

第 2 章

加利福尼亚州,我们来了!

> 我的人生分成了好几个阶段。第一个分界点是 1908 年,我离开家乡密苏里州的堪萨斯城;第二个分界点是 1912 年,我来到了加利福尼亚州。
>
> ——某伯克利挪威裔男性

理解一个人的生命历程,不能脱离历史时点和地点。考察伯克利 00 一代的生命历程同样如此。他们生于 19 世纪和 20 世纪之交,但到了他们自己养育小孩的时候,他们所处的世界与他们自己童年所处的世界已经大不相同。他们当中不到 10% 的人是旧金山湾地区或者伯克利的原住民,而每对夫妻至少有一个小孩生于 20 世纪 20 年代末。移民并定居中西部,是这代人生命史中的重要一环。

这一章,我们在西进运动的大背景下,探寻他们迁入加利福尼亚州的不同路径。迁居,被视为是改善个人生活的一种方式。从 19 世纪末到整个 20 世纪,美国在世界各地人的眼里都是一片充满非凡机遇的土地,尤其是中西部和加利福尼亚州,那里有伯克利,有加利福尼亚大学。1890 年"边境线消失"(closing of the frontier)[1]的说法也没有削弱加利福尼亚州的吸引力,整个 20 世

---

[1] 原话出自 1890 年的美国人口普查报告。报告指出,西部地区到处都有人定居,已经不存在所谓的"边境线"了,即"边境线由此消失"。——译者注

纪，它都在吸引人们前往定居。最早一批过去定居的人把好消息传递给他们在东部各州和在欧洲的亲戚朋友，于是引发了一波又一波的移民潮。这一章，我们将叙述伯克利家庭是如何卷入这段历史当中的，从中我们可以看到他们在出生地、历史和族裔等方面的重大差异。而这段历史，也将是他们的生活在本书中前进的起点。

加利福尼亚州移民

19世纪末期，加利福尼亚州经济发展的一大主要刺激来自连接萨克拉门托市、洛杉矶市与美国东部的几条州际铁路，及其之间为争抢客户而展开的激烈竞争。然而，与我们所研究的伯克利00一代的西进过程关联性更大的，是加利福尼亚经济在1890年"边境线消失"之后的惊人发展，60%多的伯克利00一代都不在本地出生。1930年，约67%的加利福尼亚州居民将其出生地报告为州外，20%的人则报告为国外。[1]

1900—1930年间，加利福尼亚州人口共计为570万人，是以前的3倍多，而其中有80%的增幅来自州外出生人口数的增加。[2] 不论是加利福尼亚州本地出生的居民，还是其他州的移民，他们大都留在加利福尼亚州度过了一生。[3] 与我们的研究兴趣更相关的一点是，20世纪头10年间，伯克利人口数量增加了2倍以上，这个在1900年只有13214人的小小大学城，到1910年已经容纳了40434人，部分原因是1906年的大地震导致一大批原旧金山居民迁来此地。在地震中丧生的一共3000人，震后灾害和大火迫使30万人失去家园，他们当中有一半人跨越旧金山湾来到奥克兰和伯克利等地区，使得当地现有住房资源变得紧张。[4] 1923年，伯克利又遭遇了一场毁灭性的大火灾，640栋建筑被毁，其中584栋属于住房建筑，更多的家庭因此无家可归，当地住房变得更加紧张。[5] 从1910—1930年，伯克利人口再次大规模增长，增幅达到一倍，人口数共计82109人，而也就在这个时候，经济形势开始走下坡路。

研究伯克利男性和女性的移民史或"轨迹"，应该放在加利福尼亚州移民浪潮这个更大的情境之下，去理解这些"轨迹"与经济条件、社会出身和最终定居地之间的关联。[6] 伯克利指导研究中的各代家庭，或前或后地被卷入4次移民浪潮，这些浪潮基本与加利福尼亚州乃至全美国的经济快速发展期同步兴起。[7] 第一次移民潮出现在1890年的经济萧条之前。1890年开始的经济危机也是美国20世纪30年代之前最严重的几次经济倒退期之一。那一时期的移民包含了大批前来参与挖矿和修建铁路的中国劳工，以及来自意大利、英国、德国和斯堪的纳维亚等地的西北欧移民。[8]

加利福尼亚州的第二波移民潮发生在1890年经济崩盘之后，一直持续到大概1913年，人口增幅达到60%以上。其主要刺激因素是农业、石油业、造船业和其他行业的发展。在移民对象上，南欧和东欧的移民最为突出。这一时期经济发展的体现包括圣金华河谷（San Joaquin Valley）和旧金山地区发现了一系列重要的石油矿藏，电力行业蓬勃发展，工业越来越多地依赖电和石油作为能源来源。1914—1915年，美国经济再一次进入萧条期。

第三波移民潮发生在20世纪20年代早期，紧接在1921—1922年经济衰退期之后。第四波浪潮发生在"二战"期间，在此期间加利福尼亚州的制造业就业机会增加了75%以上，尤其得益于1942年年中到1945年8月15日美国对日战争胜利日（V-J Day, Victory over Japan Day）期间造船业和飞机制造业的迅速扩张。[9] 移民加速流入，极大地刺激了人们对消费品和服务需求，尤其是住房需求。[10] 我们所研究的伯克利家庭在1929年之前都住在加利福尼亚州，但在最后几章，我们会叙述"二战"如何将旧金山湾区变成一个国防重镇，而当地的军工业给00一代及其子女又带来了怎样的新机遇和新挑战。

至于加利福尼亚州移民潮的推动因素，国内外相关移民研究已经做出了解释。[11] 推动人们西迁加利福尼亚州的因素有多个，包括对永久性提高生活质量的期盼（"加州梦"）、暂时改善生活的愿望（赚钱，带着更多的资源回到家乡）、对土地的向往（尽管这个因素在推动平原和西北部地区的拓荒运动上发挥的作用比对促进加利福尼亚州经济发展的作用更大），以及一种怀旧情怀（开拓精神和个人主义的伟大理性）等。[12] 加利福尼亚州的总体情况显示，从1890年开始，每一段经济衰退期之后都会出现一次移民人数的增长，但正如玛格丽特·戈登（Margaret Gordon）所注意到的那样，移民人数最为明显的几次大增长"都与经济发展异常迅速的几个时期有关，当时全州的经济发展速度超过了全美国的经济发展速度"。[13]

一般情况下，20世纪早期加利福尼亚州移民的形象，不论是积极的还是消极的，都被刻画成农民形象。在消极的形象里，加利福尼亚州与农业关联起来的画面，刻画的大多是一穷二白的乡村农民在逃离大萧条时期寒风肆虐、水灾泛滥、穷困凋敝的平原地区。在积极的形象里，农业新闻的相关报道深化了加利福尼亚州与农业的关系，根据这些报道，农业提高了加利福尼亚州的生育率，而加利福尼亚州本身已具备令人羡慕的农业发展要素，这与其作为机遇之地的形象相配。[14]

这些与农业相关的形象只反映了加利福尼亚州的部分面貌，它也有都市性的一面。即使在1900年，大部分加利福尼亚州的居民（52%）都已住进城市。1870—1930年，加利福尼亚州的城市人口比重一直都远超全美国的城市人口比重。然而，在1900—1940年间，所有迁入加利福尼亚州的国内移民中，有一半人都是在1900—1930年间从中部地区的各农业州迁入，而他们当中又有绝大部分人来自艾奥瓦州、明尼苏达州和达科他州等中北部的几个州。20世纪30年代，在沙尘暴肆虐的灾难时期，移民来源地又南移到包括西部偏中南的一些州——得克萨斯州、俄克拉荷马州、堪萨斯州——以及一些城市中心。[15]从迁移模式来看，中西部的农村移民似乎是加利福尼亚州城市发展中的重要组成部分。然而奇怪的是，在20世纪30年代迁入加利福尼亚州的移民大多又来自城市，而且也定居在了城市。这个年代，从受旱灾影响的美国各州迁入的移民中，只有24%来自农村，而60%来自城市，其余人则没有明确的来历。

移民故事

伯克利00一代的移民经历受到一些关键因素的影响。我们重点考虑了来自迁出地的，决定他们迁移需求、愿望和手段的"推力"，以及诸如经济机会等引导他们走向特定迁入地的"引力"。[16]在伯克利指导研究的档案资料里，我们发现了很多种推力，但它们都源于00一代那风雨飘摇的生活经历，尤其是源于他们的父母、叔姑舅姨、堂表兄弟姐妹因为患上流感、肺结核、肺炎或败血症等当时死亡率高的疾病或者患上各种退行性疾病。死亡和疾病改变了家庭生活条件和运作方式。小男孩、小女孩们失去母亲之后，会被送往亲戚家生活，他们需要融入新的家庭，和堂表兄弟姐妹们竞争关注和资源。失去配偶的男性和女性会很快再婚，小孩被带入新的家庭，和不相识的，有时甚至是不喜欢的继父或继母一起生活。如果他们的父母遭遇失业、失去公职，又或者生意倒闭，那么家人则需要去别处寻找新的生存手段并降低生活标准。

火灾、洪灾和地震毁坏了住房、农场、工厂、商店，甚至整个村庄和社区，人们为此失去物质资产、生计来源和个人关系。例如，平原上的一场大火，可能会把家庭农场吞没。一个钟表匠兼铁匠的儿子回忆道："前后有三次，父亲先是开了个店铺，把生意做了起来，还清了债，最后又被一场大火焚烧一空。但每一次，他都只是转过身去，从头再来。"这些灾难也会发生在旧金山湾区。不少人的回忆里都提到了1906年的旧金山地震和1923年的伯克利大火，无家可归的家庭最后迁入伯克利、奥克兰或相邻区域。这些事件严重破坏了社区的基础建设和社会基础。

一名伯克利女性在回忆童年时生动地描述了当时的混乱场景。某天，她和母亲一起睡在一张锡床上。房子突然剧烈震动，她俩被摔在地板上。然后她母亲开始喊："哦！上帝、玛丽亚、耶稣，救救我们，救救我们！"他们一家住在旧金山市场街（Market Street）南边，"一整天下来，不断有人带着他们的鹦鹉和狗下楼"，人们登上渡轮，逃离废墟和震后引起的火灾，逃往安全地带。他们一家人和其他三百人一起登上了一艘名叫"丽兹曼舞"的小帆船，船开到旧金山湾停了两个星期。她记得他们"睡在木材上，老鼠在身上爬窜"，而且"这辈子从没这么饿过"。后来他们返回去，发现他们家的房子还在，但整条街上的其他东西都被烧得一干二净。在那之后，有十六个人住进了他们家，连续好几个月他们都在街上做饭，室内不允许用炉子和烟囱，因为一旦再起火的话，没有水可以灭火。那之后差不多十年，她结了婚，然后在"一战"期间搬到了伯克利。

在00一代的移民故事中，也能找到共同的移民引力，尤其是在亲戚朋友的私人书信中，或在宣传加利福尼亚州经济繁荣

第 2 章
加利福尼亚州，我们来了！

和美好生活前景的广告中，都提到这里有大把的工作机会，这个地方肯定能找到工作。其他引力包括《1903 年义务教育法》（*Compulsory School Act of* 1903）颁布之后学校教学质量的提升，以及儿童进步主义教育的推广。这部法律的重点内容包括支持加利福尼亚大学体系的扩张，以及公开支持伯克利分校发展成为加利福尼亚大学的掌上明珠。[17] 同样，在可靠或相似人群的圈子里找到一个理想的婚姻伴侣也是引力之一。另外，我们不要忘记，自加利福尼亚州在 1850 年建州以来，它一直是西部地区之魅力和神秘感的神圣象征。一个在明尼苏达州农村长大的父亲这么说道："我对加利福尼亚州一直都很向往，从小就这样。有关加利福尼亚州的文字，只要是我能找到的，我都看过。等年龄越来越大，我的'加利福尼亚州瘾'也越来越大。"

个人或群体品质也会影响移民计划最终是否成行。毕竟，感受到推力或引力是一回事，而真正采取行动改变自己的生命历程和他人的生活则是另一回事。这种行动并不一定出于主动的选择，有可能只是形势所迫。虽然我们无法对这样的个人品质进行直接观察，但伯克利指导研究的个案材料中处处都能找到对某位或某几位家庭成员个人品质的描述，可能正是这些品质让他们对移民抱着特别开放的态度。例如，有的父亲愿意冒险；有的母亲坚强乐观、相信家人可以战胜前路上的一切困难；有的父亲一直"蠢蠢欲动"期待改变；还有的父亲乐于探险、盼望游历；有的母亲有能力为她自己和家人规划好在新地方的未来生活；也有的母亲基于对丈夫的无比信任，相信一切都会好起来。个人品质可能不只会影响他们对移民行动的接纳程度，有些个人品质也可能会迫使他们不得不离开当地。例如脾气暴躁的父亲可能和工友发生了肢体冲突，导致频繁搬家。

从伯克利 00 一代的移民故事中，我们能再清楚不过地看到，社会网络——"相关联的生活"（linked lives）是推动各个家庭移民西部的最强推力。社会关系推动众多家庭移民加利福尼亚州，其依靠的是众所周知的连锁移民效应，即一个人或一群人的移民行为，吸引了亲戚或同村人、同国人的移民行为，同时为后来的移民者提供经济和社会支持。[18] 对有移民意愿的人来说，有个人或群体可供投奔，可以增加勇气、带来宽慰，也降低了移民活动这项重大决定的风险。后来的移民者可以获得能够帮助他们开始新生的知识和关系网，尽管有时候，他们的联系人不过是某个远方亲戚或已经搬过好几次家的家庭朋友，这些人的名字和地址也都只是潦草地记在一些小纸片上。

和大多数生活转变一样，移民活动通常不是一项个人行动，而是与他人的行为相互交织在一起。伴侣、父母、小孩或其他亲戚（叔姑舅姨、堂表兄弟姐妹）形成的社会护航队（social convoys）可能一起移民，或者通过其他方式参与到这个过程当中。通常，这些故事里都有他人同行。大部分海外移民者——来自希腊、瑞典、意大利、俄罗斯、英国和其他国家——都是乘坐火车或船只来到加利福尼亚州投奔家人朋友，中途除短暂逗留之外，没有在其他地方做长时间的停留。

相比之下，很多本国移民者却没有直奔加利福尼亚州，而是先在某些其他地方待了较长一段时间。这些经历通常也和家人有关。例如，较早出生队列中的一位生于南达科他州某个小村子的伯克利女性，在回忆自己西迁的过程时说，她先是在 1 岁那年去了她叔叔家位于俄勒冈州的大牧场，在一驾大篷马车里住了 1 年，当时她的父亲在林肯高速公路上工作。等她到了 11 岁，他们在加利福尼亚州主矿脉（Mother Lode）上的金矿镇住下来，后来又从那里迁入伯克利。这类故事有很多，移民者们最先从美国腹地例如明尼苏达州、印第安纳州、艾奥瓦州、堪萨斯州、内布拉斯加州、密苏里州、得克萨斯州等地方迁出，去往华盛顿州、爱达荷州、俄勒冈州或其他西部各州投奔亲戚，最后来到加利福尼亚州定居。

迁出地的关系网既可能会助推移民计划，也可能会扼杀人们迁移的念头。对于离开这件事，有些人可能感受到了支持，但有些人可能被乞求或命令不准离开。一名在瑞典出生的女性回忆她父亲在离别时对她说："记住，如果你不喜欢美国，我们可以想办法攒钱让你回来，但我知道你肯定会喜欢上它。我认识的那些去了美国的人都喜欢那个地方。"个人对某一个社区或某一片土地的情感强弱，也影响着"离开"这个选择的难易程度——或者适应新环境的难易程度。一名在意大利出生而后在16岁移民到里士满港（Port of Richmond）的男性，略带怨恨地回忆着过去，他觉得湾区当地的意大利老乡当时应该帮他一把，让他可以站稳脚跟。相反，他们当时仅仅出于想看新人闹笑话的目的，把他引上了歧路。移民路上结识的人既可能是福星也可能是灾星。陌生人给自己提供工作线索或落脚之地，甚至仅仅只是给了碗热饭菜，这些都能让人感觉自己受到了欢迎；而车间或市镇小道上的一场争执，则可能激发起一个人远走他乡的想法。

不论移民活动何以成行，它都是一段具有个人特点的经历，人们从此告别过去，告别以往的习俗和束缚。离开旧世界，奔赴新世界，这个过程可能会带给人一种失落感。脱离家庭和社区的束缚，可能会让人感到解脱，但同时也会让人感到茫然无措、无所适从，至少暂时是这样。伯克利00一代的迁移模式与其出生地和族裔相关，而这两方面的背景还将持续塑造他们的生活，并伴随他们长大、变老。

出生地和家族史

伯克利 00 一代及其父母的人生跨越了七十年甚至更长时间的美国社会经济发展史,而在这个时间段里,美国迎来了大规模的移民。20% 的 00 一代出生在国外,约 67% 的人其父母至少有一个生于国外。从出生地和族裔来看,他们总体上与早先几十年迁入加利福尼亚州的国内移民相似,基于这种相似性,我们可以把他们放在这一时期各族裔人口此消彼长的独特背景之下来进行考察。为了优化出生地和族裔的对比结果,我们还加入了出生队列这一变量。

极少数伯克利 00 一代在农村长大,只有 13% 的人生于农民家庭,这与他们在老年时对"你主要是在哪里长大的?农村、镇上、小城市或是大城市?"这个问题的回答结果一致。1973 年仍在世并接受访谈的人当中,只有不到 20% 的人回答说他们"主要在农村长大"。国外出生的人当中,非农背景比例稍少一点,而小农和农业劳工阶层背景的比例稍多一些,但差异都不大。而国外移民二代与国内人口二代在这方面的差异不大。从各方面来说,农村出身的背景对伯克利 00 一代的生活史只有很小的影响,且与其父母是否在国外出生几乎没有关系。

农村出身对其影响不大,反映出当时加利福尼亚州所能提供的机会类型。与按照 1862 年《宅地法》开放广袤土地供众人开拓的中部和西南部地区不同,加利福尼亚州逐渐被大型农业庄园所占据,人们几乎不太可能买到土地或者一小片家庭农场。尤其是 1900 年之后,加利福尼亚州的机会更多地来自制造业的快速发展,以及随着人口大规模迁入,服务业、房地产业、交通业和建筑业的扩张。即使在 1890 年的"边境线消失"之后,西部其他地区也仍然存在农业机会,例如西北地区,农村移民可能会认

第 2 章
加利福尼亚州，我们来了！

为这些地方比加利福尼亚州更有吸引力。上文提到，不少伯克利 00 一代是在中西部农村长大的，他们在迁入加利福尼亚州之前，曾经在俄勒冈州或者华盛顿特区短暂停留过，通常是去看望亲戚。

仔细分析他们的出生地，我们能看到有关他们移民的更多细节。表 2.1 显示，较早出生队列，也就是在 20 世纪以前出生的那批人，绝大多数是来到加利福尼亚州的移民，只有不到三分之一的人在加利福尼亚州本地出生，而其中更是只有六分之一在湾区本地出生。国内移民来自美国各地，从中部平原各州——大平原和中西部地区——迁出的人最多；约 20% 的人在国外出生。相比之下，较晚出生队列，即 20 世纪之后出生的那批人当中，加利福尼亚州本地出生的人的占比要高出很多。其中，48% 的女性及其 42% 的配偶都在加利福尼亚州出生，而出生在湾区的人接近 25%。

比较两个出生队列内部的情况，二者在出生地上的最大差异出现在较晚出生队列中——国外出生人口比例从大约 20% 降到了 12%~13%。补充分析资料显示，在国外出生的伯克利 00 一代当中，来自英国（英格兰、北爱尔兰、苏格兰、威尔士）和加拿大的人比例最高（37%），其次是意大利（20%）和斯堪的纳维亚半岛（13%）。类似的，父母在国外出生的人中，父母来自英国的人比例也最高（37%），其次是德国和荷兰（均为 17%）、爱尔兰（13%）和斯堪的纳维亚半岛（13%）。

因此，总体上看，伯克利 00 一代的情况可以反映出这一时期加利福尼亚州移民的人口结构。在 1900 年开始的出生队列当中，加利福尼亚州本地出生人口比重最高，这几乎毫无疑问地反映出，20 世纪初期的婴儿潮曾推动加利福尼亚州移民人口数量出现巨幅上涨。[19]

表 2.1　伯克利男性与女性出生地，按出生队列划分

出生地	百分比分布 女性 较早出生队列	百分比分布 女性 较晚出生队列	百分比分布 男性 较早出生队列	百分比分布 男性 较晚出生队列
旧金山湾区	5	12	4	12
加利福尼亚州：湾区以外	22	36	26	30
西北部、山区	9	9	9	7
中部、西部和东部	33	13	22	23
南部	4	7	5	7
东北部（中大西洋地区、新英格兰）	9	10	13	10
国外	19 100（92）	13 100（119）	22 100（107）	12 100（103）

注：括号内为样本数量。❶

　　然而，这些数据可以反映出移民迁入前他们所处的社区环境吗？我们在个案材料中没有找到这方面的直接信息或者持续收集的信息。但我们从其他证据中看到，迁入加利福尼亚州的 75% 的本国移民成长于密西西比河以西的地区。[20] 这当中近一半的人可能将自己划分到"主要成长于"小镇或小城市，而他们的父母当中既有本国人也有外国人，且大多是在大城市度过了童年。这一现象或许可以体现出，有本国出生背景的家庭在这一时期的西进

---

❶　因百分比均为整数，可能出现总的百分比不为 100 的情况。下文同。——编者注

第 2 章
加利福尼亚州，我们来了！

运动中处于中间地位。伯克利 00 一代中的这些人很可能参与到了日益加快的城镇化进程中，从美国西部和中部平原的小城镇迁往了快速发展的湾区大城市。

地理位置也决定了人们的择偶行为。通常情况下，伯克利男性无论是否在加利福尼亚州本地出生，其选择的结婚对象大体都来自他们自己的出生地，这反映了一种地区性"通婚"的模式，以及早年社会网络对择偶的影响。[21] 超过一半在加利福尼亚州出生的男性娶了出生在与自己出生地相近的女性，仅有 20% 的新娘来自中西部地区。美国本国出生的男性中，只有新英格兰❶的男性迎娶出生于自己出生区域以外地区女性的概率更大，他们的妻子中有 43% 的人生于加利福尼亚州。来自新英格兰的男性和国外出生的男性，有很多是迁入加州利福尼亚州的单身男性移民。大部分在国外出生的男性所娶的妻子，要么来自加利福尼亚州本地（32%），要么来自旧世界❷（47%）。无论是来自哪里，通婚大都发生在同一族裔群体内。毫无疑问，这种现象应归功于家族或朋友之间的牵线搭桥、共同的社会网络，以及加利福尼亚州那些招待特定族裔人群的社交俱乐部。

因为缺少关于伯克利 00 一代早年经历的系统资料，我们无法明确各类通婚模式的相对概率：有多少男性在迁入加利福尼亚州之前已经迎娶了来自老家的妻子，有多少单身移民临时回老家娶妻，有多少移民迎娶了已经迁入加利福尼亚州但来自老家的妻子。尽管如此，我们还是找到了一些与各类模式相关的案例：有一对在明尼苏达州结了婚的夫妇，与居住在奥克兰市的亲戚一同

---

❶ 指美国东北部地区，包括缅因州、佛蒙特州、新罕布什尔、马萨诸塞州、罗得岛州、康涅狄格州。——编者注
❷ 指在哥伦布发现美洲新大陆之前，欧洲认识的世界，包括欧洲、亚洲和非洲（这些被统称为亚欧非大陆或世界岛，但不包括英伦三岛、日本、马达加斯加和马来礁岛）。——编者注

迁入加利福尼亚州；有一位意大利移民，回老家娶了一个当地女孩之后，再带妻子一同回到湾区；还有另外一位年轻人，娶了从堪萨斯州老家移民过来的家族朋友的女儿。在本书第 5 章我们还将进一步讨论择偶问题。在这之前，我们打算先探究一下这些男性（第 3 章）和女性（第 4 章）成为夫妇之前的生活经历。我们关注的问题是，出生地和族裔，与人生机遇和家庭经历的差异之间有着怎样的关联。

终身影响

本国出生人口和新近国外移民人口之间可能存在文化差异，即使是在国外移民群体内部，在关切事项、价值观和态度方面也有所不同，这些差异又将对其家庭以及家庭在面对机遇和生活贫困时的处理方式产生重大影响。例如，美国历史学家史蒂芬·萨恩斯托姆（Stephan Thernstrom）注意到，美国波士顿和纽伯里波特地区的爱尔兰裔和意大利裔家庭，认为积累财富要优先于子女教育。[22] 出生地和族裔的不同，可能造成教育成就和职业成就的差异。族裔的文化面向，是与价值观和态度相关的一系列情境及反应的复杂组合。在这里，我们重点关注族裔和出生地的社会经济属性，因为它们将决定伯克利 00 一代的社会出身，也将成为我们了解 00 一代在 1930 年之前的人生道路和价值观的参照点。

新移民者在美国社会中所处的劣势地位及移民二代的相对流动，是社会历史学中反复出现的研究主题。在 20 世纪早期，民众对新移民者的这种印象十分深刻，正如人们也非常认同，社会流动性是有关机会和个人努力的美式意识形态当中的核心信仰。[23] 先不论社会判断，这种印象大体上是准确的。美国立法史学家 E.P. 哈钦森（E. P. Hutchinson）在分析了 19 世纪 70 年代和 80 年代的人口普查资料后指出："国外出生的人通常都在工厂或上流阶层家庭中工作，当劳工或家仆。对其而言，文职工作、管理岗位和公职等岗位大都遥不可及。"[24] 我们可以通过美国1890年人口普查所收集到的在本国出生的国外移民二代的就业情况，大致对比一下前后两代人的情况："与国外移民中的男性大都在家政行业和个人服务行业出卖劳动力的情况不同，移民二代中的男性大都在贸易、交通和制造业工作……总体上来说，与移民一代相比，移民二代在就业上的行业分布情况，与白领劳动力在各行业的整体分布情况吻合度更高。"[25]

移民者在美国如果不具备专业技术知识或一门有价值的手艺或某种行业技能，那么他会发现自己能找到的非技术工种以外的工作机会少之又少。其下一代也处于劣势，一是因为他们一开始就处于职业结构底层，二是因为家里没钱让他们接受教育，而教育对于摆脱体力劳动者阶级来说越来越重要，更别说进入美国主流文化了。然而，国外移民子代男性所处的劣势地位似乎并没有比本国底层阶级和工人阶级群体的子代男性更糟糕，在某些情况下，可能还比他们更成功一些，至少在进入某些技术工种和底层白领岗位方面是这样的。[26] 由此一来，问题的关键似乎不是一个人的移民地位或族裔背景，而是其父亲的职业以及其父亲是否有能力或有意愿让他的儿子接受教育。尽管一些证据显示盎格鲁-撒克逊新教徒群体在就业市场上稍占优势，但也很难证明其他移民群体是否受到了就业歧视，或者他们是否因文化背景不同和缺乏语言技能而面临更多挑战。[27]

伯克利00一代的父母们的出生地和家族史与职业地位有怎样的关系？我们通过表2.2可以做一些粗略的对比。尽管表中包含的世代不太精准，但通过这张表，我们可以把伯克利男性放入历史时点，同时追踪这段时间各族裔移民群体在职业分布上的变

表 2.2 伯克利 00 一代的父母辈职业情况，按族裔和出生地划分（百分比）

祖父职业，按出生地划分	美国、英国和加拿大	爱尔兰	北欧	斯堪的纳维亚半岛	东欧、南欧、中东
国内出生					
专业技术-管理人员	39	27	29	33	40
白领	32	33	38	67	40
体力劳动者	15	20	21	—	—
农民	14	20	13	—	20
	100（74）	100（15）	100（24）	100（3）	100（5）
国外出生					
专业技术-管理人员	22	67	10	10	—
白领	33	—	60	35	42
体力劳动者	28	17	25	40	37
农民	17	17	5	15	21
	100（18）	100（6）	100（20）	100（20）	100（19）

注：括号内为样本数量。祖代的相关信息，来自 1930 年和 1931 年对 00 一代的访谈，仅限于 112 个核心样本家庭。

* 分析对象包括祖父和外祖父。

化。[28] 简单比较各族裔群体的人数，我们可以多少发现一点本国出生群体和国外出生群体在族裔构成比例上的变化，以及移民来源地从不列颠群岛转向斯堪的纳维亚半岛以及东欧和南欧的趋势。最重要的一点是，父母辈中本国出生的群体相比国外出生的群体，非技术工人更少，而在中产阶级和上层阶级工作岗位上的人更多。如果先不看族裔，30% 的本国出生人口被划归为"专业技术-管理人员"，另外 30% 被划归为"农民"或"体力劳动者"，相应类别在国外出生人口中的比重分别为 14% 和 43%。至于每个族裔群体的内部，其出生地和职业分布关系模式十分复杂，且样本规模较小，因此很难下结论。

但还是有三个模式值得关注。其一，有两个族裔群体（"英国、加拿大"和"北欧"，它们都是传统移民区）中的本国出生和国外出生的样本数量较多，足以使我们得出具有一定比较性的结论，即在这两个族裔群体当中，国外出生人口从事体力劳动和白领工作的人数占比要高于本国出生人口。其二，某些族裔群体（本国出生的斯堪的纳维亚裔，本国出生的南欧裔、东欧裔，以及国外出生的爱尔兰裔）人数较少，实际上反映出某个时期从特定区域迁入的移民者数量相对较少。针对这部分情况，我们印证了以往文献中得出的结论：这些时期的移民者通常都是地位相对优越的阶级群体，他们有更大概率产生独特的移民动机，也拥有移民所需要的资源。[29] 其三，来自东欧和南欧的国外移民处于弱势地位的证据很明显，他们相对更集中在体力劳动者岗位和农民角色，管理岗位和专业技术人员岗位上则基本没有看见他们的身影。这张表提醒我们不要仓促下结论，认为只要是移民，不论是移民一代还是二代，他们的职业层次都较低。我们还需要认识到不同族裔群体之间在职业构成上的巨大差异。

除了职业地位，出生地和族裔的差异还与 00 一代早年家庭生活呈现出来的其他特点有关联吗？根据手里掌握的资料，我们可以从两方面的家庭生活特征来进行分析，一是经济困难程度，二是家庭规模。这两个方面一般是在族裔价值观差异之外，影响家庭支持和生活机遇的重要因素。经济困难程度，这方面的资料来源于00一代在老年时期的回忆（即1973年对仍在世的00一代进行的访谈），它再次印证了需要把出生地视为社会经济地位影响因素的重要性。00一代被问道："你们的父母在养家的过程中有没有遇到过经济困难？还是说他们的生活很舒适或宽裕？"[30]相比本国出生人口（不论是本国族裔还是外国族裔），国外出生人口在童年时期生活拮据的概率更大，而在回忆里生活舒适的概率更小。不过这个比例差异相对不大（差异大概在10%）。当我们把生活困难程度与父辈的职业地位关联起来，更明显的差异就显现了出来。被00一代描述为"富裕"的父母，从事专业技术工作和管理工作的人占了约67%，处于农业阶级的只有25%，而对于"有点困难"或"特别贫困"的人，相应的阶级群体占比则分别为接近33%和75%。

原生家庭规模的大小与是否在国外出生之间的关系更大，与00一代所回忆的童年时期生活困难程度的关系更小。在各族裔群体中，在国外出生的母亲均比在本国出生的母亲生育了更多孩子（二者的生育率分别为平均5.4孩和4.2孩）。各族裔群体之间生育率的差别一般与天主教徒的比例有关，因此这可能主要反映了天主教的影响。例如，南欧裔和东欧裔的母亲皈依天主教的概率最高（69%），排名第二但远远落后的是爱尔兰裔和北欧裔（4%）。斯堪的纳维亚裔和英格兰裔的女性，只有不到10%是天主教徒。

社会经济地位差异还体现在不同族裔群体生育率的差异上。为了分析文化因素和经济因素对生育率的影响，我们分析了00

一代其母辈的六大特征，包括族裔、国外出生或本国出生、宗教信仰（天主教或新教）、受教育程度、家庭社会经济地位，以及丈夫是农村就业还是非农就业。

果不其然，信仰天主教对这些女性的生育率影响最大，族裔也是一大独立影响因素，其影响程度与国外出身的背景和社会经济地位的影响程度相当。受教育程度和丈夫在农村就业几乎没有多大影响力。有两大发现值得关注。第一，南欧裔和东欧裔的母亲们生育数量最多，而斯堪的纳维亚裔的母亲生育数量最少，这方面的影响甚至超过了信仰天主教、社会经济地位低和在国外出生等因素的影响。第二，各社会经济阶层家庭规模的差异一定程度上证明了生育控制的存在，尤其是在中产阶级中。尽管富人们控制家庭规模的行为可能与经济方面的考量没有什么关系，但对致力于改善生活方式、为子女创造教育机会的下层中产阶级家庭来说，这种调适方式是一项非常经济的决策。

对于在旧世界农村长大的00一代来说，家庭规模大，往往意味着童年生活贫困和未来生活艰难。这种处境促成了他们移民美国的决定，关于这一点，我们可以从一个在16岁告别了意大利北部农村老家的男性的早年生活史中看出来。他家在图灵外围地带的皮德蒙特区（Piedmont region）经营农场，家里一共有7个兄弟、4个姐妹。尽管与同一地区的其他农场主相比，他们的农场发展得相对更好，产出相对更高，但它也无法满足这个大家庭的需求，等到父亲去世之后，每个儿子也将无法分到足够的土地。这几个因素促使年轻人下决心跟随他姐姐的脚步，在1907年移民到加利福尼亚州。大概20年后，他收到一封他父亲的来信，询问他想怎么处理本属于他的那一块土地。当时他已经实现了一定程度的经济保障，于是他坚持把他的那份土地分给其他兄弟，他说："我不会再回去了。我什么都不想要——即使没有那块地，比起我的兄弟们，我在这个国家也能更好地养活我的一家人。所以，我希望都分给他们。"

家庭因死亡或分离而破碎，这是00一代普遍的童年经历。他们当中有20%的人来自这样的家庭，家庭经济条件较差的人更是如此。在适应新世界的过程中，压力和紧张随之而生，但不管是何种压力和紧张，我们都没有找到它们与家庭破碎的经历甚至与情感环境相关的任何证据。亲子之间的亲密程度以及婚姻冲突的发生概率，均与是否出生在国外或是否有外国血统没有关系。[31]

结语

00一代及其父母和他们即将迎来的孩子，这三代人的人生跨越了一段社会经济剧烈变革的时期。本章回顾了国内外移民的几次大浪潮，这些浪潮一般具有阶段性趋势。探究这些移民的出身情况和移民经历，为我们追踪其下一步的人生经历奠定了基础。从这里出发，他们将走进成年，最后找到伴侣，为人父母。

00一代早年的移民经历鲜明地体现了世界变化与人的变化之间的相互作用。移民路径作为一种结果，它的多样性反映了上一代人的文化和社会经济属性给他们的后人带来的影响。在这几代人经历的快速变化的历史条件下，这些影响既限制了他们的道路，又开拓了他们的道路。新的社会条件为他们创造了不同于亲代的机遇和期待。同时，我们也看到，这些经历在塑造了伯克利00一代和赋予他们文化多样性的同时，也为各代人之间产生摩擦和冲突提供了温床。

大多数00一代人是跟随父母或是在刚成年没多久迁入加利福尼亚州和伯克利的，然后在非农环境或城市环境下长大成年。他们采取移民行动的背后，有一系列因素形成了推力，尤其是父母生活拮据的境况。同时，这一系列因素又成为引力，牵引他们来到加利福尼亚州追求未来美好生活。或许最重要的一点是社会关系在个人、家庭乃至整个社会护航队的移民路径上发挥了关键推动作用。移民行动很少是一段单独的经历，很多人被动地被卷入这场运动。而从此，他们的生活，以及未来几代人的生活，都就此发生了改变。

外国出生的背景是 00 一代原生家庭背景中最普遍的文化特征，伯克利 00 一代的父母只有约 33% 是本国本土人。国外出生的背景通常意味着这个家庭在社会阶层和家庭规模上处于一定劣势地位，南欧裔和东欧裔群体尤为如此。文化模式和社会经济模式对 00 一代的家庭背景也产生了独立的影响。比如，家庭规模大，通常与社会经济地位低、国外出生和信仰天主教等背景有关。随着我们继续探究 00 一代直至"二战"以前的生活情况，我们发现，文化和社会经济地位的影响力逐渐凸显，成为影响他们在大萧条爆发之前的生活处境，以及如何度过未来生活的重大决定性因素。但在讨论那段历史时期之前，我们需要先探寻一下他们的社会出身对其在 20 世纪 20 年代的工作、教育、结婚生子的经历产生了哪些深远影响。

第 3 章

男儿初长成

> 一个人除非在足够多的不安全感的驱动下开始努力工作,否则他永远都不可能感到安全。
>
> ——某伯克利男性

"一战"接近尾声时,伯克利00一代男性都在忙着完成学业,开拓一份能带来经济保障的事业并组建家庭。在19世纪末的出生队列中,有一些靠近19世纪90年代最后几年出生的人已经在"一战"中完成服役,正忙着求学并寻找满意的工作。到了20世纪20年代,与20世纪初的出生队列相比,19世纪末的出生队列在职业生涯和收入上都更领先一筹,而这一差别将对他们在大萧条时期的经历产生明显的影响。在这一章,我们会考查家庭出身与受教育程度对伯克利00一代男性的社会经济事业的影响,并比较00一代两个出生队列中的中产阶级和工人阶级在1929年的收入、储蓄和投资情况。

20世纪20年代,正值伯克利00一代男性初入职业生涯的那段时期,社会、文化都经历着变革。我们会先讨论这些社会、文化变革方面的主题,然后再将视线转向他们在20世纪的谋生方式:从获得教育情况和具体的工作经验,到获得收入情况和他们各自的生活水平,包括房产、车辆的购置情况,以及其他投资、储蓄和证券的保有情况。这些成就不仅是社会流动性和财务投资的重要标志——尤其对于工人阶级来说,它们也能带来心理回报，具有心理学上的意义。

20世纪20年代的核心主题

20世纪20年代，随着社会富裕程度日益增加、机会分配不均和消费刺激政策的推行，对于很多美国人来说，理想和现实之间的差距被进一步拉大。确实，实际工资大幅上涨，家庭生活水平得到提升，但从中获益最多的是中产阶级和商人群体。从1923—1929年，企业利润上涨了六倍，增速与工资一致。[1] 商业机构让众多没有额外收入的家庭可以通过分期付款、抵押他们未来的收入来获得与"美好生活"相关的物质商品。而正是这一类家庭，也坚定地拒绝购买与疾病和失业危机相关的社会保险产品。[2] 到20世纪20年代末，美国家庭的收入分配明显不公，"向顶层收入群体分配太多，而向底层群体分配太少"。[3]

伯克利00一代男性成长时代的文化，为这种不公平的滋生提供了土壤：社会达尔文主义的要求与资本主义理念和运行原则相呼应，要求人们在自由竞争的市场中努力工作、发挥主观能力性并保持自律。[4] 威廉·格雷厄姆·萨姆纳（William Graham Sumner）是这一社会哲学最重要的拥护者，他认为在生存竞争中，最强者或最适者是自律、节俭和努力工作的人。正如生存有赖于力量的保障一样，在不受限制的经济活动中，通往物质成功的道路有赖于道德品质的保障。资本因克己而获得。市场竞争的结果，不论好坏，都是应得的结果。有人可能会认为，一个处于社会秩序底层的人通过努力可以实现社会流动；但社会达尔文主义者却认为，道德品质和财富优势的积累可以通过家庭这一媒介传递给子孙后代——因此，无论是在性格、机会还是在最终成就上，处于社会底层的人与社会地位优越的人之间，永远都无法实现平等。

等到伯克利00一代男性开始承担婚姻家庭责任的时候，一些变化让社会达尔文主义受到了挑战。[5]大型零售业和广告业的发展，鼓励各个家庭消费而不是储蓄，而诸如分期付款等一些金融消费方式又让人们可以花还没有挣到的钱。一种"拥有更多财富"的心态滋生了中产阶级重视车辆购置和奢侈品消费的生活方式。[6]经济需求和经济愿望的定义也发生了改变：需求的含义变成了"一个家庭不愿意缺少的所有东西"。[7]物质愿望和期待的攀升，意味着越来越多的家庭都在追求一种与自我付出或克己相左的生活标准。[8]最后，有关社会保险（"福利"）方面的争论，对这样一种过分依赖个人财富水平来评判个人品格的经济制度提出了批判性质疑。

从我们所了解的伯克利00一代男性成年早期的生活来看，社会达尔文主义的一些要素反复体现在他们的自我认知和对他人的认知当中。一名男性这样回忆他父亲那一辈的人："（他们）有很强的动力。一天工作很长时间，很努力。而现在人们整天期盼的是不用再工作了。这种嚷嚷着要更多假期的态度很幼稚。"另外一名男性在评论20世纪30年代实施的新政时颇具微词："（我们）失去了自由和进取心。所有的东西要么攥在大公司那里，要么就被政府控制着。"不论是因为家庭要求他们保持严格自律和目标设定，还是因为贫穷，很多伯克利男性都称是"逆境这所大学"引领他们走向世俗上成功的道路。一名成功的专业技术人员称他的"动力来源"是一种剥夺感，那种感觉"在我早年时期一直萦绕于心，在这种感觉的刺激下，我可以早上五点起床，然后一直工作到晚上十二点"。

克己和勤奋品质的养成并不依赖于富贵的成长环境。一名男性这么说道："如果生活过得很轻松，那你似乎很容易陷入一种思维方式，认为一切事情都会好起来，这样一来，你会习惯于得过且过。"另一名出生于中西部某小镇一个十分富有家族的男性在回顾过往时，看到了很多不足之处："我觉得这（优越感）对于一个年轻人来说特别不好。一个人除非在足够多的不安全感的驱动下开始努力工作，否则他永远都不可能感到安全。这可能是我父亲和我之间最大的不同。他是白手起家，有着无穷的动力和野心，而我的成长环境特别舒适，好像从未有过像他那么大的动力要自己去闯荡出一片天地。"这种观察可能并不适用于伯克利00一代的所有男性，但它确实很符合社会达尔文主义时代的劳动者观念。"飞黄腾达"的美国梦在当时被反复强调，它的实现有赖于个人的付出和勤奋，与家庭条件没有关系。然而我们将会看到的现实却是，对伯克利00一代男性当中的很多人来说，生活成就与他们的付出和自律并没有关系，相反，它们与家庭地位的优劣，与历史事件和时代变化有关。

到了20世纪20年代，高中文凭被纳入一些文职岗位和管理岗位的应聘要求。对20世纪早期至中期出生的人所进行的多项研究一致发现，正规教育是一名男性走出原生家庭，获得职业地位的主要路径。[9]家庭背景主要通过间接影响人们的受教育程度而发挥作用，对于处在职业初创期的人来说尤为如此。因此，作为我们研究伯克利00一代男性职业初期情况的起点，我们先来看看他们的家族史对教育的影响。

阶级出身的深远影响可见于教育阶梯的各个梯级，从中学入学，到高中结业，再到大学录取。如果家庭收入低、人数多，加上家庭持有反知识分子价值观，那么，这些家庭里的城市年轻人在20世纪前20年上大学的希望就会十分渺茫，但对于伯克利00一代男性来说，这些不利因素在部分程度上被后来加利福尼亚州独树一帜的高等教育机会开放政策所冲抵。[10]那么，我们需要回答的第一个问题是，不同的社会经济出身和文化出身是如何影响他们的教育，进而如何影响 20 世纪 30 年代美国经济崩盘之前他们的职业地位和生活方式的。

第二个问题涉及教育和工作投入的物质回报，尤其体现在工资收入、住房品质和社区品质等衡量指标上。如果家庭背景会影响一个人的工作机会，以及以教育作为跳板所取得的职业地位，那么按理来说，好的家庭背景将会带来回报率更高的工作，从而带来更好的经济条件和心理上更多的幸福感。这样一来，家庭出身影响教育，教育影响职业地位，职业地位影响收入、生活方式上的消费，这种连锁性的影响决定了这些男性在大萧条爆发之前对生活质量的掌控力。收入，是影响一个人能否实现理想的生活水平，同时储备资源，在经济不确定时期保障家庭生活水平的最重要的因素。

为了应对高生活标准和因家庭不断壮大而催生的迫切需求，当时的人们选择了好几种方式来补充家庭经济来源。首先，作为养家之人的男性，可能会去寻找工资更高的工作，或同时干两份工作。其次，年龄最大的孩子出去挣钱，或者妻子参加工作，或者在家里接收别人寄宿或寄膳，这些都可以补贴家用。[11] 然而，在 20 世纪 20 年代末，美国家庭生活的普遍风气并不鼓励人们选择第二种方案，尤其是妻子走向工作岗位的方案。尽管很多家庭都面临着经济上的巨大压力，但女性很少出去工作，因为她们被赋予了照顾小孩的职责，加上社区也强烈反对母亲们就业。

各个家庭在 20 世纪 20 年代所做出的选择，影响了他们在经济状况发生变化时的应对能力。超支的家庭——赊购消费，任债台不断高筑——会发现他们的钱刚进口袋就被划转出去了。然而，商业发展的压力刺激了人们寻求及时满足的欲望，而弱化了勤俭、审慎、节约等传统观念。历史学家威廉·莱彻滕伯格

（William Leuchtenburg）发现，"这个国家逐渐抛弃了储存收入、物品和资本的观念，强调即时消费，现在，这种需求已经被分期付款的模式制度化了"。[12] 大多数的汽车、家具和收音机都是赊购消费。

然而，过度消费的含义，因家庭经济状况的不同而有所差异。在低收入（1929年年收入少于1000美元）边缘徘徊的家庭长期处于需求和财力不匹配的境况。用斯蒂芬·特恩斯特伦（Stephan Thernstrom）的话来说，只有那些坚持"果断压制消费"的人，才有望实现收支平衡，并略带一点富余。[13] 此外，与条件稳定的中产阶级技术工人家庭相比，这些家庭也不太可能通过贷款和赊购的风险评估。经济上依赖朋友、亲戚和公共机构，大致是这些底层群体生活的写照。

对以上主题有了认识之后，我们进而去探究伯克利00一代男性的成年之路以及社会出身对他们生活的影响。我们先从他们的教育和工作经历开始，再去看看他们的收入情况、经济水平和家庭资源的使用情况。

接受教育与参加工作

伯克利00一代男性走向成年的过程，正是教育走进新时代的过程。1910年，美国18岁人口的中等教育毕业率仅为9%，但到了1920年，高中入学率飞速上涨到35%左右，[14] 而在1930年，全国人口平均受正规学校教育年限达到十年。[15] 趁着进步主义运动的东风，加利福尼亚州优先重视起州内年轻人的教育问题，在1903年颁布了《义务学校法》（Compulsory School Act），要求不满18岁的年轻人必须入学，如有违反，其父母和相应的童工雇主将受到处罚。[16]

以上因素加上其他一些社会力量，在一定程度上促成伯克利00一代男性的高中毕业率达到了60%，这一比例是当时全国平均水平的2倍。[17] 在更高层次的教育上，约有33%的人获得了大学学位，毕业院校中有加利福尼亚大学伯克利分校、斯坦福大学、达特茅斯学院和密歇根大学等。同时，有26%的人受教育年限在9年或以下。教育层级上下两端都出现了大规模的集中分布，这种教育上的巨大差异，使得伯克利00一代男性的生活道路呈现两极分化。虽然我们在早期的档案里没有找到他们服兵役的相关资料，但我们估算有35%的人可能在"一战"期间服役过（16%在本国，19%在海外），而他们的服役期很可能远远短于其子代男性在后来的"二战"或朝鲜战争中的服役期。[18]

两大因素决定了伯克利00一代男性的教育路径和工作路径：社会经济地位和文化背景。社会阶层的重要性在上文已有论述，而家庭的移民背景既可能让生活变得更好，也可能带来一些不利影响。在职业成就上，国外出生的父亲要远低于国内出生的父亲，尤其是东欧或南欧移民。因此，他们受正规教育的程度也相应的不平等。此外，国外出生且信仰天主教的父母所组建的家庭规模通常更大，这也可能会限制其子女的受教育机会。这种教育劣势既可能与社会经济条件有关系，也可能与家庭更重视整体经济水平而不怎么重视子代教育的文化模式有关。[19]

经济出身和家庭规模对男性的教育成就有怎样的影响呢？如果他们的父母在国外出生，或者是天主教徒，又或者二者都是，那么他们受教育的机会是不是会更少？事实显示，不论是19世纪末的出生队列还是20世纪初的出生队列，来自富裕家庭的男性读完高中的概率更大。超过80%来自中高等收入家庭的男性完成了高中及以上学业，相比之下，来自经济出身较低的家庭中的男性，这个比例不到40%。同样，家庭规模越大，年轻男性的受教育程度就越低。加入父母出生地这一变量对我们理解 00 一代男性的教育情况并没有多少帮助，但出身低微和家庭规模大导致的经济压力，无法充分解释为什么在世纪之交成长于天主教家庭的男性在教育上持续处于劣势地位。[20]

男性接受正规教育是职业地位代际传承中的重要一环。社会经济地位低、家庭规模大、父母出生于旧世界且信仰天主教等，这些因素严重限制了一个人接受高等教育的可能性，从而也严重限制了他们在 20 世纪 20 年代末走向中产阶级工作岗位的机会。但这些维度的家庭出身情况与他们的职业成就并没有多大的直接关系，甚至一点直接关系都没有。这些维度是通过直接影响教育从而间接决定个人职业成就的。受教育程度会影响个人的资质、享受就业服务的机会、技术技能、价值观的培养和社交智力，从而影响职业成就。[21]

到 20 世纪 20 年代，伯克利 00 一代男性中接近 30% 的人处在专业技术岗位或管理岗位（例如医生、教授、律师、设计师、牧师、药剂师），7% 的人经营自己的生意（例如商店或承包公司）。另一些人数集中的职业群体（28%）包括文职或销售人员，如房产中介、邮递员、旅游推销员；技术手工艺者或技术工人（20%）；工头；机械工，例如审厂员、木匠、窗户安装工、砖瓦匠等。在服务行业，或者从事非技术工种、半技术工种的人则相对更少（各占 7%）。当然，在 20 世纪 20 年代末，较晚出生队列中的 00 一代男性仍处于事业发展的初期，其职业地位没有较早出生队列中的男性高，但二者在受教育程度上总体没有差别。

许多男性为了走上专业技术岗位或管理岗位，付出了成本、努力和牺牲，而这些付出似乎能从他们获得的收益中找到平衡。这种收益既包括工作稳定性和相对较高的收入等外在回报，也包括工作体验本身（自主权、责任和自我表达的边界）带来的内在价值。在20世纪20年代末，约67%处于专业技术岗位或管理岗位的男性都对自己的工作有强烈的认同感，而有此感的其他白领劳动者不到15%，体力劳动者则更少。结合1930—1931年访谈员有关工作不满意度的评分记录来看，职业地位越低，工作满意度也越低。在他们的工作环境当中，对劳动者而言最重要的一些保障，如就业保护、固定工作时间、丰厚的报酬等，往往都是匮乏的。

谋生与应变

对于男性来说，工作路径与其组建和养育家庭的能力紧密相关。截至1929年，该项研究中的伯克利00一代男性已经全部进入婚姻，并且生了至少一个小孩。接近一半的人在25岁之前结婚，而较早出生队列的结婚年龄（平均29岁）远远晚于较晚出生队列（平均24岁）。接受过大学教育的人结婚时间相对"中规中矩"（22岁到25岁之间），而高中学历以下的人中既有结婚早的（22岁之前），也有结婚晚的（25岁之后）。受教育程度低而结婚晚的人占比高（53%），这可能与他们的资源有限相关。教育成就直接影响职业和社会阶级，而它们又与个人资源紧密相关。[22]

既然社会阶级是本章的一大核心主题，那么我们有必要详细阐述一下伯克利指导研究中使用的相关测量工具以及我们在本书当中使用的相应术语。社会阶级（截至1929年）的测量基于奥古斯特·霍林西德（August Hollingshead）量表，该量表共涉及两项指标——职业地位和受教育程度。量表采用7分制。关于职业地位的测量项目共7个，关于受教育程度的测量项目共4个。按照各项目总得分，研究对象被归入 5 个不同的地位群体。"上层中产阶级"指专业技术人员和管理人员（第 1 组和第 2 组），"下层中产阶级"指行政人员和白领劳动者（第 3 组），"工人阶级"指有技术的体力劳动者（第 4 组），"底层阶级"指半技术工人和非技术工人（第 5 组）。为了对比中产阶级和工人阶级家庭的情况，在有些地方，我们把前三组统称为"中产阶级"，把后两组统称为"工人阶级"。

1929 年，男性所处的社会阶级与其家庭收入紧密相关，而家庭收入可以大致反映他们的生活水平。[23] 图 3.1 展示了 1929 年分属两个出生队列的 00 一代所处的社会阶级及其家庭收入情况。1929 年，男性的职业差异造成了其经济资源的巨大差异，但在同一个阶层内，男性又存在事业发展程度不同的现象，较早出生队列和较晚出生队列之间的差异正是如此。

与预想的一样，属于较早出生队列的男性在职业地位上更加优越，因而在收入和资产规模上也有一定优势。可以推测，处于同一职业阶级的较晚出生队列的劳动者，随着工作年限不断增加，也会取得与较早出生队列的劳动者一样的优势。这方面的差异让我们在观察家庭经济状况时，对各阶级事业变化和家庭压力节点的变化更加敏感。例如，体力劳动者一般在早期，也就是当他们的小孩还小的时候便达到了收入最高点，而专业技术人员达到收入最高点的时间更晚，要等到他们的小孩成年离家或更晚一些。这些差异对他们的支出和投资决策都有影响。

从各社会阶级平均家庭收入的分布情况来看，在 1929 年，较早出生队列的男性在支出和投资上的选择最多。从较晚出生队列到较早出生队列，收入最高的专业技术人员群体与收入最低的非技术工人群体之间的收入差距几乎有一倍多——这种变化大部分发生在中产阶级。年龄越大，相邻阶层之间的收入差距就越

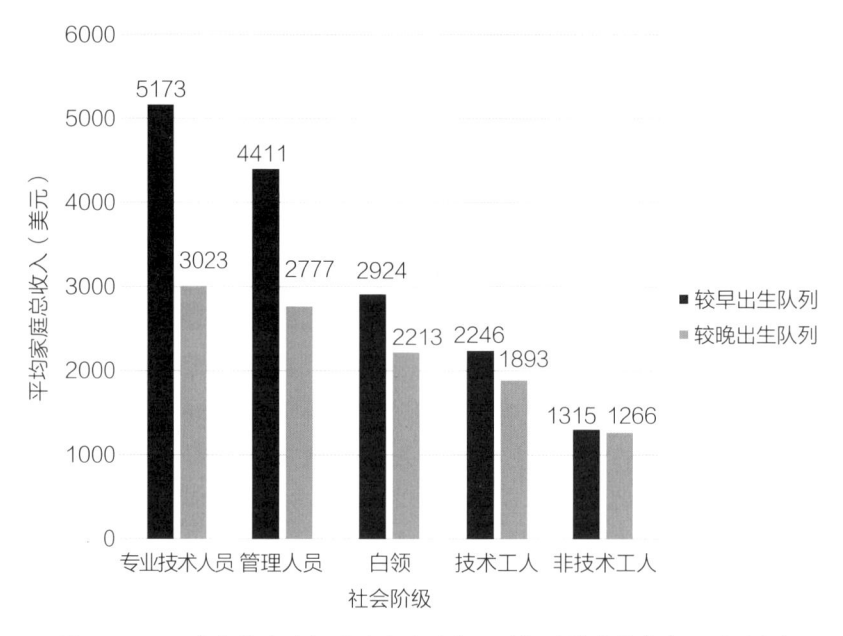

图 3.1　1929 年各社会阶级平均家庭总收入（按男性所属出生队列划分）

大。工人阶级男性的家庭收入与年龄相关，但其收入远低于专业技术人员和管理人员阶层的家庭。虽然在 20 世纪 20 年代末这些年轻的伯克利家庭都面临着经济压力，但在较早出生队列中，经济压力最大的是下层中产阶级和工人阶级。

这种经济差异带来的一大影响是生育数量。那时，大多数较晚出生队列的家庭只有一个小孩，最大的家庭规模集中在工人阶级，平均每个家庭 1.7 孩。较早出生队列的家庭，无论其社会阶层如何，平均每个家庭至少 2.2 孩。最贫困的家庭，生育数量也最多（平均每个家庭 3.2 孩）。如果仅看家庭规模，那么两个出生队列当中的底层阶级家庭的收入需求增幅，均高于其实际收入的增幅。两个出生队列当中，只有处于上层阶级的家庭在家庭人均收入上略有所涨。

从所有记录来看，社会地位高的较早出生队列的男性，其家庭有大量的可支配收入，一些人的妻子会利用这笔钱聘请用人。40%的人报告其请过人帮忙做家务，而工人阶级男性的家庭则没有这种情况。生活方式的偏好会影响他们的支出决策，较晚出生队列中处于上层中产阶级的家庭也提到其使用过家政服务。

社会底层的家庭，不论其属于哪个出生队列，都面临痛苦的选择。他们处在生存的边缘，生活需求得不到满足，这使原本艰难的生活变得更加艰难。这个阶级在经济上的窘迫局面和挣扎度日的经历，与即将到来的20世纪30年代的情况有更多共同之处，反而不像是一段20世纪20年代的故事。

伯克利00一代男性不论是通过社会经济地位优势、教育还是自雇创业的方式实现了阶级的跨域，他们的经济价值观都基本与其成就相匹配。伯克利指导研究在1930—1931年对00一代男性的访谈中建立了四个等级的主观经济标准：高标准、超出一般标准、一般标准，以及满足简单必需品或基本需求。从非技术工人到专业技术人员，这些男性的社会阶级每上升一级，其对富裕生活方式的喜好便增加一分。根据这个标准，管理人员阶层的生活水平应当与专业技术人员相当。同时，他们在有关向上流动和金钱重要性的价值取向上，也差不多一致。[24]

总体来看，以上数据着重体现了上层阶级对物质商品的欲望，但它们并不能反映该阶级具体支出的优先级或家庭收入的使用策略。哪些职业群体在引领储蓄和稳定性投资？哪些在引领购房和住房品质？哪些在引领财务和住房独立？因为目标设定和优先级设定的不同，不同群体在不同时期的储蓄和支出情况呈现出巨大的差异。[25]

我们没有找到与伯克利00一代家庭财务计划相关的信息，很可能是因为大部分人都没有任何明确意义上的财务计划。话虽如此，特定的生活处境会导致人们偏爱制定目标和行动计划。如果年轻的专业技术人员家庭如果因为研究生教育和职业处于起步阶段而尚有外债未还清，那么他们在储蓄和支出方面的选择就可能与管理人员家庭不一样，更何况还有价值观的影响。同理，家庭如果人数多、收入少，再加上工作不稳定带来的风险，那么他们能存下来的钱就会十分有限，而相比之下，技术工人家庭的情况则更宽松。我们先从住房支出开始研究，再进一步分析他们在储蓄、购买证券和人寿保险方面的情况。

居者有其屋

在伯克利00一代夫妇——乃至所有美国人——的梦想中，没有什么比住房自有更基础了。用胡佛总统在1931年的一次有关住房建设和住房自有化大会上的讲话来说："拥有自己的房子，这几乎是我们国家每个人心里的希望和目标。"[26] 购置房产是大多数家庭一辈子最大的财务投资，它既是家庭在社区里的地位来源，也是一笔面向未来的投资。住房产权自有，对一个人来说意味着体面和稳定，也意味着价值感和成就感。对一些伯克利的家庭来说，它还代表了一定程度的社会流动，纵观00一代的一生，这种方式带来的流动比依靠大幅度的职业晋升更可及一些。

住房自有以及住房品质，切实地构成了男性住房满意度的基础。住房自有，能直接激发独立居住带来的成就感，让人获得对生活更强的掌控力。住房品质能够发掘出人们对地位、舒适度和资产安排的一些自主考量。尤其是对下层阶层的男性来说，拥有一套两居室的小屋所能带给他的自豪感，可能会超过在某个更好的小区里，租一套差不多大小的房子所能带给他的满足感。因此，住房是否自有以及住房品质的差异，很大程度影响着住房对伯克利男性和女性的意义。

第 3 章
男儿初长成

从居住史和人们对租房及拥有自有房的群体的社会评价中，我们可以看到一个家庭在住房问题上所应遵循的"一般"的演进历程：从早年单身、婚后尚未生育甚至婚后已生育时租房，到可能搬进质量更好一点的出租房，再到抚养小孩阶段出于投资、融入团体以及稳定家庭生活等目的而购房。

伯克利这些家庭实现住房自有的过程大致都遵循了这个模式。1929 年，大多数较晚出生队列的男性及其家庭要么在租房，要么在和亲属同住。只有 25% 的家庭实现了按揭或全款购房，而这些人当中相当多的一部分人是管理人员。[27] 与之形成直接对比的是，在较早出生队列的男性担任一家之主的家庭中，60% 的家庭已经实现了按揭或全款购房，他们主要集中在专业技术人员和技术工人阶级。[28] 至于"其他资产"，对大部分家庭来说，主要指的是"一辆车"，其次是土地、度假小屋或市区其他住宅。

较早出生队列的男性技术工人在住房自有上的成功，只能算是一个小小的成功，但这个结果在意料之中。1929 年，他们住宅的平均价值为 5681 美元，远高于非技术工人住宅的估算价值（3875 美元），但是也远低于上层中产阶级家庭的住宅价值（平均为 9304 美元到 9857 美元）。[29] 但是，从一名技术工人所说的"我们把全部积蓄都投在房子里了"，我们可以看到这个群体的男性对住房的追求。他们当中只有一小部分人拥有"其他资产"。拥有其他资产的这种产权模式在两个出生队列中都仅限于下层中产阶级和上层中产阶级，部分可能来自家族赠予和继承。

不论年龄大小，通过购置住房成为有产阶级的男性，其居住条件满意度明显最高。我们根据 1930—1931 年的访谈记录设计了一个 5 分制量表。实现住房自有的男性，在住房自豪感和住房兴趣上的得分要远高于其他男性。对于伯克利 00 一代的家庭来说，有一套自己的房子，意味着比租房的人和与上一代同住的人享有更好的生活水平。仅这一点就可以为住房自有的人带来住房满足感。因此，人们对住房自有的期待其实是对更高生活水平的期待，而购买房产正是实现这一愿望的途径。在心理层面上它也有一定贡献，它让人感受到独立、安全和尊重。在20世纪20年代的个人主义文化背景下，住房自有的情况肯定也能反映男性的地位和其养家的能力。综合以上所有积极影响，自有一套房屋的产权——不论住房品质如何——似乎都能增强男性的满足感。

因此，我们考察了住房自有和住房满意度之间的直接关联，同时考虑到住房自有的积极影响也可能体现在家庭生活水平上，于是我们把生活水平也纳入进来，作为一个干扰性关联项。[30] 此外，我们还考虑了年龄因素（用于区分出生队列和事业阶段）以及1929年的家庭总收入。住房自有，是点燃男性购买住房热情的最重要的因素。居住条件与男性对其住所的情感投入之间的关联相对更弱，其影响力在家庭收入和住房自有这两个因素之间。住房可能很小，但如果产权自有，那么它对于男性而言便具有特殊价值，因为它变成了男性的自我延伸。住房自有以及住房外观的整洁是男性及其家庭在社区地位中的重要体现，是其在大萧条来临之前的自我展示。一名城镇研究专家根据他的工作经验指出："为了向公众展示其实际拥有房屋产权，人们不惜大费周章，即便所谓的房屋可能都不算是什么正经的房子。他们设上栅栏，养上花卉，在房屋正面刷上漆——其他地方不管——来昭示他们的独立产权。"[31] 对于伯克利00一代来说，住房独立随着其年龄增长（或事业发展）而实现。年龄增长或事业发展推动收入提高，而收入提高使得住房自有和生活水平的提高成为可能。

对两个出生队列进行对比，可以加深我们对住房自有意义的理解。较晚出生队列的人如果能"准时"甚至比其同龄人更早地实现住房自有，那么他们可以获得一种心理或社会优势。

因此，自有一套住房所带来的满足感，可能与这方面带来的物质回报关系更小，而与其赋予的独立感和成就感关系更大。然而，对于两个出生队列的男性来说，住房满意度与房屋所有权之间的关联要强于与生活水平的关联，对于较晚出生队列的男性而言尤其如此。

男性的收入水平可以反映其生活水平，但并不一定能反映他是否购置了住房，然而对于伯克利00一代男性来说，住房自有才是住房满意度的核心。结合客观数据和主观分析，因住房自有而获得满足感的男性，对他们的住房产生了一种休戚与共的感情，同时也增强了他们的居住稳定性；而对住所不满意的男性，尤其是租房的男性，是最有可能考虑搬家的人。[32] 随着伯克利00一代男性逐渐走向20世纪20年代末，大萧条时期即将到来，他们的居住安排及其对住房的感情有助于我们深入理解他们在经济危机时期所做的生活调整。

除了住房自有，汽车在家庭梦想中也占据了重要的位置。1929年，40%的家庭购置了住房，而约67%的家庭购置了一辆汽车。那时候周日自驾游是很流行的家庭仪式。拥有自己的住房，再拥有自己的车，这是家庭获得隐私和环境掌控力的文化信仰，[33] 而这两个信仰，将在20世纪30年代遭到剧烈冲击。

储蓄和证券投资

20世纪20年代末，不到33%的伯克利00一代男性报告其有储蓄或股票、债券投资，但总体上，这些投资在较早出生队列的家庭当中更为普遍。阶级的影响再次显现出来。例如，在较晚出生队列当中，处于管理人员阶级和技术工人阶级的家庭，其平均收入要低于专业技术人员阶层的家庭，但他们当中报告有积蓄的人，却比后者高出 2 倍以上。专业技术人员阶层的家庭储蓄率低，说明他们在物质商品上的支出超过了他们投资和偿还教育债务及其他债务的支出。相应的，白领家庭储蓄水平低，可能与他们的短期重点目标有关。一方面，他们希望追赶上层中产阶级的生活水平，但另一方面，他们的经济资源更接近于底层阶级的水平，二者之间的矛盾给他们带来了压力。至于处在社会经济底层的家庭来说，因为面临着无限的压力，他们的储蓄水平低也不足为奇。即使有存钱习惯的家庭，也有人怀疑他们每个月存下来的钱几乎抵不过月收入的降幅。然而，每个职业阶层里较早出生队列的情况都更好一些，这可能也不奇怪，毕竟年龄更大，意味着工作和经验积累的时间更长，积累储蓄的时间也更久。

购房的想法可能会影响家庭储蓄。对于有购房想法的家庭来说，物质成就和生活掌控力可能是头等大事。[34]20 世纪 20 年代与"二战"后期一样，节俭的品质与住房自有的实现相关。有能力攒够房子首付的工人阶级，可以昭示自己已经能够像中产阶级一样过上体面和独立的生活。较晚出生队列的男性的储蓄模式，确实与他们是否拥有房产相关。管理人员阶层的家庭储蓄率最高（上文也提到他们在住房自有率上的表现也很突出），而专业技术人员阶层和非技术工人阶级的储蓄率最低（在住房自有率上也是如此，尽管他们相比较早出生队列的同阶层人群来说要高出很多）。只有较早出生队列的技术工人阶级的家庭储蓄率高于住房自有率，这可能反映出他们在收入水平相对较低的情况下，需要花更长的时间去积攒良好的金融信用和足额的首付。然而，在较早出生队列当中，技术工人阶级家庭的住房自有率高于其他社会阶层，他们当中有 80% 的人都报告已购置住房。相比之下，管理人士阶级的这一比例是 60%，比非技术工人的约 33% 高一些。

证券投资行为因阶级和事业阶段的不同而不同。较晚出生队列中的专业技术人员是股票和债券投资方面的排头兵。他们在这方面的领先，可能归功于代际传承，但我们在档案里并没有找到可以证明这一点的系统性证据。只有管理人员阶级进行股票和债券投资的普遍程度及这种投资行为呈年龄递增的趋势，能够成为长期投资偏好与职业存在关联的证据。

虽说在 20 世纪 20 年代末，上层中产阶级家庭可能在证券行业中尝到了甜头，但随着经济日渐衰退，证券市场也变得岌岌可危。在股票市场上冲锋在前的家庭还需要承担额外的风险。据一名伯克利高管回忆，1929 年股市的崩盘终结了他原本希望通过股票市场致富的梦想，"妻子也像是遭到了当头一棒"。

在 20 世纪 20 年代末，人寿保险是最流行的财产保障工具。接近 90% 的家庭都报告其购买了某种形式的保险。在保险覆盖率上，较晚出生队列的家庭名列前茅，这反映了商业保险在 1925 年的发展趋势。[35] 各出生队列和各阶级的数据都反映出，在所有保险当中，人寿保险的保单比例更高，这也暗示了当时人们持有一个普遍共识，即认为人寿保险是防范未来不确定性的主要手段。在所有防范经济灾难的安排当中，人寿保险最为典型。当然，它不能帮助劳动者防范失业或收入减少等日常风险，而且保单金额可能也不大，只能帮助家庭覆盖一些因挣钱养家的人丧生而产生的最直接的成本。尽管如此，人寿保险至少是人们为了更多地掌控生活处境而迈出的一小步，给他们带来了安全感。除有一个阶级例外，较晚出生队列的各个阶级的家庭所持有的保单数量都超过了较早出生队列的家庭，但差距不大。鲁本·希尔（Reuben Hill）在对明尼阿波利斯与圣保罗地区（Minneapolis-St. Paul area）三代人的研究中观察到，上述地区的保险投资开始的时间越来越提前。伯克利的情况与这一趋势基本一致。[36] 唯一的例外是底层阶级，在这个阶级内，较早出生队列的劳动者有一半购买了保险，而较晚出生队列的劳动者则全部都购买了保险，这反映出他们的经济处境普遍都很脆弱。

保单的实值，与由男性年龄及社会阶级决定的家庭收入相匹配。收入最少的家庭一般保险投资最少，而收入最多的家庭则投资最多。例如，较早出生队列的专业技术人员和管理人士阶级所持保单的价值接近他们收入的 3 倍，相比之下，社会底层家庭所持保单的价值在其收入的 1.5 倍至 2 倍之间。

因此，对于证券投资情况反映出来的局面我们并不陌生，即富裕家庭掌控自我命运的能力最强，而底层阶级则需要更多地依赖亲属和社区。

亲属和社区依赖

在人口快速增长和 1923 年大火的双重影响下，城市中的独栋住宅变得十分少见，价格也更高。公寓楼扩张加快，年轻单身群体和已婚夫妇脱离父母独立生活的时间点也更晚。1929 年，有 40% 的伯克利 00 一代家庭与亲属同住。不出所料，这种情况在较晚出生队列的男性中最为普遍（其比例达到 54%，而较早出生队列的这一比例是 32%）。45% 的较晚出生队列的夫妇客居在女方父母家，而较早出生队列的相应比例只有 20%。比例上的倾斜可能出自多种原因，包括单身男性的西迁、女方家族的扩张、男性独立于父母的迫切需求，以及相比紧张的婆媳关系，母女之间有更多共同的兴趣爱好等。

住房自有的伯克利 00 一代男性很少出现这种隔代同住的情况。先不区分年龄，他们总体上只有 15% 的人与父母或兄弟姐妹同住。对于他们来说，购买首套住房的决定并不只是住房合同关系从租赁关系转变为抵押贷款关系，它的意义在于实现了与父母和其他亲属物理上的分离。相比之下，约 67% 的租房者都是与父母或其他亲属同住，而房租一般由女方父母支付，岳父母对男性在家庭生活中的直接控制和侵入要远大于任何一个房东。如果我们假设大部分住房自有的男性都曾经和岳父母或自己的父母同住过，那么他们购置首套住房的行为就象征着他们在走向社会和经济独立的道路上迈出了意义非凡的一步。这一决定巩固了男性养育家庭和担任一家之主的地位。这也就难怪男性会如此看重自己的房子了。

对于一些在事业和婚姻生活上刚刚起步的年轻男性来说，与岳父母同住的经历可谓苦不堪言，那些自身技术有限、成就不大但女方社会地位比自己更高的男性尤为如此。与岳父母同住，这些男性很容易饱受诟病，妻子也因为夹在中间而备感压力。一旦发生冲突，妻子无论站在哪一边，都无法做到两全其美。下面这个由田野调查员记录的某个伯克利年轻家庭的例子正好能说明了这一点：

> 小孩在 1928 年出生，那时候她（妻子）和丈夫跟着她父母搬来伯克利差不多已经有三年了。她说当时她丈夫和她一样，愿意一起搬过来。但等到他们和她父母同住了一段时间，包括后面搬进马路正对面父母家的公寓之后，他们夫妻之间的关系就不如以前了。那段时间他们的关系很不稳定，丈夫觉得她对父母比对自己更亲。但其实他们都备受煎熬和痛苦。她后来意识到，当时应该理智一点搬出去，不和父母一起住。

很多较早出生队列的男性还没能实现与他们所处人生阶段相应的住房预期。当时，专业技术人员和管理人员当中有 20% 的人仍然和父母同住，这个比例比同年龄段的劳工群体（29%）低了一些。较早出生队列的男性在这方面的依赖性，其实反映了他们在经济事业上的处境。不论在中产阶级还是工人阶级，与亲属同住的较早出生队列的男性一般收入都更低，根据他们自己提报的结果，其收入普遍低于同阶级的平均水平。对于社会底层阶级来说，同住模式无疑反映出了低收入家庭之间相互依赖和整合资源的需求。这些家庭中，近一半的家庭称其需要接受亲属的经济援助，约 67% 的家庭住在亲属家，这一比例比技术工人家庭高出 18%。

不出所料，核心家庭独立居住现象最集中的群体并不是较早出生队列中的中产阶级家庭，而是较早出生队列中的技术工人家庭。他们当中近 90% 的人都住在自己家中，没有和亲属同住。当然，他们独立居住并不能说明亲属资源交换和互动的情况，但却创造了一种凭借着远低于上层中产阶级家庭的收入，通过住房独立实现家庭成功的非凡模式。较早出生队列中的这些技术工人的家庭结构与底层劳工的家庭结构形成了鲜明的对比，后者中有一半的人与亲属同住，近 30% 的人与岳父母或公公婆婆生活在同一个屋檐下。这种差异体现了他们在 20 世纪 20 年代对亲属和社区的依赖情况，而对于部分家庭来说，这种差异将延续下去，伴随他们走进 20 世纪 30 年代。

结语

20 世纪 20 年代末，伯克利 00 一代男性身处不同的社会经济阶层，他们在未来掌控生活环境的能力也因此而大小不一。在出身、养育环境、天赋和抱负等方面具有得天独厚优势的男性，会在事业起步阶段占领先机。在殷实富足之家长大的男性，通常可以获得高等教育，并在商业、科学和专业技术领域开启职业生涯，从而走上人生的康庄大道。

对于其他男性而言，家庭的贫困和不幸令其前路艰辛，早早辍学，从事着几乎没有职业发展空间的工作。然而，随着他们走向成年，也有很多选择可以打破基于家庭条件的人生预期，尤其是在教育机会迅速扩张时期获得入学的机会，以及对自己的头脑、心灵和双手的不断磨砺。男性的社会地位和职业发展阶段在很大程度上反映了他们的家庭收入和生活水平，但收入水平和收入使用方式之间没有明确关联，处于同一经济水平的家庭通常有着不同的收入使用策略。对于这方面的差别，我们结合1929年他们所处的阶级地位进行了相关描述。

专业技术领域的男性可以在较长一段周期内享受涨薪福利，但那些要在专业技术领域开启事业的伯克利00一代男性，面临着进阶培训和事业起步的巨大花费，例如来回往返于各种会议和研究场所的费用。他们还可能面临着摆阔的消费压力。因此，尽管他们的收入比工人阶级底层群体的收入更高，但在储蓄率和住房自有率方面，他们的表现往往接近后者。人寿保险是他们最突出的投资方式。代际传承（证券或财产的赠予）现象在这一阶级的早年生活中体现得最为明显。随着他们年龄的增长，在事业上更上一个台阶，大多数专业技术人员都购置了一房一车，更多的人有了积蓄，投资了某种证券。相比之下，较晚出生队列中的管理人士在获取个人财富的策略上独具一格，他们生活得很现实。在经济条件上，他们与专业技术人员相当，但他们更有可能选择存钱，并早早买房。在伯克利00一代所有男性群体中，他们是在家庭规模变大之后，最不需要在消费和投资之间做利弊权衡的一个群体。

下层中产阶级的男性在收入水平上仅比技术工人高出一小点，但他们对储蓄和购买住房的兴趣均低于对其他"中产阶级"

消费方式的兴趣。我们尚不明确这种消费具体是何性质，但这一群体通过购买住房来实现社会地位跨越的案例要少于技术工人。追求资产上的向上流动，是对技术工人阶级男性最贴切的描述，但这种资产专指购置住房，而不是其他类型的资产。在两个出生队列当中，技术工人男性及其家庭在住房自有率上遥遥领先。住房自有带来了诸多好处：内心稳定和自主，摆脱对亲属的依赖，获得比用同样的钱租房更高的生活水平，等等。掌控生活环境和稳定，是他们生活当中的两大主题。

伯克利00一代社会底层男性的贫困生活是20世纪20年代社会繁荣的一个重要但常常被忽视的侧面。好的时代发展却让他们原本苦难的生活变得更加难以忍受。相比其他阶层的伯克利00一代家庭，他们的孩子更多，资源更少。一方面，对他们来说，工作、健康和婚姻上的打击无疑来得更频繁一些；另一方面，他们家庭的积蓄却更少。从贫穷且不幸的童年到几乎一成不变的成年，生活的不公在他们的人生记录中刻下了深深的印记。也有人原本家庭出身更好，但后来或因在教育路上失利，或因酗酒，或因遭遇健康问题而变得不幸。随着他们走进20世纪30年代，较晚出生队列的男性仍有希望创造更美好的生活，但这种前景似乎非常渺茫。

在下一章中，我们将视线转向与这些男性组建家庭的女性。在她们的人生路上，女性在高等教育、政治参与、婚姻成就感、养育子女和有偿工作等方面的选择和偏好发生了巨大的变化。在1930年之前，这些变化似乎主要发生在中产阶级，但它们仍对伯克利00一代女性的生活产生了深远影响，从而也对她们的丈夫和子女的生活产生了深远影响。

第 4 章

成为女人

> 毫无疑问,今天的女性与前几代女性不同,她们受教育程度更高,有更为广阔的前景、更多提升能力的机会和锻炼机会。
>
> ——某伯克利 00 一代女性

伯克利 00 一代的大多数女性的母亲都没怎么接受过教育,她们大部分时间和精力都花在家庭生产劳动——缝纫、烹饪、园艺、清洗——以及照顾丈夫和小孩上。然而,00 一代女性迎来了新的家庭生活模式,她们所能获得的教育、经济和政治机会大幅增加。对于这种变化,既有人因为女性地位上升而持乐观态度,也有人因为要舍弃她们上一辈和上上一辈的生活方式而感到不情愿。女性所面临的历史环境可能不一样,但女性面临的核心问题都一样:当人们对女性应该如何度过一生这个问题持有不同看法的时候,当助推自我追求与阻碍自我追求的社会力量共存的时候,女性应该如何构建自己的身份,开拓合适的发展道路?

伯克利 00 一代女性的人生为我们理解这个问题提供了丰富的素材。本章中,我们将追随她们走进她们成年早期的生活。20 世纪 20 年代末之前,她们都已经在伯克利定居下来,并嫁给了我们在上一章所描写的那些男性。那些男性当中有人上了大学,找到一份前途光明的事业;也有些人连高中都没有上完,摆在他们面前的是不稳定的工作和从伯克利福利社不时领取的救济。他们的结婚时间一般在"一战"(1914—1918 年)到 1926 年之间,下一章我们将会详细剖析他们的婚姻关系。为了帮助我们理解 00 一代女性，我们先追溯一下她们走进婚姻、走进成年的过程。

受教育程度是决定女性结婚时间和结婚对象的非常重要的因素。为了便于说明二者之间的动态关系，我们先来探究她们婚前的受教育情况和工作经历，而这两者又体现了家庭出身的影响。在那之后，我们将考察一下她们对自己的经济状况、家庭、工作和公民角色持有怎样的态度。因此，本章是我们了解 00 一代女性的一个窗口，这一代的女性，在婚前和婚姻过程中迎来了家庭之外的新机遇，却又大都固守这样一种普遍观念——婚后的女性应当以照顾丈夫、孩子为首任，其他家庭之外的追求都是舍本求末。

教育路径

攀登教育阶梯是当时女性改变人生的首要途径。据我们所知，参与研究的女性中，只有两名女性的母亲是大学毕业生，而这些女性自身有 20% 的人完成了大学教育。确实，正如第 2 章所述，移民者迁往加利福尼亚州，尤其是迁往伯克利的动机之一就是接受高等教育的迫切愿望。加利福尼亚大学伯克利分校为州内所有适龄学生，不论男女，都敞开了大门，为他们提供免费教育。众所周知，教育有助于自我提升并获得专业训练，它是一条机会之路。同时，它也让女性能够接触到接受过良好教育的结婚对象。图 4.1 显示了 00 一代接受过不同程度教育的女性比例。[1] 从全国和整个加利福尼亚州来看，1890—1899 年以及 1900—1910 年出生的女性——与伯克利 00 一代女性同龄——其平均受教育年限分别只有九年和十年。[2]

第 4 章
成为女人

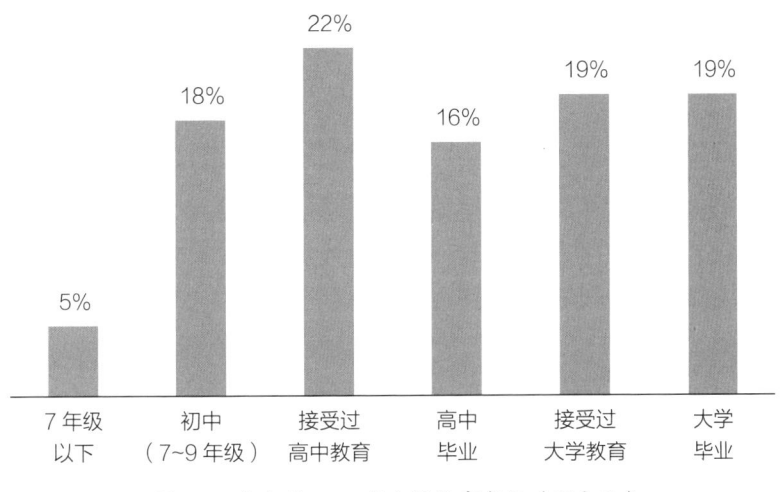

图 4.1 伯克利 00 一代女性教育成就（百分比）

- 7 年级以下：5%
- 初中（7~9 年级）：18%
- 接受过高中教育：22%
- 高中毕业：16%
- 接受过大学教育：19%
- 大学毕业：19%

上过大学或接受过其他某种形式的中学后教育的伯克利 00 一代女性，大都是在伯克利或其附近完成的这一阶段的教育。[3] 20% 的人上的是加利福尼亚大学伯克利分校，她们当中的很多人在接受了四年教育之后毕业，第五年参加资格认证成为教师。也有些人是在国内其他教育机构接受完教育之后再迁往伯克利，她们曾就读于华盛顿大学、内布拉斯加大学和密歇根大学。还有些人为了接受教师培训，上的是"师范学校"，也有人去了女修道院，例如在奥克兰州梅里特湖（Lake Merritt）畔的圣名学院（College of Holy Names）。吸引力仅次于此院校的是商科学校，女性在这些学校里学习速记、簿记等白领技能，或学习其他秘书类课程。历史学家卡尔·德格勒（Carl Degler）曾指出，"20 世纪 20 年代期间，白领阶层兴起，女性在其中占据很大的比例。"[4] 随着家庭越来越愿意在子女的幸福和成功之路上进行投资，也随着要求人们学习大学里教授的某些技能的白领岗位兴起，教育的价值越来越大，教育成为男女共同的追求。[5]

在 20 世纪前几十年，男性和女性的入学率都显著提高。

073

5~19 岁的人的整体入学率从 1900 年的 51% 上升到 1940 年的 75%；18~24 岁的人当中，大学生的比例从 2% 上升到 7%，但是，人们在教育成就上仍存在巨大差异。[6]不难想象，我们可以根据女性原生家庭的社会经济地位大致预测其最终的教育成就。[7]家庭经济条件越好，她接受教育的年限越久。信奉天主教以及与父母一同从国外移民美国的经历则与其教育成就呈负相关。大多数信奉天主教的父母来自东欧和南欧，他们坚信自己的女儿应该集中精力投身于家务劳动和家庭事务而不是追求学业。

上过大学的伯克利 00 一代女性在 20 世纪 30 年代回忆大学生活时，态度大都很积极。一些人回忆说大学拓宽了她们的思维边界，提升了她们的价值。一些人温情地回忆起她们大学时期的社交生活。上过大学的女性对人生中的这段经历往往都抱着积极的情感，感恩她们获得的支持和鼓励，让她们能够追求学业、追求自由，获得与同龄人交往的机会。[8]我们将会看到，从离家到结婚的这段时间，不论其中途是否上过大学，这中间的岁月都是女性感到最自由、最有能力追求自己的爱好和幸福的时期。

但是，也有几位女性对她们这一代人被灌输的从事教育、医护、艺术和语言行业的方式持批判态度。对于一些人来说，专注于一般家政或人文科学的经历最后有负其所望。用其中一位女士的话说："我挺遗憾，接受的教育都浪费了。我没有接受过专业培训，大学教育并没有带给我什么有用的东西。"

一些女性没有获得她们所希望的教育，她们有一些人提到了性别歧视的因素，指出是它拖了她们的后腿。例如，有一位女士描述了她的一位男教师和她父母不愿承认她在数学上的天赋，也不愿鼓励她追求大学梦的经历。以下是访谈员的笔记：

> 她喜欢上学，在数学方面特别优秀，是班级第一。

她的几何老师年纪很大，酸腐气很重，他觉得一个女孩的数学成绩好过班上男生的是一件不可容忍的事情，所以他竭尽全力地缩小班上其他同学和她之间的差距。她记得有一次考试，她早早地先于其他同学做完了全部的十道题。然后老师询问做完每道题的学生人数，但他只算上了班上最聪明的几个男孩子。她原本打算上芝加哥大学数学系，准备毕业后去教书，但她父母觉得女孩子上完中学之后就没必要继续念书了，所以她后来没再念过大学。

虽然她提到曾经有一名女老师鼓励她上大学，但最终这种鼓励还是不足以对抗她父母和那位男老师的反对意见。也有女性提到，尽管她们有想法继续上学，但家庭经济条件或身体健康因素使得她们不得不辍学，回家帮忙从事家务劳动。

不论因为何种原因，最终没上过大学的伯克利00一代女性常常感到后悔，在访谈时，她们说这是她们这辈子最想改变的一件事。一些人意识到她们原本可以有更多的安全感，因为她们知道，上过大学之后她们可以养活自己，或者应不时之需，为家庭创造一点收入。更多的时候，她们觉得教育原本可以让她们变得更开明、见识更广，她们觉得因为没有接受教育，所以她们时常会感到"有障碍"，感到"不足"，或感到自己很"笨"。

薪水和一些自主性

不论受教育程度如何，伯克利00一代女性在婚前参加工作的现象很普遍。大约一半（48%）的人叙述了她们在婚前或生小孩之后在外挣工资的经历。另有18%的人提到她们在婚姻早期参加过工作，但没有具体说明她们是否在婚前已经开始工作，虽然事实很可能是这样。只有约 33% 的女性没有提到生小孩之前的工作方面的事情。[9]

"一战"之后的 20 世纪 20 年代，女性就业上的最大变化在于工作类型的变化，具体而言，农业和家务相关的工作机会减少，而销售、文职和服务类的工作机会增加了。[10] 女性可能选择不同的方式来利用她们受过的教育，但她们会发现，虽然能做的工作很多，但这些工作都没有太多职业潜力，好在门槛较低，可以随意或因需要随时离职。大部分或多或少接受过大学教育的女性都是为了读出来以后当教师，她们通常在结婚之前教过一两年书。还没结婚的女性会多教几年，也有人因为毕业之前或毕业不久之后结了婚而从来没教过一天书。音乐专业的女性通常不在学校工作，而是在外上私教课。还有的女性学习了医护专业；或上商学院，学习商业课程，成为高级文员和簿记员。

即使受过培训或接受过多年教育，几乎所有大学毕业的女性都在结婚前不久或结婚不久后辞掉了工作。有一名女性，之前怀着对大学教育的坚定信念，在家庭两次迁居之后都再度入学，并最终在加利福尼亚大学伯克利分校拿到了艺术学位，但就因为她丈夫看不惯她每天晚上回到家疲惫不堪的样子，所以她在入职一份室内设计工作之后没几天就辞职了。还有一名女性，当被问到结婚之后是否会继续教书的问题，她回答说："不了，我婆婆劝我辞职。她说，'你辞职吧。你得习惯家里靠一个人挣工资生活，这样的话，在有了家庭之后，要节省开支就不难了'。"通过这些故事我们可以看到，认为女性在婚后不应该参加工作的社会风俗或文化范式的不可逃避性和它的力量。

没有上过大学的女性比上过大学的女性在婚前参加过工作的概率稍微更大一点。这些女性在各行各业入职，而且经常跳槽。

有些人在罐头场、磨坊或工厂工作，有些人当电话转接员、办公室文员或收银员。也有些女性做家庭帮佣、厨师、清洁员、缝纫师傅，或者在自己家里照看被托管的小孩。

这些婚前工作经验给女性带来自主感、成就感和经济资源。也有些女性在工作岗位上遇到了她们未来的丈夫。对于大多数人来说，工作都被视为一种暂时性安排，其重要性次于社会对她们最大的期待——做一名好妻子、好母亲。然而，这些早年工作经历具有塑造意义和纪念价值，促使一些女性后来重新走向就业市场。我们在后面的章节里会进一步探讨这些抉择和经历。

下一步：结婚

这些女性在上学和工作期间，结识了未来的丈夫。虽然结婚时间和发生方式各有不同，但受访的所有伯克利00一代女性都走进了婚姻。美国全国范围内所有同龄女性也几乎如此。据美国人口统计局统计，90%在1891—1910年出生的女性，一生中至少结过一次婚。她们的家庭背景、教育成就与职业对其结识未来丈夫的时间点和方式都产生了影响。

主流文化范式认为女性会先完成学业，然后结婚，伯克利00一代女性中除少数几个例外也大都属于这种情况。[11] 但是对这个出生队列的女性来说，结婚育儿才是最正常的追求，求学和追求事业则并不是。继续求学——至少到本科层次——一般意味着延后结婚，这种安排可以让她们的选择余地更大，也让她们在结婚育儿之前能稍微更多地掌控自己的生活。[12] 对于一些女性来说，延后结婚是为了给自己留时间攻读学位，也可能是为了积攒工作经验。然而，这种安排存在风险，考虑到女性通常会嫁给比自己年龄大的男性，到二十八九岁和三十一二岁还没结婚的女性，可选择的教育水平差不多的单身男性的范围则大大受限，尤其是婚前若接受过高等教育，那么她们找到一个受教育程度相当的男性的可能性则更低。对于这一代受过大学教育的女性来说，十八九岁到二十五六岁之前都是等待期，她们需要等待未来的丈夫——不管当时他们是否已经相识——并完成自己的学业，找到一份能够养家糊口的长期工作。[13]

一名伯克利00一代女性把这段时期称为"中间期"。那段时间她帮忙照看过生病的父亲，也做过簿记员和电话转接员。女性结婚的时间点、继续求学以及工作经历三者之间具有高度相关性。女性的结婚年龄不仅对她之后的人生有重大影响，它本身也是受到其他因素影响而产生的结果。也就是说，结婚年龄本身就反映了女性自己长期以来希望在婚前达成的某些目标，以及其他人对她的期许。不论何种情况，受教育程度与初婚年龄之间都有紧密的联系。在22岁之前结婚的人大都只有不到高中的学历，而在22岁或之后结婚的人则很可能至少接受了部分大学教育。社会经济和文化出身虽然是影响伯克利00一代女性受教育程度的重大因素，但它们除了通过影响受教育程度而间接发挥影响之外，对结婚年龄没有什么影响。

有一些家庭因素，例如家庭稳定性和父母关注程度等，也会通过影响00一代的受教育程度而影响其结婚年龄。[14]对早年家庭环境的这点观察结果，是基于1930—1931年收集的有关家庭互动方面的信息，和有关父母关注程度的一次回溯性评估。结婚早的女性大都经历过父母的分居或离异，也大都（在其成年早期）描述过她们小时候没怎么得到过父亲的关注。[15]小孩对自我价值的最初感知，部分来自父母的积极关注，所以这或许也能解释为什么父亲的消极对待与早熟女孩往往会交往比自己年龄更大的男性的现象有关。[16]

情感上越匮乏，这种现象出现的概率越高。下面这位女性的婚姻史可以说明这一点。她是这么解释的："我觉得我之所以在十五岁半结婚，是因为我父亲对我交朋友管得非常严。那时候我已经成熟了，我渴望关爱，渴望与人交往。我嫁给了我认识的第一个男朋友。"这位女性和其他几位报告自己嫁给了第一个与自己交往的男生的女性，最后大都对那段婚姻感到后悔。她们的首任丈夫或出轨，或被送进监狱，或家暴，这些都加重了她们因结婚早而面临的不幸。但当我们加入女性受教育程度这个因素之后，家庭结构和情感环境的影响则变得不再显著，这表明受教育程度是家庭结构和家庭作用影响女性结婚年龄的重要中间机制。

社会学家欧内斯特·伯吉斯与保罗·沃林（Paul Wallin）论述过这个时期人们在择偶偏好上的变化，从原来重视家庭社会地位的匹配，转而越来越多地关注对方的个人成就。[17] 实际上，伯克利00一代女性及其丈夫在谈及双方相遇的过程时，大都比较感性，叙述的焦点也大都在能让双方迅速走到一起的身体和情感魅力，尽管双方可能花了好几年时间才走进了婚姻的殿堂。然而，在这些故事的背后——先不论其年龄、社会背景和教育背景——通常都有着由家庭成员、出生队列和社区组成的关系网络在其中牵线搭桥，为各自的人品做担保，鼓励门当户对式的交往。

一般来说，出身地位低因而受教育程度低的女性，通常会结识并最终嫁给出身地位低的男性。他们通常在同一个片区长大，从童年或青春期开始就相互认识。有一对夫妇提到他们俩是"青梅竹马"，每天他都骑自行车把她从学校送回家。另有一名女性，十五岁时从葡萄牙迁来伯克利，她的丈夫和她住在同一个片区，他每天去做木工的路上都会经过她家，因此她也就注意上了他。也有其他一些夫妇是在十八九岁的时候，经由亲戚介绍，通过一些社交活动，例如在当地意大利聚会点举办的舞会，渐渐熟悉起来。有少数女性嫁给了受教育程度更高、社会经济地位更优越的男性，据她们所述，她们要么是在工作岗位上遇到了对方（例如，某药店收银员嫁给了药剂师），要么是经由和那些男性共事的女性朋友介绍（例如，某速记员把她的朋友介绍给了她老板）。

背景优越且多少上过一点大学的女性，一般都嫁给了受教育程度更高、职业地位更高的男性。据口述史以及田野调查员的工作笔记记载，这些夫妻大都在上大学期间或大学毕业后没多久走到一起。有几个人提到她们是通过兄弟姐妹、表兄弟姐妹、室友或朋友的朋友，在诸如晚宴、联谊舞会、家庭聚会或登山活动等群体社交活动中相识的。有位女性便是通过她表兄弟所在的辩论队遇到了她的丈夫。俩人先是交往了一年，随后又私下订了婚。她解释说，是因为当时还在上大学，他还没有稳定的工作，所以直接订婚不合适。

虽然，双方初遇的过程大都被叙述为相亲，或相对为陌生人之间的偶遇，但我们很难忽略在背后操纵这个过程的那些强大的社会和家庭社交网络。这些网络负责为其提供未来的配偶，并且帮助筛选，留下有良好发展前景的对象。双方的结合是两种因素推动的结果，一是每个家庭都希望自己的小孩嫁入与自己家庭相似的家庭（这种倾向古已有之）；二是高等教育和劳动力市场导致年龄和阶级的差距扩大。尽管他们背景相似，但他们几乎都提到，双方是因为情感的吸引才建立并维持了关系。他们努力经营关系，满足双方爱与被爱的共同愿望。这种交往模式反映出婚姻关系从制度婚姻向友伴婚姻的历史性转变。[18]

家与生活方式

一旦结了婚，伯克利00一代女性的日常生活便发生了巨大的变化。经济上，她们从原先依靠原生家庭支持及其自身的赚钱能力，转而依靠丈夫。她们即便在外工作挣钱，也是为了补贴丈夫的收入。步入婚姻，意味着她们的关注焦点转变为"房子、丈夫，最后是小孩"。有人可能觉得好奇，为什么在获得了投票权且教育机会和工作机会增多的情况下，女性能够接受将生活重心转向家庭？为什么这一年代的年轻女性像她们之前的女性一样，大都在结婚之后放弃了家庭以外的追求？她们之所以接受工作和家务上的性别分工，是因为在她们看来，这种经历并不是历史的倒退。

当时，成年人的生活以及家庭组织模式大都还高度建立在性别分工的基础之上。之所以如此，是因为人们认为男人在外工作，女人在家收拾打扫、照看小孩是自然而然的事情。女性并没有大规模地进入劳动力市场，而是选择重新定义承担妻职、母职以及参与公共事务的模式。[19]家庭以外可见一些这方面的尝试，如有一小部分女性在外自由地追求事业，部分女性可以参与公民事务和社区事务，发挥其个人所长。当然，至于她们具体以何种方式重新定义其生活，这取决于她们自身的资源。

许多接受过大学教育的女性，可以享受其丈夫工作岗位带来的社会地位和物质回报，包括这些工作赋予的高收入和高质量的生活方式。约33%的女性曾在婚姻期间有过工作经历，她们大多来自经济底层，且她们对家庭收入的贡献相比于她们丈夫而言，可谓微乎其微。纵观各个社会阶级，伯克利00一代女性婚后的生活方式主要取决于她们丈夫的收入水平。

大萧条之前，妻子对丈夫工作的满意度体现在两个指标上，一是妻子本人的地位意识，这种意识以其丈夫在1929年的职业为基础；二是丈夫工作的薪酬回报，体现为家庭人均收入水平。家庭收入越高，住房自有的概率越大，生活水平就可能越高——

生活水平会通过住房品质反映出来,包括家居陈设、住宿设施和地理位置等。住房自有以及相对较高的生活水平(在1929年),是妻子住房满意度高的主要原因。丈夫的职业地位越高,婚姻的物质回报越大(以收入、住房自有和生活水平等指标衡量),女性对住房以及丈夫的工作满意度也就越高。[20]

大多数女性,不论其受教育程度和家庭收入如何,都对其家庭经济地位表示满意,尽管受教育程度越高的女性可能会嫁给收入上升潜力越大的男性。然而,对家庭经济状况满意度最高的女性,是具有高中或高中以下学历但人均家庭收入最高的女性(1000美元及以上)。[21] 也就是说,通过婚姻实现社会阶级向上流动的女性,对住房及丈夫的工作产生抱怨的可能性最小。婚姻确实让她们过上了更好的物质生活。

如我们在第3章中所述,拥有自有房,对家庭里的丈夫而言,具有重大意义,其意义甚至超过了住房品质及社区环境。然而,女性作为家庭主妇,她们更关注居住条件。在决定女性对其住房的看法上,住房品质比住房自有更重要。她们对住房品质及社区环境的评价,是决定她们住房满意度的最重要的因素,其影响程度远超过住房是否自有。不过,住房自有对于处在经济底层的家庭来说,仍是一项伟大的家庭成就,不论房屋结构有多简单、地块有多小,这都需要他们严格地节衣缩食,做出长期牺牲。

数据显示,对于收入低的夫妇来说,住房自有比生活水平上发生少许变化的意义更大。房屋所有权对体力劳动者的意义,大于其对中产阶级男性的意义(见第3章)。而对于相对富裕的家庭来说,购买住房一般算作一项财务投资,更能体现其地位差别的是住房品质。伯克利00一代中住房自有的工人阶级家庭,其住房是灰泥和木质结构的三房或四房公寓。相比之下,家庭富裕的上层中产阶级一般都在山上有大别墅。上层中产阶级内部的地位差别，集中体现在房屋大小、家居陈设和地理位置上。访谈员这样描述过其中一栋极为奢侈的住房："现代风格的两层楼建筑，共九个房间，可以俯瞰湾区的美景，阳光遍洒，房间宽敞，庭院开阔，小孩有足够的空间活动，室内装饰精美，有精致的雕花家具和布艺装饰。"

社会经济差异也反映在能够提升女性住房满意度的条件上。在低收入家庭中，对自己的住房感到满意的女性，最可能是实现了住房自有的那些人，生活水平差异倒不怎么重要。在家庭收入上享有巨大优势的女性会更看重住房品质，而不是住房自有。假定富裕的生活培养了人们更高的物质欲望，这也许能解释为什么较晚出生队列且接受过良好教育的妻子明确表示对其住房不满意。这些女性不论其职业地位和生活水平高低，其住房满意度都低于较早出生队列且受教育程度更低的女性。

以上发现进一步反映了女性在多大程度上将住房的美观程度内化为其个人承担妻职和母职能力的体现。男性的地位，体现在是否有能力购买住房上。而女性的地位，则更多反映在住房外观、家居陈设和家电用品上，这些方面既是家庭经济实力的体现，也是其个人持家成就的象征。

机遇与身份正在改变

对于20世纪00一代女性，尤其是中产阶级女性而言，受教育程度的提升以及家庭结构模式的变化，使得其获得了更多的空间在家庭之外拓展活动和兴趣范围。[22] 可能也正因如此，更多的女性，尤其是已婚或已育的女性，加入了劳动大军。然而在文化上，女性已婚或已育之后在外工作挣钱的行为受到抵触，这也让我们确信，社会对女性受教育程度提升的认可，主要意味着人们对人妻、人母在家庭内部的行为预期有所变化，对其参加有偿工作方面的期待并没有改变。[23] 虽然此时的女性似乎仍然像其祖母、外祖母和母亲一样，被局限在家庭事务上，但实际上，她们正在改写婚姻、育儿和公共事务参与等方面的文化脚本，为未来的女性在家庭事务之外争取更大的成就铺平了道路。因此，本书有必要略述 00 一代女性经历的社会变化，以及这些变化如何影响其对自己、对家庭内外角色的看法。

变化中的可能性

在"一战"到大萧条期间结婚的女性，在家庭生产和持家方面的工作量要少于其母辈。1930 年之前，家庭经济生产——食物储藏、备餐、制衣、种植菜园——基本上从典型的城市中产阶级家庭中消失了。从 19 世纪晚期到 20 世纪头几十年的这段时间，一方面家庭规模在不断缩减，另一方面人的寿命越来越长，这就意味着在养育子女上付出的时间变短，而子女离家之后的生活时间变长。[24]

伯克利 00 一代女性在婚后不久便开始生育。43% 的女性在婚后一年内生育，65% 的女性在婚后两年内生育一孩。她们的平均初育年龄是 26 岁，晚于 1910 年全国女性平均初育年龄的 23 岁，但考虑到伯克利城市化程度和教育水平更高的背景，这也在意料之中。[25]

已有学者关注到家庭责任方面的这些变化。在只考虑了女性脱离家庭劳动这一现象的前提下，社会学家爱德华·罗斯（Edward Ross）总结到，在 20 世纪 20 年代初期，"除了教子之外，她主要起到装饰作用"。[26] 其他一些观察者，例如芝加哥大学的威廉·奥格本（William Ogburn），则更清楚地看到，家庭功能从生产转变为消费，家庭内部的依赖关系从经济上的相互依赖转变为基于亲密关系和相互满足的依赖。[27] 在 20 世纪 20 年代兴起的中产阶级婚姻形象，更强调家庭成员的情感需求而非经济需求，即对友伴关系与合作关系的需求。[28]

美国全国范围内在 1901—1905 年出生的队列中，受过大学教育的女性平均生育率为 1.4 孩，而只有小学教育水平的女性平均生育率为 3.4 孩，约 33% 受过大学教育的女性终身未育。[29] 伯克利 00 一代女性平均生育率为 2.7 孩（18% 生育 1 孩，36% 生育 2 孩，27% 生育 3 孩，剩下的 19% 生育 3 孩以上）。这与 1891—1910 年间出生的美国女性的平均终身生育率 2.6 孩基本一致。[30]20 世纪 20 年代的校园意见调查结果显示，大多数的女性学生在当时那个年龄段都期待走进婚姻，但也有很多女性认为，婚姻不是必需品，而是一种选择，一种不包括漫长育儿岁月与回归家庭的选择。[31]

80% 的伯克利 00 一代女性在战后十年间（1918—1928）走进婚姻。这期间，家庭规模的缩小以及家庭生产的减少，改变了"持家"对于中产阶级女性的意义。这并不是说持家的价值有所降低。一些任务减少的同时，其他配偶角色或母亲角色被创造出来，或变得更加重要。例如，女性越来越多地被期待通过消费展现家庭的经济实力、承担密集母职，以及为了丈夫保养自己的容貌。[32] 另外，这一时期的女性因为受教育程度提高，且拥有成年早期参加有偿工作的经验，她们在争取社会权利上获得重大进展，尤其是在就业与公民事务方面。[33]

1920—1940 年，25% 的美国女性正在从事有偿工作，但她们当中大多数人都是未婚的年轻人。1930 年，24 至 34 岁的已婚白人女性中只有 12% 的人参加工作，而她们当中有很大比例的人生活在贫困线以下。[34] 育儿的束缚以及已婚女性参加工作的负面含义，共同限制了女性在婚后继续利用其教育背景和工作经验追求事业。如果女性安排别人照顾小孩以便自己出去工作，这说明她没有尽到对孩子和丈夫的责任。在这个时期，已婚女性之所以选择参加有偿工作，很可能是因为丈夫失业或工资不高。[35] 实际上，女性如果通过工作赚取报酬，说明她别无选择，这也反映出丈夫养家能力不足。

20世纪20年代，不到10%的伯克利00一代女性在婚后从事全职或兼职工作，她们当中大部分人对此所做的解释是，她们需要发挥经济作用，满足家庭基本需求、存钱、供子女教育或还债。[36] 正如我们所料，女性婚后工作的情况，在家庭年人均收入不到500美元且受教育程度最低的女性群体当中最为普遍。家庭人均收入最高（每年1000美元及以上）的家庭中的女性参加工作的可能性最低，而且她们当中，有最大概率从婚后就一直在工作的群体，是那些受教育程度最低（高中学历及以下）的女性。收入最高且受过大学教育的女性群体当中，只有11%的人在婚后头几年参加过工作，她们大多数人都只工作到第一个孩子出生。婚前参加过工作，或仅在婚后短时间参加过工作但后来都辞职成为家庭主妇的女性，对此几乎都不后悔，她们大都认同那个时代的观点，即女性结婚或做母亲之后，应该把家务和照顾小孩放在第一位，而不是在外工作。一位受过大学教育的伯克利00一代中产阶级女性在回顾自己的育儿经历时说："即使重新回到当时，我也不会有别的想法。我周围的很多女性都是这么认为的。妻子的任务就是照顾家庭，把孩子教好，让他们吃好。我没见到有谁因此不开心，大家都很看重家庭，也都没有出去找工作，搅乱这些步调。当然，我们也觉得女性获得投票（权）是一件幸运的事情。"

事实上，在20世纪30年代早期，很多伯克利女性，不论其教育背景和收入水平如何，都非常认同"持家"这件事。唯一对此表示怀疑的，是少数几个受过良好教育的高收入女性。许多受过大学教育的女性，对婚后或生育后离开职场的决定都表示肯定，但从她们的叙述中，我们也能感受到一种伤感，正如史密斯学院当时的校长所说："女性面临的最突出的问题，是如何在已婚已育后的日常生活里，与她们在接受大学教育之后可以胜任的智力活动之间找到平衡。"[37]

受过大学教育的女性，如果有能力聘请帮工做家务和照看小孩，常常会转向从事家庭事务以外的具有利他性且无报酬的工作。例如积极参加美国女性选民联盟（League of Women Voters）和救世军（Salvation Army）等公共组织，及各类宗教机构或兴趣俱乐部（如缝纫、陶器研究、玻璃器皿研究等）。也有少数几位女性在这些机构中担任文职，例如簿记员或秘书。也有女性投身艺术，例如绘画或音乐。家庭人均收入达到1000美元及以上的女性群体中，65%的人都曾提到她们对社区或公民活动感兴趣，或者已经参加了这些活动。受教育程度较低或家庭人均收入较低的女性则在这方面的兴趣更小。因此，尽管女性参与家庭事务之外的各类活动和组织的通道变得更加开阔，但参与这些事务的可行性对家庭收入高的女性来说才最高，这些事务也大多是利他性、公益性的活动或艺术活动。

大萧条之前，女性的教育背景与社会阶级地位，体现在她们对女性在家庭事务、社区和工作中所扮演角色的偏好上，以及她们对日渐兴起的友伴婚姻理念及社交范围正在拓宽的态度上。受教育程度高的人偏爱友伴婚姻，这类婚姻形式对生育力要求低，更多地鼓励女性追求家庭以外的角色，夫妻双方可以在家庭活动和团体活动中获得更广阔的分享基础，增加夫妻双方在经验世界方面的共同点。受过大学教育的人尤为如此，她们因为向往社会接触和组织平台，很可能会不满足于囿于家务。

鉴于20世纪20年代的文化氛围，有偿工作对那些处于经济压力之下，而对家庭依靠单一收入来源的现状不满，或丈夫无法提供基本生活所需的女性有最大的吸引力。因此，伯克利00一代女性的受教育程度，影响了她们对两大领域的兴趣——婚姻与社区。而其对有偿工作的兴趣，则主要受到婚姻的社会经济状况的影响。

大萧条之前在中产阶级女性身上所发生的改变及其所面临的选择，直到20世纪其后的数十年间，才缓慢地渗透到工人阶级女性的生活当中。在过去，倘若一位女性是工人阶级出身，那么她便会与可溯源至旧世界的女性在生活和工作上的传统形象挂钩。在20世纪30年代之前，从生产到消费的逐渐转变，更多地发生在工人阶级家庭，而不是中产阶级家庭。在外工作的工人阶级女性以及移民女性别无选择，其命运不济、丈夫供养能力不足，迫使她们必须工作。如果她们既缺乏教育，又缺乏社会技能，那么她们所能选择的，几乎只有工厂或家政等薪水微薄却往往对体力要求很高的工作。然而，因为20世纪20年代与之后的大萧条十年期间一样，公众对已婚女性就业持消极看法，于是这一弱势群体为此面临的压力，一点不比中产阶级妻子小。

定义身份

这一时期，有多种社会角色可供女性扮演，尽管不同角色在可及性上存在差别：友爱体贴的妻子、专注育儿的母亲、工作高效的员工，以及关心社区的居民。对于这些角色，伯克利00一代女性是如何将之排列组合的呢？与所有时代的女性一样，她们也需要应对自我期待与他人期待之间的差距。为了找到这一问题的答案，我们使用了潜类别分析的统计方法。这一方法旨在通过数据来识别某一人群中的核心子群体，就本问题而言，我们基于女性对特定指标的反馈，识别特有的女性画像。这些指标包括女性对婚姻、母职、持家、就业及参与社区活动等事项的认可度。[38] 通过这项分析，我们发现伯克利 00 一代女性在 20 世纪 20 年代末与 30 年代早期，普遍可归为这几类身份组合：友爱体贴的家庭主妇、以育儿为首任的女性、在职母亲，以及平衡者。[39]

大多数伯克利 00 一代女性（56%）被归为"友爱体贴的家庭主妇"这一类身份组合。这类女性主要从婚姻与育儿当中寻求满足感，她们对于婚姻关系的相互性❶也极为看重。她们喜欢操持家务，经营婚姻、育儿及家务劳动是其生活的核心主题。这类女性往往对在外工作挣钱或参与公民性质或社交性质的社区活动没什么兴趣或经验。对于社会规范所认为的"女性应以经重新定义为以消费导向的持家工作为唯一己任"，她们似乎没有意见。

我们把第二类身份组合称为"以育儿为首任的女性"（28% 的伯克利 00 一代女性）。与友爱体贴的家庭主妇相似，这类女性主要从小孩身上寻找满足感，并且有很大可能以持家为其核心任务，对于在外工作和参与社区活动没有什么兴趣。然而，与友爱体贴的家庭主妇不同的是，对于这类女性而言，婚姻可能无法给她们带来满足感，她们也不追求婚姻关系的相互性。换句话说，这类女性的特点在于其扮演的是居家育儿的单一角色。从人口特征上来说，相较于友爱体贴的家庭主妇，以育儿为首任的女性年龄更大、结婚更晚、生育数更少。似乎较晚出生队列的女性，比较早出生队列的女性更倾向于接受友伴婚姻模式。

在另外两个小比例的身份组合中，"在职母亲"（6% 的伯克利

---

❶ 既可指涉伴侣关系的二元性质，也可指涉关爱程度和依赖程度的对等性。——译者注

00一代女性）与"以育儿为首任的女性"非常相似，但其独特之处在于，这类女性对在外工作有更多的兴趣或经验。她们对工作感兴趣，但同时，比起扮演妻子的角色，她们更专注于扮演母亲的角色。从背景上看，这类女性的经济条件最差，但她们上过大学的可能性又高于友爱体贴的家庭主妇和以育儿为首任的女性。

最后一类身份组合，我们称之为"平衡者"（10%的伯克利00一代女性），因为这类女性对所有这些角色都感兴趣，和它们也都有关联。实际上，她们在新旧之间实现了平衡。她们不太可能将婚姻或育儿作为其获得生活满足感的主要来源，大概是因为她们把事业或参与社区活动或两者都列为其重要兴趣。她们自身虽然并不怎么喜欢持家，但她们当中大约有33%的人仍然认为持家是女性的主要任务。从出生背景来看，平衡者的经济条件最为宽松，她们中的大部分人也都至少接受过一点大学教育。因此，可以肯定的是，更为丰富的资源和更高的社会地位是她们得以平衡这些角色的基础。

结语

伯克利00一代女性的经历与声音，反映了两种因素之间恒久普遍的交互影响，一边是有关个人应该如何度过一生的文化范式，以及能够推动或妨碍个人追求生活理想的结构化社会语境；一边是去践行这些生活方式的个体能动性。当我们意识到，在人的一生当中，这些力量是在不断变化的，我们也就能够认识到任何时间、任何地点的女性所面临的艰难。

在20世纪早期，女性所面临的教育机会和参与公民生活的机会越来越多，家庭生产则有所缩减，中高社会阶层尤为如此。这类变化为女性开启了一扇大门，她们可以更多地参与到职场中，发展事业，但因为主流文化反对已婚女性参加工作，所以这扇大门只算是微微打开。相反，这个时代的女性似乎在婚育前更为自由和独立，婚后也能更自由和独立地拓展其家庭角色和参与社区活动。除此之外，变化还包括她们对友伴婚姻这种新模式的投入，基于这种婚姻模式，她们对夫妻交流和亲密关系更加期待，更多地投入密集母职，而在条件允许的情况下，她们也会更多地参与公民组织。

一些对这个时期进行研究的社会观察家提出，在大多数人视为始于20世纪70年代的性解放时期之前，女性进步明显处于停滞状态。然而，如果把这种停滞状态解读为女性退回到了她们上一代及上上一代女性的传统，那么我们就忽略了这一时期一些重要的变化，这些变化甚至为后来更为鲜明的革命运动播撒下了种子。在社会学家艾丽斯·罗西（Alice Rossi）看来，这段时期类似于静默期，并不一定代表着退步，相反，"它是休整期，在这期间，新的观点错综交织在一起，共同被编入私人生活的肌理"。[40]

历史学家克里斯蒂娜·西蒙斯（Christina Simmons）指出，20世纪早期的友伴婚姻，在结构上更为民主，且融入了更多的浪漫情感与情爱，女性角色被重新定义，她们在家庭中的顺从地位与母亲角色更少被强调，她们变得更加独立和性感，这些又为她们在家庭以外获得更大的进步铺平了道路。[41] 西蒙斯引用了弗洛伊德·德尔（Floyd Dell）在1923年出版的小说《珍妮特·马奇》（*Janet March*）中的片段，细致地刻画了这一时期的女性特征。[42] 尽管德尔的关注焦点是上过大学的女性，但受教育程度较低且在外工作的女性也在一定程度上获得了同样的自由和独立。

> 妻子们有一条共同的纽带，她们都曾向往过传统女性角色以外的东西。大学对于她们每一个人而言，是青

春叛逆、解放和自我实现过程的一部分。而她们又拥有另一个共同点,她们都放弃了事业规划和经济独立,幸福地结了婚……她们如果没有多少悔恨地就此放弃了早年叛逆的梦想,这不是因为她们卑躬屈膝地放弃了自己的原则。她们不是投降给了传统,而是投降给了爱,因为她们所嫁的男人能够理解她们的反叛,甚至爱着她们的反叛。[43]

20世纪00一代女性逐渐投身于更加和美的婚姻关系中,在条件允许的情况下,也投身于公民生活,在这些她们能接触到的领域里发挥着她们的主观能动性。我们先分别了解了这一时期女性及其丈夫各自的情况,以及他们相遇之前各自的经历,这将为我们在接下来几章中的讨论奠定基础。认识到家庭出身对教育和工作经历的决定作用,以及了解这些刚刚走进婚姻的男性和女性对自身及家庭的处境与未来可能性的看法,对我们理解他们以已婚夫妇的身份,共同度过大萧条和"二战"时期的生活经历非常重要。

第 5 章

婚内离合

> 取代老一套的是一种新形式的伴侣关系,其体现为年轻妻子与孩子的地位有所提升。
> ——迈克尔·扬(Michael Young)、彼得·威尔莫特(Peter Wilmott),《东伦敦的家庭与亲属关系》(*Family and Kinship in East London*)

裹挟着传承与新变,伯克利 00 一代夫妇走进"一战"后的婚姻生活。传承之处体现在劳动的性别分工上——丈夫养家,妻子持家。新变体现在婚姻理念上更强调相互性、陪伴和平等性。然而,这些理念与其生活变化之间存在冲突,例如,男性因城镇工业化发展而面临工作压力,女性则迎来将其推向更广阔社会空间的思潮。正当夫妻们开始接受友伴婚姻的价值观时,他们空间上的距离却越来越大。[1] 男性在离家更远的地方工作,而妻子们则更加以家庭为中心,当然,也有一些女性出于必要在外工作挣钱,或参加公民活动。

20 世纪的女性在受教育程度上远超过其母辈,教育为其敲开了家庭事务以外世界的大门。[2] 在战后那些年,家庭生活研究者将这种转变描述为"我们时代最大的转变之一"。[3] 接受过大学教育的女性尤为批判以家务劳动为主的生活,拒绝女性的天地仅限于家庭的看法。她们也希望参与社区中的社会活动和公民活动,在某些情况下,她们还希望参加有偿工作——尽管工作挣钱主要是出于经济需要，而不是追求自我实现和自主，且出现在社会经济底层群体中居多。"一战"后，中产阶级男性开始支持在更宽泛的范围内定义女性生活，但在婚姻平等方面，他们的支持力度不及女性。[4]

以上情况与伯克利00一代夫妇们在大萧条即将到来之前的婚姻生活有很大关系。我们从丈夫和妻子各自的角度来观察他们的婚姻，并且对比他们的反馈。在20世纪30年代，芝加哥大学的社会学家欧内斯特·伯吉斯与伦纳德·科特雷尔（Leonard Cottrell）已经率先采用了这种交互性的婚姻观察视角。他们强调，"任何对婚姻适应过程和融合过程的研究，都必须考虑夫妻双方之间的互动，他们既是各具特点的个人，也是相互联合的统一体"。[5] 相互之间对情感进行回应，并且分享经验，是夫妻间互动的重要特征。[6]

然而，通过芝加哥研究的这种二元聚焦模式，我们不太能看到自19世纪90年代末以来已婚家庭出现的一个重大变化，即夫妻的活动空间从一体化逐渐走向分离。在世纪之交，近一半的美国家庭仍然在从事农业劳动，家庭经济需要丈夫、妻子甚至小孩共同参与。小型企业中也有很大一部分是家庭企业。到了20世纪20年代，工商业的快速发展吸引农村人口流入城市，男性开始走向离家有一定距离的工作场所。[7]

20世纪20年代，随着夫妻日常活动的空间距离越来越大，夫妻之间通过交流与分享在彼此之间建立信任、理解的做法变得更加重要。[8] 正如某00一代男性所言："因为丈夫的工作性质，现在夫妻聚少离多的情况很普遍。一旦聚少离多，两个人就容易疏远。"小时候，他住在一个小社区，回忆当时，"男性大都在自己的小农场或者小店里工作，夫妻俩一直都在一起"。对于00一代夫妇来说，丈夫每天因为工作不在妻儿身边，如果丈夫不分享自己的经历，那么很可能造成夫妻关系不和谐，双方"变得疏远"的可能性也更大。丈夫之所以不愿意分享，可能是因为他正面临着失业的艰难处境和越来越严重的经济困境。对于向配偶分享不愉快的情感和经历的做法，女性比男性更加自如。[9]

年轻夫妇的婚姻契合度，将直接影响家庭在面临生活压力时的调适能力。影响婚姻契合度的因素，包括夫妻之间互动的方式以及各自的生活史。婚姻关系的动态变化能够反映夫妻在财务、性生活、子女管教与亲属关系等问题上的一致或冲突。这些方面的问题相较于其他问题而言，对婚姻关系的影响更为核心。财务冲突影响最大，因为财务冲突会使得丈夫变得沉默，选择对工作和经济问题闭口不言。

大多数伯克利00一代男性和女性相爱和结婚的对象，在社会特征上（例如宗教和社会经济出身）都与他们自己高度匹配，因此，他们很可能是带着类似的期待和兴趣共同走进婚姻。然而，也有很多夫妇存在年龄和家庭出身方面的差异。年龄差异与女性结婚年龄有关——女性年龄越小，年龄差距越大。年龄差距大，很可能反映出夫妻双方所处的历史时代，以及各自所在的人生阶段、活动水平及兴趣爱好都有所不同。接下来，我们就来看看这些因素的不同意义。

另一个看待生活史差异的角度，关注年龄或社会经济出身差异的具体性质。例如，丈夫比妻子年龄小或者大，有差别吗？丈夫的家庭背景不如妻子或比妻子的更好，有差别吗？另一个与社会出身相关的指标是出生地，即生于本国还是国外。近三分之一的伯克利00一代生于国外，其中很多人都来自经济不发达的东欧和南欧。有些人最后和美国本国出生的人结了婚。我们推断，在这种结合方式下，如果女方是美国人且来自中产阶级，那么他们面临的文化冲突最大。[10] 相应的受教育程度上的差距无疑会增加这类婚姻的风险。尽管这种结合方式看上去不太可能实现，但伯克利 00 一代中还是有几对这一类型的夫妇。

最后，我们采用伯吉斯与科特雷尔所倡导的交互方式，探究丈夫与妻子在婚姻平等性上的性别角色定位。[11] 我们试图识别这些角色定位所反映出来的模式，它们是平等模式、过渡模式，还是不等平模式？同时，我们也探究了这些角色定位在婚姻契合度上的体现。在一段有益的婚姻关系中，是否真如同伯吉斯与科特雷尔对 20 世纪 30 年代芝加哥中产阶级婚姻情况进行观察后所得出的结论一样，丈夫的观念和品质比妻子的观念和品质影响力更大吗？

伯吉斯与科特雷尔对我们认识伯克利 00 一代婚姻情况的独有贡献，在于他们将婚姻定义为一个社会心理学意义上的互动过程。理论上，这个定义包含了夫妻两方的视角，但他们对芝加哥中产阶级婚姻情况的研究主要基于夫妻某一方，尤其是妻子一方的叙述。[12] 然而，得益于伯克利指导研究项目主任麦克法兰及其临床团队基于家庭视角所收集的有关夫妻两方的丰富数据，我们可以更加全面地捕捉到婚姻关系中的动态变化。这些有关婚姻情况的数据，均来源于伯克利指导研究密集观察组中的 00 一代夫妇。[13] 麦克法兰基于 20 世纪 30 年代对这些夫妇的观察和访谈，制作了成家早期情况量表（Early Family Ratings）。[14]

在现有的一系列量表中，我们重点关注评价婚姻关系的两大一般性标准：婚姻调适与婚姻契合度，相关项目包括友善度、敌对程度、伴侣一方对另一方的亲密度，以及性生活调适度等。我们在一些地方对部分项目进行了单独讨论，但在有一些地方我们仅使用了概括性指标。在探讨生活史上的总体差异及婚姻角色模式时，我们采用了概括性指标，以便从更加全面的角度看待婚姻关系。

婚内世界

什么是"好的婚姻"？这个问题的答案见仁见智。对于一些伯克利丈夫来说，它仅仅意味着拥有一个安定舒适的家。但如果我们把婚姻看成一种友伴关系，那么，构成好的婚姻的判断标准还应包括亲密、爱恋与关心。20世纪40年代早期，当伯克利00一代已婚女性在被问到如何定义幸福婚姻时，她们的回答里反复提到这些因素。

"相爱和感情是第一位的，然后是关心彼此、照顾彼此的需求。"

"尊重，尤其是陪伴。"

"满足感来自理解、体恤和爱恋。"

"彼此更多的相伴，才有可能应对生活中的各种情况。"

"分享私密，对彼此敞开心扉。"

除此之外，有几位妻子还强调了"彼此迁就"以及幽默感在婚姻生活中的重要性，尤其是在"生活不易"的时候。

在对婚姻契合度进行分析之后，我们发现，对于00一代夫妇来说，彼此之间的亲密度和友善度是他们总体婚姻调适情况的重要指标。然而，在这两个维度上，夫妻双方的感觉有时候不太一样。[15]大多数案例中，妻子对丈夫的依恋程度稍稍高于丈夫对妻子的依恋程度（在两个维度上均是如此），但丈夫的情感投入对婚姻调适的结果影响更大。丈夫对妻子的亲近，比起妻子显露的柔情，能稍微更准确地预示一对夫妻的婚姻调适情况。

倘若从这个角度定义婚姻关系，就缺失了一个因素——亲密关系中的矛盾情感。弗洛伊德（Freud）曾提出："（当）人们对自己所爱的人产生仇恨时，我们称为情感的矛盾性。"[16] 矛盾情感在婚姻关系上的体现，我们只在个案材料中看到过，例如某中产阶级妻子在描述其丈夫希望其扮演的角色时，不无讽刺地说："如果我待在家里，洗洗扫扫，主要做些家务事，他肯定会更满意——至少他觉得自己会更满意。"

从夫妻间婚姻情感上的差异，我们无法看出一些具体的婚姻情况，例如问题解决能力，但我们可以把婚姻调适看成一个合作过程，在面临紧迫性问题时，这个过程可能会产生令双方满意或者不满意的结果。在研究所内，麦克法兰曾调研了伯克利OO一代夫妇是否能够以双方满意的方式解决问题并调和各类家庭事务上的分歧。其中，有三个量表重点考察了众所周知的导致家庭矛盾的三大元凶：财务（收入与开支规模）、性生活与子女管教问题。

就影响夫妻亲密感和总体调适表现而言，婚姻关系的一些方面比另一些方面的影响力更大。是否是初婚以及婚姻关系的长短，都不影响夫妻亲密度和调适表现（9%的夫妇是二婚）。但若在财务、性生活和子女管教问题上发生冲突，通常意味着这段婚姻遇到了问题，双方的调适表现最差。第二大影响因素是双方缺乏共同的爱好，再者是影响程度远远更小的文化冲突、亲属关系冲突和宗教冲突等（见附表A5.1）。调适表现好的夫妇几乎没有发生过这些方面的矛盾，即使有矛盾产生，他们也能快速解决。此外，他们一般也都有共同的社会、娱乐和教育兴趣。财务冲突是导致婚姻关系失调的重要因素，这一点对于我们理解大萧条来临之前这些夫妇岌岌可危的处境尤为重要。财务冲突，一般又与其他没有得到解决的家庭生活冲突有关，尤其是性生活、子女管教和亲属关系上的冲突，这代表着经济困难与家庭创伤之间有潜在的强关联性。

夫妻一旦在财务问题上达不成一致,他们在性生活上疏远的可能性就更大。比起其他方面的冲突,性生活冲突与夫妻双方社会及情感距离的关系更大。透过婚姻中的性生活问题,我们看到了在那个越来越推崇性解放的年代,仍存在一些历史遗留下来的无知、谣言和情感禁忌。[17]在伯克利指导研究样本中,夫妻通常是带着对性生活的不同态度走进婚姻生活的(例如,丈夫强烈渴求身体满足感,而妻子却对此深感恐惧)。有不少妻子都提到,她们对性生活的第一反应是"害怕"或"恐惧"。一位妻子这么说道,"对于我们俩来说,性生活是这个世界上最灰暗的事情"。妻子们无论出身于中产家庭还是底层家庭,大都表示没有从母亲那里接受过性教育。总体上看,在中产阶级的婚姻里,我们可以找到那个上承维多利亚时代、下启"二战"后时代的转折期内所可能出现的所有婚姻冲突。

接下来我们看另一个直接影响婚姻关系是令人满意还是失调的进程——夫妻沟通情况,其主要体现为情感表达以及经历和观点的分享。情感表达的量表为5分制,从"非常乐于表达"到"从不表达"。分享行为的评分从"希望分享所有的经历和观点"到"从不分享"。

婚姻契合度高,意味着夫妻双方能够相互满足各自对情感的需求,但我们在夫妻之间的情感表达上并没有找到多少体现这种相互性的证据。丈夫表达能力的强弱,并不影响妻子的表达能力。在大多数婚姻里,妻子都比丈夫的表达能力更强,而她们的表达意愿与婚姻调适呈负相关。也就是说,婚姻调适不佳的家庭里,妻子通常更乐于表达情感。这种表达欲既可能是婚姻矛盾产生的原因,也可能是婚姻矛盾造成的结果。尽管丈夫与妻子的表达能力之间不存在相互影响,但它们各自都与婚姻调适表现存在关联,在这一点上二者是相似的。尽管如此，虽然很多丈夫表达能力不强，但妻子也能够感受到丈夫的爱意。其中一人解释道："我丈夫一直都不太会表达爱意，但我还是知道他对我的感情很深。"

分享经历是一个交流的过程，这个过程有助于构建婚姻的意义。正如一名中产阶级女性观察所言："'分享私密和对彼此敞开心扉'似乎对维持婚姻关系和谐起着关键作用。"在夫妻之间有着共享现实的婚姻中，两方通过持续的沟通，交流"几乎所有各自的和共同的经历"。[18]确实，一段经历只有被"充分共享"之后才真正地成为现实。充分共享对于伯克利 OO 一代夫妇们来说尤为重要，因为丈夫和妻子通常因为他们在工作和持家上的主要分工而在空间上造成了分离。丈夫分享每天工作或者社区生活经历的意愿，是家内与家外这两个世界得以连接的关键。

经常相互表达情感的夫妇通常也会分享各自的经历，但他们在分享经历方面的差异远超过他们在表达情感方面的差异。这大致反映出这一代男性倾向于自己把问题扛下来。其他研究发现，比起丈夫，妻子更可能向配偶透露她们不愉快的经历。[19]在 1930—1931 年间对工作不满意的伯克利 OO 一代男性，也不愿意和他们的妻子分享自己的经历和想法，尤其是工人阶级男性。经济问题与"丈夫沉默寡言"之间的关联，明显对这些即将迈入大萧条困难时期的家庭造成了重大影响。

这些夫妻间的差异，还为证明婚姻问题与丈夫沉默寡言存在关联提供了额外的证据。男性声称其之所以不愿意和妻子分享自己的想法和经历，大多与财务、性生活和子女管教上的冲突有关，而当夫妻间缺乏共同的兴趣爱好，两人无法共同参与某些娱乐和社交活动时，这种不情愿尤甚。相反，妻子们虽然愿意分享她们的想法，但我们并无法从中了解她们是如何解决这些领域的婚姻冲突的，除了在性生活问题上，她们倾向于对此避而不谈。

在性生活方面，冲突经常导致双方对问题退而避之。综上，对于伯克利 00 一代而言，影响丈夫分享行为的那些因素与婚姻调适之间的关联最为密切。当时（大概 1930 年）妻子因为要养育幼儿，忙于家务，很少有妻子在外工作挣钱，即便有，她们的工作也大都是兼职。有不少妻子参与了社区活动，但大多数人仍然依靠夫妻间与朋友间的交流保持与家庭以外生活的联系。一旦丈夫不和妻子分享他们每日的生活，这种行为将大大损害夫妻间的友伴关系。

妻子对经验分享抱着很大的期待，这最有可能是丈夫的沉默寡言导致婚姻关系不和谐的主要原因。[20] 在战后时期，科马洛夫斯基（Komarovsky）发现妻子比丈夫对配偶扮演倾听者和沟通者角色的期待更高，不满意程度也更高："毫无疑问，她们希望丈夫能做一个更好的倾听者。这既是为了分享这个过程本身，也是为了从中获得肯定、建议、赞赏和鼓励。"[21] 更近，威尔科克斯（Wilcox）与诺克（Nock）也发现男性的情感投入是女性对婚姻质量评价的关键决定性因素。[22]

夫妻在情感表达和分享方面的巨大差异，使得双方有一些需求未得到满足，并导致了一系列家庭问题。不论原因为何，最普遍的分享模式——妻子的分享远多于丈夫——预示着一些应对和防御策略的出现，并最终导致婚姻破裂。那么，当不容忽视的问题出现时，伯克利 00 一代的妻子们是如何应对丈夫的寡言少语和不理不睬呢？她们会气势汹汹地逼丈夫做出回应吗？如果丈夫拒绝和她们讨论，这些冲突是怎么解决的？从 1930 年的家庭评分表来看，我们发现沉默寡言的丈夫们通常拒绝和妻子讨论双方之间的分歧，而妻子则倾向于以言语挑衅进行回应，例如唠叨、直呼其名或者归咎于他人，反映出一种相互激怒的模式。

我们按照婚姻调适得分中位数将伯克利 00 一代夫妇分为两

个亚组，通过对比两个组别夫妇的亲密度和分享行为，我们发现了一种惊人的模式。这两组夫妇的最大差异，不是单对夫妻之间的差异，而是在同一纬度上同组相似度上的差异。亲密感随着调适得分从高到低而逐渐减弱，尤其是丈夫的亲密度，但更重要的发现是，调适不佳的各对夫妇之间缺乏共性。在对配偶的亲密度上，以及在与配偶分享经历、感觉和想法的行为上，各对夫妇之间存在巨大的差异。

这些婚内世界的情况反映出，各对夫妇在应对日益恶化的生活条件的能力上存在巨大差异。为了更好地理解这些差异，我们接下来将分析这些伯克利00一代男性和女性带入婚姻中的社会差异。我们已经知道，他们结婚的时间有早有晚。有些人来自富裕家庭，有些人的家庭贫困窘迫；有些人生于农民家庭，而有些人虽生于农村但迁入了城市；还有将近三分之一的人生于海外，后移民至美国。

尽管存在这些差异，伯克利00一代大多数夫妇之间都有着相似的背景。这正是社会学家所称的择偶上的"门当户对"原则：未来伴侣在各种社会属性上的差异越大，他们走到一起或一直在一起的可能性就越小。但是，如果背景不同的人真的结为连理，他们的婚姻会是怎样的结果呢？我们现在聚焦这个问题，并且主要关注三方面的社会差异——年龄、社会经济背景以及出生地。[23]

不同的人生：共处与矛盾

当伯克利的00一代夫妇们被问到什么是构建幸福婚姻的最重要因素，他们经常提到的答案是：共同的背景。可能是有感于自己的生活，他们认为结为夫妻的年轻男性和女性如果有共同的背景，那么他们就具备拥有共同爱好和价值观的优势。在处理问题时，他们更可能抱着差不多的期待，并且他们更容易与双方的家庭保持和睦融洽的关系。从大多数回答当中，我们提取出了三个因素：宗教、经济背景和教育。

在提到社会差异时，人们指出支配地位会威胁家庭生活的安宁和稳定。可以考虑一下这两种情况，一种是女性嫁给比自己年轻、受教育程度比自己低的男性，另一种是女性嫁到社会地位较低的家庭。有一位妻子根据自己的观察，认为女性可能"因为丈夫的受教育程度比自己低而在他面前高人一等，即使他挣的钱更多"。一位技术工人针对年龄差异也发表了类似的评论：如果"女性年龄更大，她会觉得自己比男人更高一等"。这些方面的差异可能会导致夫妻在社会兴趣上产生差距，从而导致问题。

近三分之二的伯克利夫妇都符合传统的择偶曲线，即丈夫比妻子年龄大。他们当中又有一半的夫妇年龄差不超过 5 岁，只有 4% 的夫妇中丈夫比妻子大 12 岁以上。大年龄差主要集中在较早出生队列的男性和结婚相对更晚的男性群体。第二大普遍的婚姻模式是夫妇年龄相仿（28%），第三大但比例远远小于前两种婚姻模式的模式是妻子的年龄更大。只有 9% 的妻子年龄比丈夫大，而且除了仅有的 3 对，其他这类夫妇的年龄差距都不超过 3 岁。

除了夫妇各自所在的年龄段及其所在阶层，年龄差距太大会对婚姻契合度产生重大不利影响吗？从数据上看，任何年龄差都是与夫妇各自年龄相关的函数，但如果一个等式包含 3 个变量，那么我们就无法计算这个等值。然而，妻子的年龄可以从这个函数中直接去掉，因为它对婚姻契合度没有产生显著影响。如果考虑丈夫的年龄和阶层地位，我们会发现，如果丈夫比妻子年龄大，尤其是年龄差在 4 岁及以上时，这对他们的契合度将会产生严重的不利影响。

这种影响值得我们关注，尤其是考虑到更现代的一些研究对此并没有定论，而伯吉斯与科特雷尔几乎在同一时期所做的研究对此得出的结论是没有影响。[24] 这一影响结果很可能反映出了当时的社会在家庭关系上的观念，尤其是婚姻关系观念上的变化速度。从队列角度来看，变化速度快，可能会拉大年龄差距导致的社会差距。[25] 丈夫因为年龄更大，在婚姻以及妻子角色方面的观念相较于年龄更小的男性来说会更传统、更不平等。如果这些男性娶了比自己年龄小很多的妻子，那么他们习以为常的社会支配地位可能会成为婚姻关系紧张和冲突的主要原因。与此同时，年龄比自己妻子大很多的男性可能是第一代或第二代美国人，但是世代地位本身不是影响婚姻契合度的核心因素，关于这一点我们可以从下文看到。

夫妻年龄差距过大，对婚姻最明显的影响体现在社会交往与兴趣爱好上。夫妻之间的年龄差异，与财务、性生活和子女管教上的婚姻冲突，以及一般兴趣爱好上的差异存在重大关联。年龄差距越大，夫妻之间的共同点就越少，他们在婚姻重大问题上的立场存在差异的可能性就越大。比如，婚姻的友伴性就是一个问题。丈夫年龄比自己大很多的妻子无一例外都抱怨他们之间缺乏共同的兴趣爱好、活动和朋友。一位女性先是说她和她的丈夫几乎没有共同的朋友，后来更正为"实际上，没有一个共同的朋友"。另一位女性发现，她"还是很期待能出门做点什么，而他则是宁愿待在家里"。提到丈夫与自己性情不相投的女性经常会表达这种抱怨情绪。她们对自己的评价是精力充沛、充满朝气、热情洋溢和性格外向，她们丈夫的特点则是沉默寡言、不善言辞、反应迟钝和不善交际。一位丈夫比自己大了差不多十五岁的妻子解释说，"我们似乎差了整整一代"，在挣钱养家、家庭收入分配以及教养子女等各方面的观念都不同。

实际上，夫妻双方在兴趣爱好以及期待方面的差异能够充分解释年龄上的"异背景通婚"（heterogamy）对婚姻契合度的消极影响。[26] 除了导致兴趣爱好与观念差异之外，夫妻之间的年龄差距对他们的婚姻关系没有其他的影响。上文提到，年龄差距过大对伯克利夫妇婚姻关系的影响，很可能反映了夫妻双方各自面临的急剧的社会变化，这有助于我们理解丈夫更为年长会给婚姻带来的影响，例如夫妻在衰老过程中一直都存在巨大差异。

另一个可能会影响夫妻关系的社会差异是夫妻双方各自的社会经济背景。伯克利女性通过婚姻获得与丈夫相同的社会地位，但她们自身的社会经济背景又各不相同。近四分之一的女性嫁给社会经济地位比自己更低的男性，又有相同比例的女性嫁入了社会经济地位比自己更高的家庭。这种变化可能会影响夫妻双方对自己及其对方的评价。例如，来自上层中产阶级的女性可能会把自己童年生活中的高经济标准带入到她们的新婚家庭，把这些强加在丈夫的个人成就和经济事业上。这些女性的原生家庭因为地位更加优越，其从这段跨阶层的婚姻中可获收益几乎没有。相反，对于处于劣势地位的一方家庭来说，家中年轻人婚姻上的成功无论如何都给他们带来了自尊心受伤的风险以及发财致富上的更大压力。我们在档案记录中能够找到社会地位相对低下的配偶承受这种婚姻折磨的案例。

某声名显赫的实业家之女对做经理的丈夫的薪水表示了极大的不满，尽管他的薪水已经高于当时的一般水平了。自从结婚以后，她因为需要适应远低于其之前的生活标准而感到丢人。另有一名男性，因为无法满足自己妻子的物质欲望而问她："我为什么这么努力工作？"然后自答道，"就是为了挣钱给你买我认为你想要的东西。钱对我来说不重要，但对你的家人来说很重要。"还有其他案例中某父亲在自己女儿新婚后给她送了一大批东西，让本来就"高攀"的女婿更加自惭形秽；另有一位丈夫费尽心思攒钱想给自己妻子买一辆车，但有钱的岳父插手进来，送了他们二人一款更贵的车，他的心血就此付之东流，也因而感觉自己低人一等。

伯克利 00 一代家庭的这些档案资料，为我们理解社会经济背景不相同的年轻人走进同一段婚姻的代价和益处提供了启示。那么，他们带入婚内的差异和冲突在他们的关系上有着怎样的体现？在控制家庭出身及 1929 年所处阶层地位这两个变量的情况下，社会经济背景上的差异对他们的婚姻契合度有重大不利影响吗？是哪些因素造成了这样的影响？与前文的研究结论一致，导致夫妇之间发生冲突的主要原因是财务、性生活、子女管教上的问题，以及缺乏共同的社会娱乐爱好。从数据上看，所有这些因素都对来自不同社会经济背景的夫妇的婚姻契合度有着重大不利影响。

接下来，我们考察最后一项由部分伯克利 00 一代夫妇带入婚姻的社会差异，也是一种地位差异——出生地背景。在这些伯克利 00 一代家庭中，远超过一半的夫妇其父母至少有一方生于国外，所谓的国外通常是非英语国家。毫无疑问，他们的早年经历让他们经历了更多的拉扯，这种拉扯既发生在旧世界与为了新世界而需要做出的改变之间，也发生在仍然沉浸在过去的父母与关注新生活和未来的作为孩子的他们之间。移民而来的父母与作为后代的在本国出生的他们之间存在矛盾与误会，这种关系状态，与来自不同文化背景的夫妇之间的关系类似。

文化与婚姻角色上的冲突，最有可能发生在伯克利中产阶级的两类夫妇之间——一类是妻子在国外出生、丈夫在国内出生，这类夫妇的婚姻契合度实际上最高（按总数 100 计算，平均值为 59）；另一类是妻子在国内出生、丈夫在国外出生，这类夫妇的婚姻契合度远低于上一类（按总数 100 计算，平均值为 45）。然而，这两类夫妇均只有六对，工人阶级当中则仅能找到妻子在国内出生、丈夫在国外出生的几个案例。有一个涉及夫妻间差异的量表主要关注文化冲突，其测量结果显示，这两组中产阶级夫妇在家庭生活的文化冲突上几乎处于两个极端。冲突最严重的夫妇，发生过很多次突然的争吵以及短暂分居。

综上，伯克利00一代的男性和女性经由不同的人生道路走进了婚姻，这些道路给他们的婚姻关系既带来了默契，也带来了冲突。大多数人找到了与自己年龄、历史时期、社会经济出身、受教育程度、出生地等相近的伴侣，但也有很多人找到了在许多重要方面与自己存在差异的伴侣。一些男性的年龄比自己的妻子大很多，年龄差异会影响他们婚姻的和谐或引发冲突。有些人的伴侣来自与自己相同的社会阶级，也有人嫁到社会地位更高的家庭。最后，这些伯克利男性和女性当中约有超过三分之一的人生于他国而移民至美国。他们中的大多数人都找到了和自己有相似背景的伴侣，但也有一些人没有找到。生命历程的差异带来了不同的结果，而这些结果又影响了婚姻质量。

婚姻角色与家庭模式

除我们上文提到的差异和冲突之外，伯克利00一代夫妇们的婚姻生活与他们之间的相处方式也有很大关系。我们通过探究婚姻关系的社会特征与不平等现象，来考察支配与平等的问题。平等或对称模式指夫妻双方共担责任、共同决策。不平等或不对等模式刻画的则是一种存在社会支配且大多是男性支配的婚姻结构。

从这两种婚姻结构出发，我们查阅了观察记录和访谈记录，在家庭行为和文化上寻找婚姻不平等或平等的线索。结果发现，60%的夫妇要么明显体现出"不对称"的关系，要么可以认为

"接近对称",每一类夫妇各占大约30%。其他夫妇的关系呈现出混合模式,因此我们将其列入剩下的一类,我们称之为"过渡型"模式。假设这三类模式的区分指标都是婚姻行为,那么我们预测在不对等的婚姻中可以发现男性支配的行为。由于没有其他可以直接测量总体支配地位的工具,我们发现夫妻一方在财务管理上的支配地位在不平等婚姻中体现得最为明显,其次才是过渡型和平等婚姻,但其所占比例远远小于前者。

以上三类家庭结构与社会学家李·雷恩沃特（Lee Rainwater）在战后研究计划生育、避孕措施的使用以及生育率时所发现的三类家庭结构——分离式、中间式和共体式有类似之处。[27] 分离式结构指"一类主要的婚姻生活模式,其中丈夫和妻子从事独立的、不同的活动,但又融合在一起,组成一个共同的功能单位;或是丈夫与妻子各自活动,而彼此之间的活动仅存在最低程度的关联"。[28] 共体式婚姻模式下,夫妻看重彼此共同的经历,他们所从事的诸多活动,在任务内容和兴趣上的差异极小。关系的分离度越高,丈夫准确理解并回应妻子情感需求与性需求的概率越低。实际上,只有处在分离式关系当中的妻子,才会对丈夫在性生活上的冷漠表示过抱怨。[29]

对比伯克利00一代夫妇们的家庭模式,我们可以看到类似的差异。最后我们发现,在各种冲突当中,因为家庭模式的不同而呈现出巨大差异的冲突类型只有性生活冲突。从平等婚姻到过渡型婚姻再到不平等婚姻,性生活上的矛盾程度逐渐加深。兴趣爱好上的差异,以及夫妇间缺乏交流的情况,都呈现出相似的趋势,只不过没有那么明显。这种变化趋势带给我们的总体启示,在我们设置的婚姻契合度综合指标模型当中得到了鲜明的体现:婚姻平等(对称)程度越高,夫妇之间的契合度就越高。婚姻契合度与婚姻平等程度之间的关系,在中产阶级家庭和工人阶级家庭中同等适用。相比工人阶级夫妇,中产阶级夫妇对婚姻角色平等的期待明显更多。近一半的中产阶级夫妇建立了这种平等的婚姻关系。相反,60% 的工人阶级夫妇的婚姻被归为相对不平等。这种婚姻结构的偏好——具体是更偏好平等的、过渡型的还是不平等的结构,反映出社会阶级与婚姻契合度之间主要存在非直接关联。然而,数据并未显示,夫妇的阶级地位与其婚姻质量存在直接关联。例如,婚姻关系平等的中产阶级和工人阶级夫妇,在婚姻契合度上的表现不相上下。有人可能会预测,婚姻不平等对中产阶级的负面影响更大,毕竟他们更偏好平等。数据基本上支持了这种预测,但被定性为非平等婚姻的中产阶级夫妇只有 6 对,而相应的工人阶级夫妇有 24 对(见附表 A5.2)。

角色偏好(第 4 章已介绍)与观念密切相关,而各类家庭模式的平等观念不尽相同,因而角色偏好也为我们理解婚姻关系提供了额外的视角。我们之前探讨的不同角色偏好包含两个维度,一个是女性的核心角色是否为家庭主妇,另一个是丈夫与妻子在情感和交流上是否具有相互性。我们在对涉及婚姻关系这些维度的档案数据进行编码分析后得出,超过一半"接近平等"的婚姻关系中,夫妻对婚姻相互性的偏好程度更高。相较之下,在不平等的婚姻中,只有 25% 的夫妇看重婚姻的相互性。准确而言,关系不对等的夫妇的价值观是"女性的天地就是家",而对女性角色持有更包容的态度并且支持相互性的夫妇主要集中在关系更为平等的夫妇中(见附表 A5.3)。

各类家庭模式下的夫妇二人之间,在对待平等问题的态度上都存在不一致的现象,这可以体现出我们通过角色偏好来观察婚姻情况的价值。按照平等程度划分出来的每一类家庭中,有大量的夫妻在相互性和女性角色问题上的看法不一致,大多数情况下是妻子认同友伴性质更明显的婚姻,这也验证了格罗夫(Grove)

曾经指出的现象，即这一时期的男性希望妻子在家庭角色上向他们自己的母亲看齐，而女性则奋力地想要活出新女性的形象，包括提升自己的社会影响力和家庭影响力。[30] 这种差异在很大程度上表明，夫妻两方对相互调适所持的态度具有不同的分量。那么，妻子的态度对婚姻关系的影响力，是比其丈夫的更大，还是更小？伯吉斯与科特雷尔有关中产阶级家庭的研究结论是："强调婚内两性平等的新风尚并未完全取代丈夫地位应该更高的传统观点。"[31] 他们认为文化塑造的行为特征——男性支配、女性服从——可以合理地解释为何男性在塑造婚姻关系上具有持续的影响力。

为了确定男性和女性的行为对婚姻调适度的相对影响力，我们提出的问题是，婚姻调适度以及婚姻满意度是与丈夫的态度关联性更大，还是与妻子的态度关联性更大？男性对婚姻平等的倾向与其自身和妻子的婚姻满意度都有强关联性，但是妻子对婚姻平等的倾向与其自己或者丈夫的婚姻满意度均没有可靠关联。而当我们关注"相互调适"这个一般性指标时，类似的性别差异再次显现出来。丈夫的角色倾向对我们判断婚姻调适的预测力，是妻子倾向的预测力的三倍以上。以上结果表明，一段婚姻中，如果丈夫支持更为平等的婚姻关系，那么妻子能够获得一个更为积极的环境，去实现她的抱负和理想。[32]

大萧条前的婚姻

男性在婚姻塑造上起到主要作用，从中我们可以得出一个重要启示，即需要关注性别关系。威廉·库德（William Coode）曾在一项有关全球家庭制度的研究中发现，"促使女性家庭地位发生改变的，是在更大的社会范围内的女性相对于男性的地位变化"。[33] 我们在前文也提到过,女性相对于男性的社会地位之所以发生变化,在很大程度上要归功于女性自身受教育程度的提升。这一代伯克利女性的受教育程度,大都超过了她们的母辈,尤其是在本国出生且在中高阶层家庭中长大的 00 一代女性。

受过良好教育的女性比起其他女性,在智力活动和社区角色上表现出了更浓厚的兴趣,也更倾向于支持婚姻的平等性,在生活方式上,也更倾向于在家庭之外开展一些社会活动。参加有偿工作,是女性生活的另一大重要发展,但是伯克利这代女性对于有偿工作的兴趣大都源于经济上的不如人意和压力。在家庭之外参加有偿工作只不过是家庭责任的延伸而已,对此,几乎没有相反证据。

显而易见,受教育程度高是女性期待两性平等的一大主要影响因素。对于已婚女性来说,受教育程度高,意味着她们找到支持婚姻平等和相互性的伴侣的概率更高。然而,倘若多年以来一直抱着高期待值,这对中产阶级女性的婚姻关系及其物质生活的影响都有不利的一面,埃米尔·涂尔干(Emile Durkheim)称之为"无限渴望病"。这位法国社会学家创造这个词语是用来描述生活的物质条件的,一个人拥有的东西越多,他想要的东西也越多,所以无限制的欲望永远无法得到满足。[34] 但是在 20 世纪 20 年代的旧金山地区,这种病症似乎同样适用于婚姻关系,尤其是对日益壮大的中产阶级而言。

具体来说,中产阶级的妻子对她们的婚姻,包括对生活水平,都抱着很高的期待。因此,经济打击对中产阶级夫妇的生活方式来说构成了特有的威胁。至于社会地位低下的家庭,他们则须面临更长时间的失业和经济挣扎。不论是这其中的哪一个阶级,满足家庭经济期待的重担大都落在了男性身上。除少数例外,男性是这些家庭中唯一挣钱养家的人。考虑到这些情况,可以说经济损失和失业会对各个阶层的婚姻造成严重的影响，尽管工人阶级家庭所面临的生存挣扎毫无疑问是最严峻的。

　　截至今日，有关家庭变化的历史研究鲜有关注到男性生活变化对婚姻的影响，尤其是在工作领域的结构和期待上的变化。[35]我们的研究印证了这样一个事实——日常生活结构上的变化，以及对男性和女性的社会期待上的变化，均对婚姻形式与功能有显著影响，反之亦然。教育，以及家庭生活的日渐"核心化"，使得夫妻对婚姻的友伴性要求更高。然而，这种期待却遭遇了男性和女性在家庭和工作空间上日渐分离的现实，使得夫妻之间共有的经历变得更少。

　　在接下来几年的经济萧条期，各个家庭解决这些矛盾的方式，与我们所称的"婚内世界"有很大关系。交流与分享经历对每天大都分隔两地的夫妻们构建信任、理解和感情起到重要的作用。夫妻在面临诸多矛盾——家庭经济上的、性生活上的、子女管教上的时期，"充分沟通"能够提升夫妻解决问题的能力。那么，经济困难时期是让夫妻之间产生了更多的相互理解，还是让他们越走越远呢？

第三部分

萧条年代：最坏和最好的时代

PART 3

大萧条时期最鲜明的特征之一，是各人人生经历的迥异。小格伦·H. 埃尔德在1974年出版的《大萧条的孩子们》一书中揭示，在旧金山湾东岸的奥克兰市，有相当多的家庭在20世纪30年代末之前，已经从严重的收入减少和失业的困境中恢复过来。截至1933年，大多数中产阶级和工人阶级家庭的收入都减少了一半以上，但相比工人阶级家庭，中产阶级家庭从中恢复过来的速度更快，也更全面。

那么，隔壁伯克利市的家庭也是差不多的情况吗？中产阶级家庭走入大萧条年代时，携带了更丰厚的资源，例如其教育和工作技能，这些是否能帮助他们比工人阶级家庭更快地修补他们在社会经济上的损失？这个问题的答案，我们可以在第6章中找到。另外，失业和收入减少会影响健康吗？在第7章，我们通过聚焦伯克利00一代夫妇在大萧条之前的婚姻质量以及他们的情绪健康状况，来试图回答这一问题。婚姻幸福是经济困难时期的一股支持力量，而良好的健康状态为应对萧条时期的贫困生活提供了关键内力。

大萧条发生时，伯克利00一代夫妇正处在生育年龄。他们是否会因此推迟生育，直到经济好转？大一点的孩子可以帮忙做家务，或许还能通过兼职补贴家用。然而，在经济条件不好的家庭中出生的男孩，也可能因为有一个落魄而愤怒的父亲而遭受体罚。关于这些问题，我们将在第8章中进行论述。第9章主要关注亲属之间相互接济的情况。处在较早出生队列且家庭条件优越、未陷入贫困的家庭，在大萧条时期拥有巨大的资源优势，那么他们会通过哪些方式帮助身处中产阶级和工人阶级的亲属呢？比如，是否会把年长的父母接去他们家里生活？

第 6 章

幸与不幸

> 1929 年，我父亲的收入暴跌。自那以后，他们就一直活在自己是穷人的概念里。
>
> ——某伯克利 00 一代夫妇之子

繁荣期与萧条期猛然相撞，这使得大萧条时期对很多伯克利家庭来说都是一段煎熬的经历。20 世纪 20 年代，加利福尼亚州经济的发展给除最底层以外的家庭带来了大量的财富，随之而来的还有他们对物质商品的高涨欲望。对于伯克利 00 一代的家庭来说，20 世纪 20 年代是他们发展事业、扩大家庭规模和建立安全感的时期。截至 1929 年，这些家庭的平均年收入达到 2300 美元，除少数个例外，大多数男性都有全职工作。然而，不到 3 年后，在大萧条最严重的时期，他们的家庭年收入下降了 30%，加利福尼亚州全境内的家庭经济状况也差不多如此。20% 的伯克利男性惨遭失业，更多的人每周仅工作短短几天。从 1929 年到大萧条最严重的那一年，陷入经济底层（年收入不到 1500 美元）的伯克利 00 一代家庭增加了 2 倍以上。对于很多曾经只经历过繁荣时期的家庭来说，大萧条逐渐成为一个新的事实。

20 世纪 20 年代的经济繁荣让中产阶级从中获益，但是这种好运意味着等到经济在 20 世纪 30 年代早期开始走下坡路的时候，他们失去的东西有很多——财产、证券、社会声誉和生活水平。伴随欲望的持续攀升而形成的大量快速的财富累积更是加重了经济厄运所带来的威胁。在隔壁的奥克兰市，中产阶级因为收入的大量减少而产生了强烈的失落感和挫败感。[1] 最严重的打击落在了工人阶级身上。有关早期工业萧条的研究显示，中产阶级大多数家庭所受到的典型创伤是收入大量减少并意识到其社会地位下降，而对于工人阶级家庭来说，其主要的困难形式是失业。

本章我们会通过探究伯克利00一代中产阶级和工人阶级男性，从1929年到大萧条时期再到"二战"爆发前夕的社会经济事业情况，来考察大萧条带给他们的影响。"社会经济事业"指的是经济条件和职业生涯的变化历程，主要判断指标是男性家长的职业地位、角色以及收入。20世纪30年代早期，经济全面崩盘，之后的恢复之路坎坷艰辛，我们需要关注这些家庭在这一路以来，最初受到了什么样的创伤，这些创伤具有什么样的一般模式，遭受不同创伤的原因为何，以及这些创伤何以一直持续到"二战"时期。

我们这一段探寻大萧条岁月的过往之路，以在20世纪20年代末身处中产阶级和工人阶级的家庭在20世纪30年代中期之前的社会经济变化为起点，重点关注他们在经济上的变化和经济恢复程度。对于收入下降尤其是失业的男性来说，经济恢复的前景因为通货日渐膨胀、1937—1938年的经济暴跌，以及1934年至战争年代发生的一系列罢工和工厂倒闭而受到影响。一些家庭在整个20世纪30年代都保持着他们的生活水平，而另一些家庭却陷入了极端困难的境地。为了解释这种差异性，我们把目光放在了男性走入十年大萧条时期所携带的资产和包袱，例如他们的教育背景、技能，及其所在行业在劳动力市场中的脆弱性。最后，我们试图回答，为什么一些经济窘迫的家庭可以在十年萧条时期结束之后恢复到他们之前的经济地位，而另一些家庭则没有那么幸运。

经济重创与家庭困境

通过观察伯克利在20世纪30年代上半叶的总体经济面貌，我们可以看到大萧条的破坏程度到了1933年的年中最为严重。那我们是否也能推断，单个家庭的经济事业也是在这一年陷入谷底呢？是否有一些家庭的经济周期与当地社区的经济周期截然不同？根据密集调查样本组家庭的年度记录，伯克利00一代家庭最有可能是在1933年滑落到经济谷底。[2] 他们在跌落谷底的3年里（1932年、1933年、1934年），经济状况变化不大。到1933年为止，家庭收入下降了25%，而到家庭收入达到最低的那一年，降幅达到30%。

从我们的研究目的出发，我们关注谷底时期的家庭收入，因为通过这个数据，我们可以尽量准确地估算最大的变化值。家庭总收入的百分比变化在社会学上的启示和意义并不是一个等间距的连续体。在客观困难上，收入减少20%至30%对低收入家庭的影响肯定会远远大过其对高收入群体的影响。但主观影响不一定是这样。对于中产阶级来说，任何程度的收入减少都是一种威胁，因为这关系到他们的声誉和生活方式：比起工人阶级，社会地位高的家庭更容易夸大经济变化对他们社会地位带来的影响。对于蓝领家庭，一些之前生活水平比较高的，自我评价归属于较高社会阶级，按照与其身份相适应的标准和方式生活并且承担相应责任的家庭来说，同样如此。[3] 因此，经济萧条来临之前的阶级地位是我们评价经济变化历程、意义及其结果的关键情境。中产阶级家庭走入大萧条时期所携带的资源、期望和既有利益等在一些重要方面都不同于工人阶级家庭。

收入与生活成本下降

要识别哪些家庭在经济上真正地受到了重创,有两个因素很关键:生活成本的变化以及家庭收入的变化。80%的伯克利00一代家庭的收入在大萧条时期都减少了,但令人惊异的是,很多家庭收入损失的规模远远少于其生活成本的下降幅度。美国劳工统计局(US Bureau of Labor Statistics)所收集的数据显示,从1930年到1933年春,在罗斯福政府上任后的头100天内,旧金山湾区各个社区的生活成本下降了至少23%。[4] 成本下降最多的领域是饮食、衣物与房租。

按照这种趋势,收入相比大萧条之前减少了25%甚至都算不上在经济上受到重创,尽管曾经"参照经济形势"主动降薪的伯克利市执政官❶将高于这个比例(20%)的收入减少称为经济重创。[5] 曾在1932—1933年接受访谈的两名伯克利女性认为,在收入从1929年的水平下降了近25%后,生活成本的大幅下降成为她们家庭幸福感的主要来源。其中一名女士在多年之后半实在半夸张地说,"我们其实都不知道经济陷入了大萧条"。她丈夫没有失业,她解释说,"所有你想买的东西都便宜了"。

当收入水平相比1929年的水平至少下降了33%之后,种种更为严重的创伤才终于显现出来。重创表现为普遍严格的预算限制(例如搬进租金更便宜的房子),负债迅速增多,储蓄和贷款用尽,失去保单、家具、家庭车辆及房产等各类资产。从伯克利00一代家庭的叙述中,我们发现反复有家庭提到债台高筑(例如

---

❶ 美国市级政府的治理模式有三种:市长—政务委员会模式(mayor-council)、专员委员会模式(commission)以及政务委员会—执政官模式(council-city manager)。政务委员会—执政官模式下,民众仅选举政务委员会,政务委员会指派执政官执行市政事务,市长仅扮演仪式性角色。一些大城市多见这种模式,如得克萨斯州的达拉斯市、亚利桑那州的凤凰城、加利福尼亚州的圣地亚哥市。——译者注

某妻子向田野调查员说："一想到这个问题，我就会发疯！"），以及遭遇了一些预期或实际损失（有一份家庭报告提到"家里连贷款利息都付不起了，我很怕房子会没有了"）。一项有关大萧条时期奥克兰市中产阶级和工人阶级家庭的研究也发现了类似的影响：中产阶级和工人阶级家庭中，收入减少了34%及以上的家庭被归为贫困家庭。[6]从我们手中现有的证据来看，这一划分相对没有受到重创和受到重创的分界线也同样适用于伯克利00一代家庭。

在20世纪20年代末，也就是大萧条前夕，在大萧条期间经济受到重创和未受到重创的家庭在收入上的差异并不显著。这一时期导致收入差距的主要原因是社会阶级。然而，等到1932—1933年经济崩溃之后，在中产阶级中，经济受到重创的家庭数量上升到未受重创家庭的4倍，工人阶级的这一比例则是达到3倍。这种变化既缩小了也拉大了某些中产阶级家庭相较于工人阶级家庭的相对经济优势。针对密集调查样本组的家庭而言，受到重创的中产阶级家庭其经济水平急剧下滑，跌至未受重创的工人阶级的经济水平之下（见图6.1）。

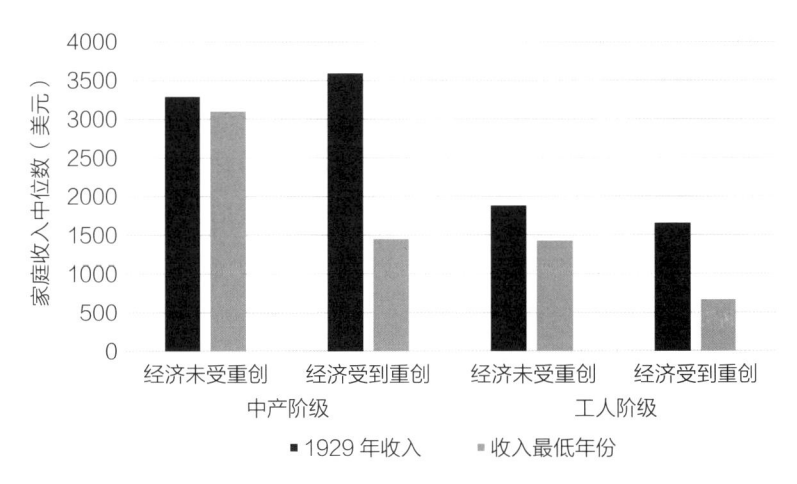

图6.1 1929年及大萧条时期收入最低年份家庭收入中位数，按经济重创程度及社会阶级划分

经济福利上出现两极分化，中产阶级相对稳定，一些家庭称其在1932—1933年的日子过得不错，储蓄见长（"因为生活成本下降了，实际上我们有更多钱了"），工人阶级则处境艰难。在大萧条时期，各家平均年收入上至2000美元以上，下至645美元，对于一些家庭来说，这个数字意味着极度贫困，过完一天，第二天的日子不知道在哪里。一位田野调查员在1933年夏天有过这样一段记录，记载的是一个有着4个孩子的技师家庭的情况，从中我们可以一窥当时经济的严峻形势：

> 父亲大多数时候都没有工作，家里人挣扎着靠每天不到1美元过活。因为没钱付水电气费，小平房里没有点灯，也没法烧气供暖和做饭。父母和小孩靠捡木头做饭，吃肉靠养的兔子和鸡，菜园里种了蔬菜。伯克利福利社给他们提供了衣服和食物。[7]

另有一名技术工人的家庭经济状况就更糟糕了。在原岗位上稳定工作了差不多20年后，在1930年，他失业了。他找了另一份工作，但很快又被裁员了，一失业就是3年。到1933年，他们的家庭年收入仅为60美元，一家人靠社会救济过活。家里的车子和保险都没有了。个案记录显示，1933年冬，这家人"买牛奶、日用品和燃料欠了很多钱，也没法付房租。亲戚们已经穷尽力量来帮助他们了。父母和小孩都需要医疗帮助，但他们没有钱。父亲的自尊心受到重创，着急想找工作"。

伯克利家庭经济状况的变化大致与对奥克兰家庭的研究结果一致。[8]然而，奥克兰中产阶级家庭的经济损失要比伯克利同阶级家庭更为严重，这种差异可以从两个城市中产阶级样本的构成上得到解释。奥克兰的中产阶级中小商人较多，他们的收入特别容易受到严重影响，而伯克利的中产阶级中有更多的专业技术人员（教师、律师、注册会计师），他们的家庭收入受到的影响通常较小，可以应付过去。

从伯克利00一代家庭经济损失的程度，我们可以看到男性收入减少的情况，也可以推测家庭成员会尝试通过其他方式获得收入。然而，因为家里的孩子还小，妻子工作受到了限制。只有大概10%的女性在1933—1934年参加了工作，而且大部分都是兼职。因此，我们所观察到的00一代家庭的经济上的变化主要是因为男性收入上的变化。至于家庭成员通过其他方式获得收入来助推家庭经济恢复的尝试，最好是放在20世纪30年代后期，尤其从战争时期来看，那个时候，大量的已婚且已育的女性进入了劳动力市场。

职业生涯模式

伯克利00一代男性职业生涯的稳定程度，反映出家庭经济在受到重创的根源上存在阶级差异。1929—1934年，经济受到重创家庭中的男性职业地位不太稳定，这种不稳定性主要与失业有关。1930—1936年，失业人口差不多主要集中在经济受到重创的群体，尤其是工人阶级中的这一群体。这段时期，未受到重创的中产阶级家庭中只有5%的男性曾一度失业，相比之下，受到重创的中产阶级家庭的失业率约为33%。然而，对于受到重创的工人阶级家庭（65%，未受到重创的家庭比例是25%）来说，失业几乎成了一种生活方式。在受到重创的工人阶级男性中，年失业率一度在1931—1932年达到顶峰，为55%；受到重创的中产阶级男性的年失业率在1933年达到顶峰，为32%。

对于那些保有工作的男性来说，他们的职业生涯也发生了变化。一些公司缩短了工作时间,因而也降低了薪水。受到这种操作影响的,大都是工人阶级男性中的技术工人和非技术工人。而中产阶级男性则可能经常会选择"无偿加班",在失业率逐步攀升的背景下增加自己保住工作的机会。这个策略也成为自雇创业者们的主要选择,以便提高自己度过这段艰难时期的可能性。不寻常的是,在一定程度上,工人阶级男性的工作时间也有所缩短。为了减少人工成本,或者"把工作分给更多的人",旧金山湾区的很多公司都缩短了工作时间——从一周五天半到六天,减至一周三天甚至两天。[9]工作时间的减少让那些没有什么积蓄以备不时之需的家庭陷入了严重的经济困难。有项目资料记载,有一位码头装卸工在 1931 年秋天每周只工作三天,他妻子"心急如焚,因为所有的积蓄都用光了","不知道我们要怎么过冬"。

对于某些家庭来说,工作周的缩短,与失业仅一步之遥。某位窑工就亲身体验了这种逐渐丧失挣钱能力和社会角色的过程,他家在他失业之前已经用光了所有的贷款额度,很快,积蓄也花完了,他们开始向亲戚借钱,用保险做抵押借钱。在 1932 年,25% 的伯克利 00 一代工人阶级男性仍然在职,但工作时间缩短。如果把未充分就业的和失业的人算在一起,在 1932 年,75% 的经济受到重创的工人阶级男性没有全职工作。

与之形成鲜明的对比的是,在 20 世纪 30 年代早期,工作时间被削减的伯克利 00 一代中产阶级男性(包括经济受到重创和经济未受重创的男性)不到 10%,而且削减的程度一般非常小,以至于对于之前家庭条件较好的人来说,工作时间减少是因祸得福。与其在工作上付出同等的时间,或者付出更多时间却只能换取更少的收入,上层中产阶级男性更倾向于在工作时间上减少一天。这意味着他们在生活水平不受什么大影响的情况下,获得了更多陪伴家人和娱乐的时间。当地电力公司的一位兢兢业业的高管便是个很好的例子。他的工作时间减少了9%，周六不再需要上班，但结果是他的积蓄越来越多（因为生活成本下降），工作中正式接待活动的频次减少了，人也没那么疲惫，与朋友和家人的关系也重新好了起来。

在中镇研究中曾被引述的那位新闻编辑在写下这段话时，脑海里想着的可能正是这些家庭，他说："大萧条有其自身的意义。大家的神经不再高度紧绷，身体得到了更好的休息，虽然美食没有以前那么多了，但消化更好了。"[10] 即使当地面临着急剧上升的社会救济重担，《伯克利报》(*Berkeley Gazette*) 仍然选择宣扬这一方面的变化。该报在1932年11月24日刊发的一篇题为"值得感恩"的社论中写道："比起上个感恩节，我们距离走向繁荣又更近了一年。我们中的大多数人虽然钱没有去年多了，拥有的东西比去年少了，但却真正更加适应这个社会的新秩序了，也因此更幸福了。所以，总的来说，没什么好哀悼的。"

为了应对失业人数的急剧上升，一些男性选择主动"加班"来保住工作，他们延长自己的工作时间，且不要求额外报酬，试图提升他们对公司的价值。某位年轻的石油公司销售员的妻子曾向家访员提起她丈夫会连夜工作，"很多人都被裁员了，他不想也失业"。档案资料里详细记载了有很多男性在这方面的事例，尤其是在当时的经济形势下还相对没有受到什么影响的中产阶级男性：他们虽然还没有经历过，但是已经做了最坏的打算。

"长时间工作"几乎成了大萧条时期努力求生存的白雇创业者们的生活方式代名词。在这类男性中，我们发现有些人是带着生意走进了大萧条，有些人是尝试通过创业走出经济困境。从1930年到大萧条中期，"超长时间工作"的描述主要出现在经济窘迫的生意人群体的档案记录中。"工作量大、工作时间长（有人会从日出一直工作到半夜）、责任重、收入低"，这些记录揭露了一段经济衰退之下的艰难故事。

大萧条十年经济的持续低迷使得经济恢复对于很多伯克利00一代家庭来说都是一个缓慢而痛苦的过程。当地的经济状况在1937年有显著提升,但当年仍然有约33%经济受到重创的中产阶级家庭的生活水平不及大萧条之前,经济受到重创的工人阶级家庭在这方面的比重更是达到了50%。为何困难会持续这么长时间?为了解释这个问题,我们首先必须解释为什么一些男性遭遇了失业和收入减少,而另一些则没有。在1929年已经遇到了职业生涯困境的男性是不是更容易在大萧条时期遭遇失业和收入减少?如果是,那么问题的持续性反映了能力上的缺失,即使经济有所好转,这种模式可能仍然会持续。

家庭不幸之因

人们在大萧条时期的经历可谓千差万别。一些家庭的经济损失远远超过其生活成本下降的幅度,而另一些家庭则只受到了微乎其微的影响,有少数家庭的生活水平甚至得到了提升。为了解释这种差异,各个家庭在大萧条之前所处的阶段,及作为养家之人的男性所处的事业阶段值得我们考虑。伯克利00一代家庭在大萧条之前所处的哪些环境因素增加了经济损失和失业的可能性?哪些又降低了这一可能性?基本上,有两大潜在因素对工人在20世纪30年代的经济安全感产生了影响。一是劳动者所处的经济领域及该领域在经济周期和停滞期的脆弱程度。经济领域可以参考1929年男性就职行业的一般分类:建筑业、金融业、制造业,等等。二是劳动者的市场价值——在不同市场条件下影响可雇佣性的特征:1929年其年龄、受教育程度和职业技能。[11]其他需要考虑的因素包括大萧条之前劳动者及其家庭的独立程度,例如是否需要资助亲戚，是否负债等。

从《济贫法》(Poor Laws)颁布及个人主义开始扎根，到大萧条之后各项福利国家政策的推行，有权有势的美国人倾向于把劳动者们的不幸归因于他们缺乏品格、毅力或智力。[12]因此，报酬上的不平等被认为是理所当然的：劳动者所得即其应得。然而，20世纪30年代大面积的经济依赖，使得经历过这段时期的人把大萧条看成这种解读方式的一个例外。当然，这种观点在当时的中产阶级当中仍然盛行。

行业领域导致的差异

基本能够与工作角色对应起来的行业类型，是体现结构性因素能够在经济困难时期影响男性社会经济命运的好例子。[13]从经济周期的一个波谷到下一个波谷，历史数据记录下了经济衰退给不同行业、不同职业的工人造成的不同程度的影响。在1920—1921年的经济萧条期，制造行业的失业率显著上升，相反，在公共服务领域，失业率一直保持较低水平。[14]在大萧条时期也一样，制造行业与建筑行业差不多，在经济衰退程度与失业率上均居于高位。[15]

虽然与大萧条时期按照行业划分的劳动者状况相关的档案材料大多都是与体力劳动者的失业情况相关的，但我们可以通过对比材料内容来分析相应的收入减少情况。我们先按照男性在1929年的职业将其划入相应的行业类别，再比较他们在当时的社会阶级。在工人阶级，行业领域的差别并没有导致收入减少程度上的差别，然而在中产阶级，它所导致的差别却十分明显。四大行业领域在大萧条时期容易面临高经济风险：制造业、金融业、服务业（私人服务及专业技术服务）以及建筑业。前三类行业人员在

20 世纪 30 年代所面临的收入减少的风险也很高，其平均收入降幅为 49%。有意思的是，建筑业的降幅比平均水平还要至少高出 20%。面对市场衰退，这个行业基本上可谓是首当其冲，但在中产阶级中，我们没有发现这种脆弱性的证据，他们中的大多数人都是自雇创业者。不管如何，技术工人和半技术工人明显也都是高风险群体，这一点从当时木匠的生活中可见一斑：

> 没错，大萧条给我这样的人带来的打击很大……我们终归是熬过来了，但前后差不多四年的时间，我大部分时间都没有活儿干，需要靠救济才能领点活儿……因为家里没有车，过去总是一天要走好多里路去找工作。我还记得大萧条刚开始有所好转的时候，我找到的第一份工作。包工头说他都找不到多少木匠了，虽然有很多木匠都失业了，但他们已经放弃找工作了，我是第一个在过去问他的人。

还有一个木匠的失业生活也差不多，只不过失业对他来说来的更早一些，那时候他才刚刚学徒期满：

> 在我还是学徒的时候，我们就结了婚，在伯克利定居了下来。我跟着这家工程队干了很多年，但到了大萧条时期，根本没有房子要建，我们差点饿死。我从来没有因为工作没做好被开除过……但我仍然经常被解雇，从 1931—1932 年，我觉得我前后工作不超过五个月。

如果要考察男性的工作角色对其在经济困难时期的调适选项的影响，区分清楚自雇创业的商业人士与薪水工人的经济地位对此是有帮助的。大萧条期间，很多小公司倒闭，但个体经营者相较于白领工人和薪水工人而言（见第 3 章），在调适能力上有一些优势，包括他们有更强的自主性、控制能力和灵活性，可以帮助他们找到应对经济问题的办法。为了让企业不破产，保住自己的工作，他们可以减少运营费用，用自家人来替换非自家人的员工。

经济困难时期劳动者的价值

那个时期，劳动者按照雇主们确定的他们的"可雇佣性"或市场价值排好队，让雇主挑选。[16] 在经济困难时期，技术水平最差以及年龄更大的同行都是第一批失业、最后一批找到新工作的人。他们可有可无，从技能和累赘程度上评判，是最不具有"可雇佣性"的劳动者。我们以伯克利 00 一代男性的年龄、教育状况、职业技能作为指标，来衡量其在大萧条时期劳动力市场中的相对市场价值。多项研究一致发现，这三大指标是预测失业和收入减少情况的最好的预测指标。

在大萧条时期，美国男性劳动者中失业风险最大的群体是年龄偏大的男性，排在第二名的是 25 岁以下的劳动者。男性从 45 岁开始，失业率急剧上升，在 55 岁到达最高峰。而一旦失业，年龄偏大的男性摆脱失业状况的时间一般会比年轻男性的时间更久。[17] 有关战后时期的研究也得出了类似的结论：在工作机会少、经济不景气的时候，年龄歧视十分严重。[18] 相比于年龄偏大的男性，雇主更愿意聘用已经能够独当一面的年龄偏小的男性，因为他们的工作素质更好，能够适应新情况，退休前的工作年限更长。

20 世纪 30 年代，很多公司都设置了新进员工的年龄上限，最低的是 40 岁。[19] 职位更高或者工作经历更长，对于年龄偏大的劳动者保住工作没有什么价值。缺乏经验倒是最年轻的男性群体失业率高的部分原因。15~19岁男性的失业率是男性平均失业率的 2 倍，20 岁出头的男性失业率则大约高出男性平均失业率的 33%。[20] 从这些失业模式来看，伯克利 00 一代男性在整个劳动群体的年龄结构上占据优势地位。除极少数例外，1930 年的他们都在 25~45 岁之间，因此不属于高风险群体，尤其是对中产阶级而言。但这种年龄结构仅仅对持续受雇就业的中产阶级男性来说构成优势。对于工人阶级，失业和陷入贫困的风险随着年龄增加而逐渐增加。语言技能和受正式教育程度的影响也呈同一梯度变化趋势。

缺少工作技能和正式教育的男性在可雇佣性上排名最末，在经济困难时期，这种劣势更是被显著放大。[21] 历史记录表明，20 世纪 30 年代，非技术工人和半技术工人的失业率高于技术工人。非技术工人占男性劳动力总数的 27%，但其失业人数占男性工人总失业人数的 42%。[22] 同样，特恩斯特伦对波士顿市在 1900—1909 年出生队列的男性的分析结果也表明，大萧条对于在 1930 年之前从事半技术工种和非技术工种的男性的职业生涯造成的消极影响最大。[23]

在伯克利 00 一代家庭中，这种技术含量低的工人所面临的困难也更突出：超过一半的半技术工人和非技术工人曾在 1930—1935 年间的某段时间内失业，这一比例比其他职业类别的男性要高出 2 倍多。与之差不多相类似的是，有技术的体力劳动者和低层次的白领工人也差不多大规模失业——失业率为 20%~26%——到了地位更高的男性群体，失业率才陡然下降。

如果说，失业率可以让我们相对准确地评估处于职业底层的男性所面临的困难程度，那么对中产阶级男性生活情况的预测，失业率就不大起作用了。考虑到人们一般都倾向于通过失业率来预测经济困难程度，这个观察结果值得我们特别关注。除极少数例外，中产阶级中受过大学教育的人没有遭遇失业，而且整个群体的经济处境要远远好于受教育程度更低的男性。而只是上过大学但没有拿到学位的人，并没有比从未上过大学的人更有优势。对于工人阶级来说，受教育程度高对于维持其工作稳定性的价值没有其职业技能的价值高。高中程度以下的男性在大萧条中失业的可能性比受过良好教育的工人失业的可能性更大，但这方面的影响在其因为没有技术或仅是半技术工人的无力面前，可谓微不足道。

中产阶级和工人阶级的男性因先在条件不同，进入大萧条之后的职业生涯和经济地位也会有所不同。对于中产阶级的男性而言，其在 1929 年所处的行业领域及其教育背景是影响其大萧条时期生活经历的最重要的因素，对于工人阶级男性而言，最大的影响因素则是年龄和职业技能。那么接下来，让我们来看看总体上 00 一代男性及其家人在走进大萧条时，各自身上都携带着怎样的资源和问题。

过往资源与问题

伯克利 00 一代家庭各自带着不同的资源和问题走进了 20 世纪 30 年代的经济困难时期，有一些家庭的资源和问题远远超过其他家庭。这些差异影响了他们在大萧条时期的生活经历。总体上来看，工人阶级比中产阶级面临更广泛的失业和收入大幅减少问题，尽管两个阶层当中都有很多家庭在大萧条初期并没有受到什么打击。为了解释这种现象，我们把目光投向大萧条之前的一些因素，从中我们可以看到，最终经济受到重创和未受重创的男性在阶级地位和家庭地位上的差异。

我们关注的第一个因素是"工人在经济产业中的地位及其在经济衰退时期的脆弱程度"，其指标是工人所处的行业。相对不容易受到经济不景气影响的行业是教育和交通。从行业角度，我们对比了不同劳动者在经济衰退时期的市场价值，令他们的市场价值堪忧的原因包括高龄、受教育程度有限及缺少工作技能。劳动者们的家庭状况则是另一大重要的过往因素，这方面的资源与问题会影响其在社会经济中是产生依赖性还是自给自足，这一点目前还未论及。1929年，在大萧条爆发前夕，有一部分家庭已经面临了失业和随时可能出现的负债风险。他们当中有许多人转而向亲戚和当地的伯克利福利社寻求救济。出现这种情况的劳动者的家庭，我们称其为"依赖性"家庭。无论是哪种依赖形式，工人阶级中依赖性家庭最为普遍，但在两大社会阶级中，依赖性都是预测某一家庭经济上是否受到重创的重要指标。

这些家庭在经济上的依赖性让我们注意到致使他们在20世纪30年代陷入贫困的一些可能的关联因素，包括养家之人工作模式的不稳定性。中产阶级家庭如果负债或者依赖外部经济支持，这可能是因为他们财务管理不善，导致其经济来源不稳定。从事业发展阶段的角度看，大致可以预测到较晚出生队列的男性所在的家庭存在依赖性的情况更为普遍，因为他们还尚未在某个能够供养全家的行当里立足。尽管各个家庭在大萧条时期的经济困难程度与其在20世纪30年代之前的经济依赖性相关，但这种关联不强，这也意味着很多在此之前没有陷入经济依赖的家庭仍然没有逃过大萧条时期的经济困境。但是，已经陷入经济依赖的家庭在20世纪30年代面临着稍微更大的贫困风险。有了这个宝贵的信息，我们对各个家庭的经济处境能够有更加深刻的认识。

金融业、制造业和服务业的中产阶级男性中，受教育程度在大学以下，以及其家庭在1929年被归入"依赖性家庭"的男性面临的收入大幅减少的风险最高（详见附表A6.1）。受教育程度低，意味着在20世纪20年代和30年代失业的可能性更大，在

第 6 章
幸与不幸

高风险行业就职的影响也是一样。这两个因素对收入大幅减少的预测力比男性年龄对收入大幅减少的预测力更强,但仍然有很多需要解释的地方。很多因为受教育程度低、行业风险高以及有社会经济依赖性而容易受到经济衰退影响的男性最后都逃过了收入大幅减少的经历,而很多在股市崩盘之前处境相对稳定的劳动者却遭遇了收入大幅减少的情况。总体上,令人吃惊的是,大萧条的影响似乎与中产阶级男性在 20 世纪 30 年代之前的各种背景和属性没有关系。用罗伯特·林德和海伦·林德对大萧条期间的印第安纳州中镇的描述说:"大萧条的长刀不偏不倚地落在所有人的身上,不分贫富,割裂了人们的生活与种种期望。"[24]

工人阶级男性遭受经济损失的风险普遍相对较高,不论其所处行业、技能水平和受教育程度(详见附表 A6.2)如何。在经济损失上,较早出生队列的男性以及在 20 世纪 30 年代之前陷入经济依赖的男性在大萧条时期遭受收入损失和失业的风险最大。这两大因素并不能完全解释工人阶级男性为何有不同的经济境遇,但我们要看到它们对失业的影响。一般来说,处在经济最底层的家庭在经济萧条和衰退期遭受的打击最大。

伯克利 00 一代这类家庭的一家之主,都是半技术工人和非技术工人,受正式教育程度有限,收入微薄,通常无法满足家庭最基本的生活需求。这些家庭中的很大一部分家庭在进入大萧条之前就已经有了经济依赖性,等到一家之主丢了工作而再就业的机会渺茫之时,他们的生存希望很快遭受了严峻的考验。大萧条之前的以及大萧条期间的社会经济问题之间的关联印证了经济厄运的"连续性理论"。也就是说,当经济在 20 世纪 30 年代急转直下的时候,那些在大萧条之前养家能力最弱的男性比能够让自己家庭自给自足的男性更容易遇到更严重的经济问题。

失业现象在职业地位低的阶级群体中聚集,这明显反映了经济困难时期造成的影响不均衡。而且，比起失业的广泛性，失业对这些工人所造成的长远影响似乎更为深重。他们因为在经济萧条时期缺乏竞争优势，所以自然而然地经常处于长时间的失业状态或者只能从事一些兼职工作。失业造成的这种影响，让我们进一步关注从20世纪30年代早期到"二战"伊始，大萧条对人们职业生涯和家庭地位所产生的长远影响。

熬过大萧条的路径

上文我们已经回顾了大萧条中期之前伯克利00一代男性的工作和收入情况，但关于这十年间的后五年，仍然有许多需要叙述的地方。这段时期有两大标志性特征，一个是1937—1938年发生了第二次经济崩盘，短暂但形势严峻；另一个是劳资纠纷蜂拥而起。在伯克利—奥克兰一带，在罢工和第二次经济冲击期间，工人，无论是技术工人还是非技术工人和半技术工人，都遭遇了大规模的裁员，这使得刚刚重新找到工作的蓝领工人陷入了巨大的危机之中。

在经历了20世纪30年代早期收入大幅下降和失业的厄运之后，20世纪30年代下半叶对于伯克利00一代男性及其家庭来说意味着继续坚韧度日和努力实现复苏。那么，为什么有一些中产阶级和工人阶级的男性仍然无法摆脱困境，而其他一些人则战胜了不幸呢？我们前面在谈到教育背景和技能等因素时提到过，1935年之前的失业给工人阶级带来的长远影响，远比它们带给经济崩盘之前处于更高阶层的人的长远影响更加惨重。

下层中产阶级和工人阶级中的稳定就业人群面临越来越大的经济压力，为了追求更高的收入以满足家庭需求，1934年之后，他们可能选择换工作。换工作有多种可能，包括在同一行业找一份收入更高的工作、自己开办企业、或是转行，例如从银行职员变成汽车销售人员。然而，对于中产阶级来说，他们的职业结构决定了这种转变需要付出昂贵的代价，这是在冒险。技术工人转行通常需要重新培训，最开始的收入能力将被拉低。离开已经熟悉的事业轨道去追求其他诱人的工作通常会导致那些经济上已受到重创的中产阶级男性陷入持续不利的地位。

结合两个阶级的情况，我们分析了 1935 年之前的失业和收入减少给以下四种职业生涯模式带来的影响：持续换工作和换雇主，包括转为自雇创业；职业生涯不稳定，职业地位起伏不定，跨行跳槽；长期困难，1939 年之前一直处在失业状态、依靠公共救济、收入低；一家之主在大萧条之后的职业状态，在一开始就遭遇失业和收入减少，可能会导致其职业生涯陷入不稳定状态。

多份工作和多名雇主

截至 20 世纪 30 年代末，超过一半的伯克利 00 一代男性曾经有过不止一份工作，效力过不止一名雇主。25% 的男性曾经换过四次或者更多的工作和雇主。持续换工作的行为本身并不能透露职业生涯的什么问题，但是在大萧条这十年间不断换工作和雇主则大多表明这种行为不是出于在众多诱人选项之间的自主选择，而是一种结构性中断。因为没有其他合适的选项，失业的魔障让那些最没有前途、工资最少的工作都变得更有吸引力。这就是为什么当伯克利指导研究样本中的某铸造厂工人想要找一份更好的工作时，他妻子却发现"那时候他察觉到自己应该抓住任何的工作机会"。但最后，他还是失业了，需要到处找工作。

这种逻辑在受雇就业的群体中可能得到了广泛认可，尤其是那些有幸有一份既稳定又有充裕收入的工作的人。确实，90% 的在经济大萧条中未受重创的中产阶级和工人阶级男性只从事过一份工作。与之形成鲜明对比的是，超过 75% 的经济受到重创的中产阶级男性表示，他们曾经有过不止一份工作和一名雇主，这一比例在经济受到重创的工人阶级男性当中则更高。正如我们所料，换工作和换雇主次数最多的是那些早在大萧条初期就已经失业了的男性，尤其是工人阶级中的这些男性。这种结果与当时体力劳动者很难再次获得稳定就业的情况相符。失业，预示着他们未来需要打零工，工作时间被缩减以及被裁员，这种情况直到"二战"期间工业动员开始才有所改善。

要准确理解 20 世纪 30 年代换工作和换雇主的这种现象，我们要将个人的就业情况看成是个人在面对就业资源稀缺时的调适方式。考虑一下劳动者从受雇就业转为自雇创业的情况。在伯克利 00 一代男性中，自雇创业群体的比例从 1929 年的 14% 上涨至 1940 年的 30%，增加了一倍多。很多底层的男性之所以做起了自己的小生意，是"希望能养活自己"。[25] 经济形势恶化的时候，自己做点小生意可以获得谋生的掌控力。因为不再需要效力于自私自利的雇主，这些新的创业者可以发挥他们善用资源的能力，追求经济成功。

创业的内容无一例外都与他们之前的行当相关。所以，曾经在某些行业受雇就业的伯克利 00 一代男性都做起了差不多的生意，只不过规模要比他们以前雇主的小得多：汽车、金融、冷暖气供应、摄像、矿山机械和除草等。他们趁着积蓄和资产还没耗尽之前迈出了创业的第一步。一些人也得益于亲戚朋友的帮助，有几名男性一起凑钱和别人合伙，渡过了初创头几年的"瓶颈期"。约 67% 的新开办企业持续经营了四年以上，连工人阶级的创业也是如此。家里人需要做点牺牲，因为挣回来的利润又被重新投了出去。

以不稳定就业作为调适方式

之所以要关注换工作和换雇主的次数,是为了分析换工作和换雇主的背后是事业的稳定发展,还是就业不稳定,包括就业缺乏连续性和一致性。行业连续性被打破,职场地位起伏不定,这种职业生涯缺乏连贯性,职场地位、专业技术和收入水平都没有按照预期进程推进。这方面我们找到了一名失业的电力工程师和一名批发销售人员,以他们的经历为例。这名工程师曾短暂地卖过书,最后在1939年找到一份建筑监理的工作。"二战"期间,他成功回到原行业。批发销售人员则是在1931年失业,到1935年之前一直没有找到工作,其间只在某处兼职做娱乐总监。1937年,这份兼职也没有了,他重新回到失业状态,之后短暂地做回销售,最后终于在"二战"工业动员开始时在某船厂找到一份仓库管理员的稳定工作。这个过程尽管看上去十分动荡,但这两段职业生涯都具备在困难处境之下做出有效调适的特征。

上述两个案例均体现了职业生涯不稳定的三个决定性要素:转行,在一个行业仅短暂停留,职业地位起伏不定。这名工程师只有做一份与自己的专业和职业道路无关的工作才得以在十年间就业和养家。他在职业生涯上的调适转变,符合很多家庭在经济无望时的选择,但可想而知,这对于他个人的职业前景没有任何帮助。"二战"时期,他终于得以稳定就业,并回到原行业。那名销售人员的20世纪30年代则更为动荡和艰辛,他长期处于失业状态,为了养家,他似乎可以接受任何工作,这也造成他在就业和失业之间反复徘徊。

作为对比,我们看一个职业生涯稳定的例子。他是当地报纸《伯克利报》的一名印刷工人。他从20世纪20年代到30年代做广告销售开始做起,到30年代末升任生产经理。他的职业生涯同时具备稳定性的三个特征：整个30年代收入稳定（即使不涨），事业成功从而步入中产阶级，在股市大崩盘发生时已经迈入事业的高级阶段。

我们利用手中的数据来测量职业生涯的不稳定性，出现以下情况的记为1分：在20世纪30年代出现任何转换行业性质的工作变动；从1929年到"二战"期间在同一个行业工作少于12年；职场地位出现一次或多次上下波动。最后，我们将三类情况的得分相加，形成一个得分从0（职业生涯稳定）到3（职业生涯非常不稳定）不等的衡量指标。

收入没有大幅下降的人群，不论其所在阶级（详见附表A6.3），在整个20世纪30年代大都享受到了职业生涯稳定所带来的福祉。两个阶级中大多数经济未受重创的男性在整个30年代的职业道路都很稳定。相比之下，贫困户的中产阶级男性中只有不到一半的人有稳定的职业发展，这个比例在贫困户的工人阶级男性当中则更少。职业生涯最不稳定的男性（得分为2~3分）中，经济受到重创的男性占比不到6%，其中，经济受到重创的中产阶级占比27%，而经济受到重创的蓝领工人占比达到49%。

大萧条到来之时，男性们各自处在不同的事业发展阶段，这一差异给他们在20世纪30年代的职业生涯带来了重大影响。有些人已经在劳动力市场摸爬滚打了20年甚至更久，而其他一些人在经济停滞期到来时才刚刚处在职业发展初期。在平常时期，转行和其他形式的职业生涯的异常，更多地发生在年轻的、正处于事业尝试和打拼阶段的男性身上，而不是年长的、已经站稳脚跟的男性身上。然而，我们在这里的发现却恰恰相反：大萧条时期劳动力市场中经济未受重创的较晚出生队列的男性，其职业生涯不稳定的概率要小于相同处境之下的较晚出生队列的男性。这体现出他们忠于工作岗位，不愿意尝试和冒哪怕一丁点的风险。

当然，这种解释是建立在一定的假设之上，即当社会力量成为导致个人职业生涯不稳定的重大原因时，劳动者仍然有一定的选择余地。

职业生涯的连续性和变化

职业生涯不稳定，是大萧条时期的经济困难给人们的馈赠。而这种不稳定性预示着"二战"之前持续的经济困难，至少预示着经济复苏之路将充满艰辛。随着20世纪30年代接近尾声，这些00一代男性及其家庭的社会经济状况又是怎样的一幅图景呢？因为缺乏20世纪30年代收入情况的系统记录，我们要对他们在这一时期的经济地位进行可靠的预测，必须依赖于一系列社会经济信息——男性的职业地位、是否失业、是否收入低，以及是否依赖公共救济。

我们把所有伯克利00一代家庭中在20世纪30年代末期陷入以下处境的家庭归为"经济窘迫"（hard-pressed）❶家庭：1939年之前未能实现经济复苏（未能重新回到1929年的收入水平），或在1936—1939年间收入低（年收入不及1200美元）；1936—1939年间，一家之主处于失业状态；在1936—1939年间依赖于公共救济。无论大萧条一开始带来的冲击如何，工人阶级家庭最后落入"经济困难家庭"的比例要大于中产阶级家庭，尽管在两个阶级当中，持续的经济困难都与收入减少有关。在中产阶级当

---

❶ 一般 hard-pressed 和 economically deprived 视为近义词，都表示"经济贫困、经济困难"。从下文可以看到，作者这里所区分出来的 hard-pressed 家庭，主要是在20世纪30年代末仍然陷于经济困难的家庭，突出的是"困难的持续性"。前文 economically deprived 译为"经济受到重创"，此处 hard-pressed 译为"经济窘迫"，一是与"重创"进行区分，一是与其他表示经济困难的词语区分。——译者注

中，8% 的经济未受重创的家庭有至少一种经济窘迫的表现，而这一比例在经济受到重创的家庭中占比 35%。工人阶级中这两类家庭在这方面的占比则分别为 35% 和 78%。持续的经济困难明显与大萧条时期失业和职业生涯不稳定有关。

对于中产阶级男性而言，职业生涯不稳定与失业是预测其持续经济困难的强关联指标，收入减少的预测力次之，且远远更弱。而对于工人阶级男性而言，最重要的预测指标是失业，其预测力远高于收入减少和职业生涯不稳定。男性在 20 世纪 30 年代早期是否处于失业状态这一单一变量，对于其在 1939 年是否陷入经济窘迫的预测力，与三个指标的综合预测力相当。

大萧条期间长期失业所带来的创伤之深重，我们仅通过以下这段详细的生活记录便可深刻体会。这是伯克利指导研究某位田野调查员在 20 世纪 30 年代对一位技术工人的生活记录。沃尔特·赫布斯特（Walter Herbst，化名）在东湾区一家公司当了 20 年的制版师，1930 年冬天，他被公司解雇，和他一起被解雇的员工占公司全体员工的约 67%。在找了好几个月的工作之后，他发现自己积累了多年的技术经验无法用到其他行业上。此后五年，他一直在尝试找工作，但都没有结果，家里靠着向亲戚借钱来支付各种支出。1933 年全年，他做各种短工兼职的收入一共只有 60 美元。根据他妻子海伦的描述，他们的收入下降了 99%。从基本的日用品到承受不起的医疗服务，所有需要用钱的地方都让他们感到焦虑。家里通过抵押保单借钱度日，到 1934 年夏天，他们已经欠了 2000 美元，也还不起按揭款和车贷了。所有亲戚他们也都找过了。因为不够资格申请国家紧急救助金（State Emergency Relief Aid），这家人只能接受镇上的救济，从伯克利福利社领一些日用品和衣物。

1934年秋天，土木工程署（Civil Works Administration）[1]在当地公园建设圆形露天剧场，沃特应聘做了六个星期的建筑工人。1935年冬天，这家人终于收到了一个大好消息，沃特可以回到原工作岗位继续做制版师了。他的工资比1930年下降了10%，但因为生活成本下降，这些工资的购买力更强了。又过了几年节衣缩食的日子之后，这家人已经可以还清债务，不再因此发愁了。

不平等与大萧条的经历：结论

大萧条导致了整个美国"二战"之前的长期经济困难，这一点让我们认识到关注个人及家庭在这段剧烈变化的历史时期的不同节点上所处的阶级地位的重要性。伯克利00一代男性及其家庭之所以在20世纪30年代有着不同的经历，这需要追溯到他们在20世纪20年代末所处的社会经济地位。我们的研究数据表明，不同阶级在大萧条时期所经历的困难性质不同，其遭遇这些困难的先在条件和未来影响也都不相同。

大萧条初期收入大幅减少的现象，在工人阶级男性当中发生的概率比在中产阶级中发生的概率更高，失业和工作时间被缩减的现象也是如此。中产阶级男性当中，没有上过大学的、任职于特定行业的（例如金融业、服务业、制造业等）以及早在大萧条来临之前已经养家困难的男性，遭受收入减少的风险最高。工人阶级男性当中，在1929年时年龄大于大多数劳动者的，以及有"依赖性"的——依赖公共救济、失业、债台高筑或接受亲戚接济的男性，遭受收入减少的风险最高。依赖性和缺乏工作技能

---

[1] 罗斯福新政机构之一，1933年5月12日设立，截至1934年1月，已为美国全国400万劳动者提供工作岗位。后因支出过高，罗斯福于1934年撤掉了该机构。——译者注

（非技术或半技术）是导致他们在大萧条时期陷入失业状态的最重要的先在条件。

20世纪30年代之前人们所处的社会地位也是造成大萧条时期经济困难的表现形式差异的一大因素，包括对职业生涯模式的影响，以及贫困和弱势地位的长期性。多次换工作和换雇主、转行以及职场地位波动，这些都是受到经济创伤的男性及其家庭在社会经济方面所遭遇的普遍困境，尤其是在1929年属于工人阶级的男性。20世纪30年代末持续的经济困难（失业、依赖公共救济、收入低或者收入没有起色）似乎也主要发生在经济受到重创的工人阶级家庭当中。这种集中性主要归因于这一群体直到那个时点仍处于广泛失业状态所带来的破坏性影响之中。在大萧条肆虐最严重的时期而被迫失业的男性，在20世纪40年代到来之前大都经历过不止一次失业，而这种状态在中产阶级当中几乎不存在。

有关这些男性及其家庭在大萧条时期的经历，经济困难和经济复苏是两大常见的主题。然而，较少得到人们关注的是，在这一时期，很多家庭及其中作为一家之主的男性都过着虽不富裕但舒适的生活。在经济未受重创的中产阶级和工人阶级家庭当中，我们发现了一段与通常的大萧条景象背道而驰的社会经济历史，一段在同一行业（通常是同一家企业）稳定就业，职场地位未经波折反而提升，且在20世纪30年代大萧条过后实现相对富裕的历史。这种生活状态让中产阶级过着舒适——甚至是十分富裕——的生活，在那么多劳动者并非因自己的原因无法过上同样的生活时，这种生活状态让这些中产阶级人士产生了一种原本不应有的自我满足感。幸运与不幸的差别，造就了伯克利00一代男性及其家庭在大萧条时期事业状态上的显著差异。

第 7 章

唯有更艰难

> 日子难过的那段时间,我总是唠叨,他也就更焦虑了。
>
> ——某伯克利 00 一代女性

一个家庭的收入一旦大幅减少,那么它在社区中的社会地位也就更微妙或不稳定了。各个家庭的教育地位、职业地位和收入地位都出现了在大萧条之前和之后不一致的现象。一些受过大学教育的男性到头来在工作和家庭收入上都接近高中都没毕业的男性的水平。在上层中产阶级中,男性是否遭受收入大幅减少的尴尬甚至灾难性的困难处境,与其受教育程度没有什么关联。这种地位不匹配的现象之所以值得我们重视,部分可以从它在个人和社区生活中制造出的矛盾景象中看出来——决定一个家庭社会地位和特权的,是丈夫优越的教育背景,还是他失业和低收入时的处境?

有关大萧条时期地位变化不平衡的发现,对于我们理解家庭的调适过程,尤其是中产阶级家庭的调适策略十分关键。为了维持社会地位稳定的表象,各个家庭都采取了一系列方法来掩盖家庭受到打击的事实:减少家庭娱乐活动、拒绝社会交往、粉刷房屋、注意小孩上学和参加社区活动时的穿着打扮,等等。一些男性甚至在连续好几个月都没有业务的时候一如往常地"出门上下班"来延迟周围人的判断,或者当他说"我要马上回去"的时候,实际上等着他回去的是一份根本不存在的工作。在《中镇》一书中，罗伯特·林德和海伦·林德把这种努力称之为"当地习俗对功成名就的定义所要求家庭向周围人进行英勇展现的社交表象"。[1] 生活上的经济标准以及当地习俗中对功成名就的定义成为两大关键信息，指导我们理解社会地位与家庭在社会交往和心理上的调适策略之间的关系。

在本章中，我们的研究问题是，身处不同阶层的各家庭所持的社会标准如何塑造了经济损失的含义。众所周知，这些标准对于中产阶级来说尤为苛刻，我们重点关注收入减少、失业、社会地位下降所造成的心理上的阶级差异，这些影响主要包括经济不安全感、对居住条件不满意，以及夫妻之间就支出问题发生争吵等。最后，我们来探究20世纪30年代的经济困难给这些男性和女性所带来的影响如何因为大萧条之前的情绪健康状况和夫妻间相互扶持的程度的不同而呈现差异化。

经济衰退的含义

对于很多伯克利00一代家庭来说，20世纪30年代早期标志着一个不寻常阶段的开始。经济衰退、时世艰难，他们所熟悉的世界和声望地位受到冲击。在经济困难时期到来之前，中产阶级家庭通常在财力和社会地位上都优人一等，这暗示着他们的身份地位将面临巨大的挑战。经济损失对他们这一阶层人士的社区地位造成的威胁，比对下层人士的威胁更大。因为标准高、期望高，中产阶级家庭可能会把收入减少和失业看成是压力，并且"因为把经济困难看成是对他们社会地位和子女未来期望的威胁而高估了困难的程度"。[2]

一个家庭对自己社会地位的认知，连同它所偏好的形象和信奉的事物，都可以看成是横亘在其变化发生之前的客观地位与它对新形势的解读之间的一座文化桥梁。变化越快、越大，家庭成员从旧的现实视角来认知和回应变化的可能性也就越大。就经济衰退这一现象而言，一个家庭在股市大崩盘之前的地位越高、生活方式越高级，他们对收入减少和社会地位下降这一事实的抵触就越强烈。用经济学家 E. 怀特·巴基（E. Wight Bakke）的话来说，"那些以往生活标准相对更高，在自我认知里把自己归为'上层家庭'的，在延缓自己地位下滑的抗争上最为激烈"。[3] 随着经济压力越来越大，不愿意放弃过去的标准导致了更多烦恼和绝望滋生，重新调适以满足基本生存要求的努力过程也更加漫长。

基于他们在适应新形势下的调适过程确实受到了过往参照标准影响的这一假设，我们研究了伯克利 00 一代夫妇们所持的社会标准及其在大萧条困难时期到来之前的社会地位与他们对经济衰退的反应之间的关联。社会学家约瑟夫·卡尔（Joseph Kahl）从战后的视角回顾大萧条这段历史，他发现有两大标准对我们理解美国社会阶层制度最为核心：一是有关向上流动性和物质财富的"经济标准"，一是"体面标准"，持这类标准的家庭愿意在生活方式上做投资，包括投资住房、参加教堂活动和投资子女教育等方面。[4] 卡尔认为上层中产阶级人士倾向于经济标准，而"中等"阶级（下层中产阶级和工人阶级）家庭更在意体面标准。这两种家庭普遍都向往更美好的生活，保持很高的经济标准，希望通过生活得更加体面而与下层家庭（例如非技术工人）区分开来。

1930 年前后，当伯克利 00 一代夫妇第一次接受采访时，他们没有被问到自我阶层定位或意识形态方面的问题，但这些问题在很大程度上构成了他们生活和世界观的一部分。实际上，这些家庭对自己在社区中的社会地位的认知，是通过他们有关家庭背景和生活处境的叙述反映出来的。信息价值最高的一个方面是他们在与同事、邻居和亲戚进行社会交往上的偏好：选择与哪些人交往，拒绝与哪些人交往。这些考虑让我们开始关注他们所采用的评价机制，以及这些评价机制在以阶层为基础的环境中的独特意义。为了更好地认识"中产阶级"内部不同群体的差异，我们依照各个家庭的丈夫在1929年的职业地位和受教育背景把这些家庭细分为两类：以专业技术人员和管理人员（第一组和第二组）为代表的上层中产阶级阶层，以行政管理人员和白领工人（第三组）为代表的下层中产阶级阶层。[5]

家庭住宅的位置是在伯克利山丘还是圣巴勃罗公寓区，是家庭社会地位鲜明的体现之一。在大萧条爆发之前，仅凭家庭住宅位置、住宅品质以及住房是否自有等因素，我们并不能确切地预判他们在大萧条期间的生活经济状况。但是他们在大萧条之前的这些居住条件都受到了经济衰退形势的影响，这一点可以通过访谈员对这些家庭在1933—1934年的住房内外装饰情况的评分大致看出来，这项评估也是20世纪30年代与这方面相关的唯一一次评估。各社会阶层中经济受到重创的家庭的生活水平都有所下降，在校正了丈夫年龄这一变量之后得到的结果仍然如此。正如我们所料，生活条件随着经济水平的下降而下降，这不仅代表着物质财富的减少，也代表着生活水平的下降。访谈员的笔记里提到有人被赶出公寓，房子被拍卖，被迫搬到更拥挤、环境更差的房屋居住。具体的个例材料也显示，对于为了应对经济困难而采取的调适行为导致公共地位下降的这种痛苦，在"没落的"上层中产阶级家庭中的体会最为深刻。

下面这位中年男性的案例生动地体现了何为没落的痛苦。他做的是保险经纪的生意，生意很成功，每年挣回家的收入有5000美元多一点，属于上层中产阶级水平。他的妻子直言不讳地说道，在经济形势好的时候，他们每个月的生活成本大概400美

第 7 章
唯有更艰难

元一个月,他们没有积蓄,因为"连续好几年我都逼着他买贵的东西,把他榨得一干二净"。似乎是为了标榜自己的富裕,她丈夫刚花了大价钱在伯克利山上买了一栋有着绝佳的旧金山湾水景的新别墅。从物质条件来看,他们在 1931 年的水平虽算不上优越,但还过得去。但接下来的一年,他们的生活直接跌落至史上最深的谷底——保险行业一落千丈。家里的月收入下滑到 100 美元多一点,他们已经付不起新房子的房贷和税款了。到 1933 年,丈夫卖掉了房子,搬到"条件更差的地方"。去看望他的人都说他"觉得很失败、很丢人"。

对各个家庭所持经济标准的评估,是基于伯克利 00 一代夫妇的访谈记录和田野调查员定期家访的观察记录。经济标准层级的划定,是基于妻子在访谈中是否表现出从经济标准的角度来评价自己和他人,这些标准包括:"高标准""稍高于一般标准""一般标准"以及"朴素标准"。同样的方法也用于分析丈夫的情况。编码员统计,90% 的上层中产阶级家庭所持的经济标准远远高于一般标准。[6] 下层中产阶级当中持这一档次标准的家庭则只有一半多一点。工人阶级当中没有一个家庭持有的经济标准高于一般标准,而底层家庭的主流标准为"朴素标准"。

大多数上层中产阶级夫妇所持的经济标准相差不大,但下层中产阶级夫妇的情况则不同,他们当中约有 33% 的妻子所持的经济标准高于丈夫。到了 20 世纪 30 年代经济衰退期间,如果妻子在标准上不灵活,那么夫妻之间的这种差异就会变得尤为麻烦。

为此,我们对所有持"高于一般标准"(因为标准越高,变通能力越重要)的家庭在 20 世纪 30 年代的经济标准的灵活性进行了编码统计,最后发现,以往持高标准的家庭主要集中在下层中产阶级家庭。[7] 接近 67% 的这些女性在标准上不灵活,相比之下,男性的这一比例为 40%。上层中产阶级男性和女性在标准

145

上不灵活的情形不太普遍，只有不到 33% 的女性和 20% 的男性是这种情况。有一个鲜活的案例能够体现出他们的灵活性。这是一名房产经纪人的妻子，她略带幽默地说道："有很多钱的时候，我们就游泳；要省钱的时候，我们就不游了。我们天生就是赌徒……反正理想和标准都太高了，既然得不到我想要的，那我丈夫一个月是挣 100 美元还是 200 美元，没什么差别。"

在经济困难时期，家庭有可能因为支出问题——钱是否要花？如果花，花在什么事情上——产生婚姻冲突。那么，为什么这类婚姻冲突主要发生在下层中产阶级家庭呢？这个问题有好几个答案。尽管生活不宽裕，但这个阶层的女性比她们的丈夫更看重家庭的生活方式，因此毫无疑问，她们自始至终都很害怕失去已经获得的东西。她们很可能在近期看到其他家人、朋友和亲戚遭遇了经济困难，所以可能对失去更加敏感。夫妻不同的背景也可能造成他们在看法上的不同。例如，那些娶了一个背景不如自己的妻子的中产阶级男性持有高经济标准的比例比他们妻子的要高出 3 倍（43% 比 15%）。妻子的背景不如自己，很可能会让丈夫感到更有必要努力实现与自己原生的富裕家庭一样的高标准。妻子在标准上的不灵活，似乎也助燃了丈夫们的这种抱负。通过婚姻实现向上流动的女性通常更看重丈夫的经济背景，这些女性在 1929 年年末大都已经进入了上层中产阶级。

处在下层中产阶级的伯克利 00 一代夫妇因为自视为"中产阶级"而看重高经济标准，他们一边努力向上层中产阶级的生活水平看齐，一边严格保卫他们已经实现的生活水平。有一些白领工人和手工业者家庭的妻子在经济标准上不灵活，从中我们或许可以看到这些家庭的抱负和入不敷出的困境。因为夹在上层和底层家庭之间，他们通过"彰显身份"的方式来支撑他们不稳定的地位。他们支持子女接受教育，为自己拥有小房子而感到骄傲

(见第 3 章)。他们认为自己应该过上体面的生活。

约有 33% 的伯克利 00 一代夫妇(包括妻子和丈夫)赞成过一种体面的生活——这个结论的得出是结合观察记录,判断各对夫妇是否给人以重视诸如正直和可靠等道德品质的印象,以及他们是否从这些角度来评价自己和他人的。[8]"体面"不同于生活水平高。[9] 追求体面生活的更多的是下层中产阶级和工人阶级家庭,而不是上层和底层家庭。有意思的是,在追求体面生活的家庭当中,工人阶级家庭的比例最高,40% 的工人阶级家庭支持自己和家人过体面的生活,相比之下,下层中产阶级家庭中的这一比例为 30%,上层中产阶级中的比例则更低一点。约瑟夫·卡尔观察到,所有处在中间地位的人都"高不成低不就,他们比其他群体更清楚自己的中间状态。因为工作并不能一路高升,他们不能过分地把事业当成生活的重心。相反,他们更强调工作和生活方式的体面,因为是这种体面让他们在底层人士面前获得了优越感"[10]。

当困难变成糟心

经济安全、支出与婚姻矛盾

对于一个家庭来说,如果夫妻双方在经济形势恶化的过程中不能相互扶持,那么 20 世纪 30 年代的经济困难时期就变成了一个糟心的年代。[11] 夫妻在经济标准和期待上的不一致,造成夫妻间的相互扶持不断减少。在 1932 年凄冷的冬季,无数的男性走向失业或者收入减少,简·亚当斯(Jane Addams)发现:"舞台已经搭好,人类最残忍也最无望的大戏——一个人通过惩罚的方式来改造另一个人的性格即将开演。"[12] 有两项指标能够帮助我们理解这方面的情况。20世纪30年代期间,研究所的工作人员根据每年通过多种渠道获得的数据(例如观察记录和访谈记录),使用一个5分制量表来评估伯克利夫妇们的经济安全资金紧张程度,以及他们在财务问题上的看法是否一致。[13]第一次发生在1930—1931年,1932—1934年是经济衰退最严重的3年,针对这3年的情况,我们取了各年得分的平均数。

观察所有经济受到重创的家庭在经济安全感上的得分,我们可以明显看到经济在20世纪30年代早期的衰退迹象。然而,经济受到重创和未受重创的家庭在经济安全感上的差异尤为明显的是大萧条最严重的3年(1932—1934年),中产阶级和工人阶级的情况均是如此(在中产阶级中,经济未受重创的家庭在经济安全感上的平均得分为3.25,而经济受到重创的家庭得分为2.28;工人阶级相应组别家庭的得分为2.92和1.94)。在这段经济困难时期,很多中产阶级家庭(以1929年的地位来划分)的经济安全感跌落到和没有遭遇重大经济困难的稳定的工人阶级家庭的水平持平。各个家庭在1929年所处的社会阶层是影响他们经济安全感或资金紧张程度的重大因素,但这个因素带来的影响远远不及1932—1934年家庭经济损失所带来的重大影响。

相比工人阶级家庭来说,中产阶级家庭对于重大经济损失给他们的地位造成的影响要更敏感得多。从测量结果来看,从1930—1931年到1932—1934年,经济受到重创的中产阶级家庭的经济不安全感的上升幅度是同等处境下的工人阶级家庭的2倍多。如果经济安全感能够准确反映客观的总体收入情况,那么我们预测经济受到重创的中产阶级家庭和经济未受重创的工人阶级家庭的稳定感应该相差不大。他们在大萧条最严重的几年间的平均收入仅相差200美元。然而,经济受到重创的中产阶级家庭的经济不安全感要远远高于经济稳定的工人阶级家庭。

第 7 章
唯有更艰难

众所周知，经济困难是导致婚姻关系不稳定的一大决定因素，因此我们预测，随着时间的推移，这些夫妻之间在经济支出上的冲突情况，应该与经济不安全感的发展情况一致。数据结果与我们的预测一致。随着大萧条时期家庭收入跌落到史上最低点，夫妻之间在经济支出上的冲突也有所增加，而当经济条件好转之后，这方面又逐渐恢复和谐。在 1932—1934 年间，经济受到重创的中产阶级家庭中在支出问题上能够达成一致的家庭占比，比同类家庭在经济受到重创的工人阶级家庭中的占比下滑得更加厉害（从平均 3.17 个家庭下滑到 2.15 个家庭，相比 2.77 个家庭下滑到 2.21 个家庭）。然而，经济受到重创的家庭总体上在大萧条严重时期无法达成一致的情况尤为严重（在经济受到重创的中产阶级和工人阶级家庭中，能够在支出问题上达成一致的家庭平均数量分别为 2.15 个和 2.22 个，而经济未受重创的相应家庭数量为 3.31 个和 2.82 个）。我们发现，经济不安全感和经济支出矛盾二者之间的关联在大萧条时期经济跌入谷底的时间点上最强。[14]

随着经济不安全感的加剧，如何花费稀缺的资金这个问题被进一步凸显。在经济陷入最困难的时期之前，这些家庭的情况能够让我们分辨出哪些家庭最不可能在支出问题上发生冲突。逃过了 20 世纪 30 年代强烈的经济冲击（即经济未受重创的家庭），且有着经济安全感的夫妻最可能以友好的方式解决金钱问题。而对于未来将面临经济困难的家庭，那些曾经在支出问题上能够达成一致的家庭也大都可以把这种模式坚持下来，去迎接大萧条时期的考验。

妻子的高经济标准

到目前为止，数据印证了我们当初的假设，即相比工人阶级家庭，中产阶级家庭因为重大经济损失而体会到的经济不安全感更加强烈，他们因此在家庭支出上产生的矛盾也更多。虽然这个差异性结论是针对夫妻整体，而不是丈夫或妻子个人，但它所依据的材料确是1931—1932年对伯克利00一代女性的访谈记录。在这些记录中，与地位认知最相关的量表是测量"时运不满意度"的量表，采用7分制，得分高，意味着实际家庭条件没有达到女性的期望值。在中产阶级中，遭受了重大经济损失的女性的不满意程度最高，远远高于没有遭受重大收入损失的同阶级家庭以及工人阶级家庭（不论经济上是否受到重创）。[15] 对于这些女性中的很多人来说，其不满意的原因是丈夫就业不充分，导致家里没有足够的收入来满足家庭需求，引发她们的怨气甚至怒气。

但是，怎么定义家庭需求呢？家庭需求反映了人们在生活水平上的关注点，部分体现为我们所称的"与阶层相关的期望和标准"。它们在多大程度上造成了中产阶级因为经济损失而受到的心理影响呢？持有高经济标准，而且不愿意在这些标准上保持灵活性的人主要集中在下层中产阶级，但我们还没有研究这些因素是否会增加情感压力和经济不安全感。为了得到这个问题的答案，我们重点对比了中产阶级中经济受到重创和未受重创家庭中的妻子所持的经济标准。上文提到，这些妻子和其丈夫的经济标准高度一致，因此我们以家庭标准为指标来测量并不会得到更优结果。鉴于我们想要寻求的答案是在不考虑实际生活条件的前提下，经济标准是否会影响人们对经济困难（1932—1934年）的主观反应，因此这就校正了家庭年收入这一变量。

能够反映所持经济标准与对经济困难的主观反应之间存在密切关联的是经济窘迫的中产阶级家庭女性对生活的不满意度：经济理想越高，标准越不灵活，其生活不满意度就越强烈（见附表A7.1）。在大萧条最艰难的那几年，抱持高经济标准的女性也比其他女性更容易感到经济压力以及发生家庭支出方面的婚姻冲突。然而，作为一项重大发现的是，那些没有遭受重大经济损失的中产阶级女性，也因为不灵活地恪守了高经济标准而支付了心理成本。当邻居和朋友们都损失惨重的时候，自己只"损失了一点点"，这种情况很可能会更加深了维持原有状态的重大意义。因为拥有的东西很多，所以这些女性更有可能担心自己的生活方式受到影响。经济不安全感和因为支出问题发生大量争吵，成了她们生活的一大特征。

我们对经济标准的编码统计主要是基于1930—1931年对00一代家庭女性的访谈记录，因此，那些虽然遭受了重大损失但恪守富裕生活标准的人，可能会在描述实际经济状况时做一定的调整。如果她们在经济上确实遭受了重大损失，那么我们预测，对她们在1930—1931年的标准不灵活性和经济安全感的评测结果之间会呈现负相关关系。数据反映，经济受到重创的中产阶级女性在这两个因素的关系上确实呈现负相关，但如果同时考虑经济安全感以及支出矛盾，这种关系充其量只能说是有一定关系。总体上来说，数据资料至少初步证明了我们对20世纪30年代初期所持经济标准之影响的假设。

通过翻查个案材料，我们发现恪守高经济标准的女性经常贬低她们的丈夫，有些女性认为她们的丈夫比不上自己的父亲。标准不灵活的女性中有25%的人都是抱着这种心态，而在标准灵活或者所持标准低的女性中，这样的案例只有一个。经济压力和紧张的婚姻关系通常在夫妻之间的各种咆哮、威胁和身体暴力中相互助长，愈演愈烈。例如，1931年，某男性开的咨询公司倒闭，家访员对他妻子的描述是"忙乱、易怒，对钱的问题特别敏感"。那年之后，她丈夫看上去既压抑又憔悴，睡眠也不好，"有一次把头埋在手里一坐就是好几个小时"。一份家庭报告继续写道，"后来他因为妻子总是'炸起来'而感到很难过，以至于每次他出门，她都害怕他会自杀"。

体面和"保住脸面"

有些经济情况已经十分艰难的妻子试图通过在社会经济状况上向访谈员撒谎来粉饰自己家庭的面貌。在翻查20世纪30年代所有00一代家庭的年度记录时，我们找到了在记录上作假的女性（在所有样本中占12%）。通过综合各种渠道的多年数据，我们发现了这些妻子在自我陈述和家庭状况陈述上与实际记录之间的差异。她们虚假陈述的内容包括丈夫的工作、某一年的收入水平，以及接受公共救济的情况。虚假陈述的女性中，不灵活地恪守高经济标准的女性占比最高（35%，相比之下，标准灵活或所持标准低的女性占比10%）。作为一种防御策略，其他女性则选择对她们的世界所面临的真实困境视而不见。1934年，访谈员在拜访完一名"竭力适应极度困难处境的"女性后，写道"她在竭尽全力地自欺欺人，而很大程度上，她成功了"。

当家庭形象出现问题时，维持体面就显得尤为重要，他人对家庭的评价和社交不确定性变得更为敏感。上文提到，体面对于所有阶层的某些男性和女性来说都很重要，即便是非技术工人阶层也是如此，但是把体面问题看得最重要的，是白领阶层和技术型体力劳动者。鉴于这种阶层分布情况，我们研究了体面标准与中产阶级、工人阶级女性的经济安全感和支出问题上的婚姻和谐程度之间的关系。我们没有考虑女性的生活不满意度，因为它与经济标准相关，而与行为是否体面没有关系。

不出所料，体面标准在对经济受到重创且家庭声誉受到挑战的家庭的经济不安全感和经济压力的预测最准。对于中产阶级家庭来说，体面标准会影响其经济安全感和支出决策。重视体面标准，会增加夫妻的经济不安全感和支出矛盾。而在工人阶级中，重视体面的人更不容易获得经济安全感，但是体面标准并不影响夫妻在支出问题上是否能够达成一致。

通过了解以下伯克利指导研究样本中这名砖瓦工人的生活，我们可以看到体面标准作为一项评价标准所发挥的驱动力。在他失业了两年后，这家人穷尽了所有的资源撑到了 1932 年头几个月，唯独还没有申请公共救济。作为丈夫的他坚决反对去伯克利福利社寻求帮助，并扬言如果那样，他就"先饿死，然后让一家人都饿死"。项目上的田野调查员当时去了他们家，发现妻子在流泪，情绪沮丧，一边是孩子嗷嗷待哺，一边是丈夫的"黑色心情"，压得她完全透不过气来。他威胁说自己如果近期还找不到工作，就上吊自杀。到 1935 年，妻子坦言他们的婚姻已经没有任何挽回的余地了。"我对他一点感觉都没有了，这不是很糟糕吗？"

这些个案并不能代表经济受到重创的伯克利 00 一代夫妇的普遍情况，但通过这些个案，我们确实能一窥当时经济紧张的严重程度，以及它造成的情感伤痛和婚姻纽带的断裂。尽管在其他一些家庭中，婚姻仍然是闪耀着人类勇气和相互理解之光辉的光点，照亮了原本灰暗的世界，但是，在遭受失业和重大经济损失厄运的家庭中，经济紧张和婚姻矛盾相互助长。巨大的经济损失，直接影响了男性的地位、个人价值和身份，因为家里的主要收入来源是他们，而不是他们的妻子。与那个年代个人主义价值观的盛行相契合，男性通常会把失业和收入减少看成是个人能力不足的表现。[16] 然而，女性虽然也经常面临巨大的压力和困难，但她们可以从她们承担的家庭角色中找到价值和意义。

性别、婚姻与情绪健康

男性一旦失去工作和收入，他们便失去了重要的社会角色，眼睁睁地看着自己的生活规律被打破。相比之下，女性的社会角色往往会有所拓展，变得越来越复杂。在《中镇》一书中，林德夫妇观察到"男性角色承受了更大的压力"。[17] 杰克·韦勒（Jack Weller）在《昨日民众》（Yesterday's People）一书中描述了阿巴拉契亚的农村生活，书中某访谈员在记录一对农村夫妇的生活时生动地捕捉到了这种充满戏剧意味的男女不同的生活状态："也就这样一点点地，随着她丈夫的角色影响力越来越小，随着他的生活失去意义，她的生活，从社区活动或工作中获得了新的意义。"[18]

那么，伯克利00一代夫妇之间，是否也存在这种性别差异？为了回答这个问题，我们重点关注了这些夫妇在大萧条之前的婚姻关系和社会阶层情况，其在大萧条之前和之后的情绪健康情况，以及他们的收入是否大幅减少。[19] 性别、健康状况、社会阶层以及婚姻关系等这些因素对我们了解大萧条的经济困难对个人健康的影响尤为有用。为了探究经济困难给这些夫妇造成的影响是否存在差异，我们设计了多项分析工具，先分析起初的健康状况的影响，再看社会阶级和婚姻关系的影响。牢固的婚姻关系，是否能够帮助男性在收入大幅减少之后免受不良情绪的影响？

良好的情绪健康，是一个人应对艰难时世的基本资源。只要压力还没有到压垮人的地步，那么情绪健康、善用资源的人大都能够有效地应对逆境。然而，对于运用资源能力较差的人来说，经济压力可能加重他们的适应不良行为，例如易怒、易暴躁。在压力没那么大的时候，这些行为或许还能得到控制。情绪稳定的人，例如有"自我弹性"（ego resilient）的人在应对不幸遭遇方面的能力更强，这一点从"耐力"这个词的定义当中就可以看出，

第 7 章
唯有更艰难

"一种抵抗或忍受疾病、疲乏或困难的身体力量或道德力量"。[20]缺乏这种调适能力,经济受到重创的人将会面临更大的健康不良的风险。

按照自我弹性这一概念的定义,我们假设情绪稳定性能够反映和提升善用资源的调适能力。为了评估个体在 20 世纪 30 年代的情绪稳定性,我们所能设计的最佳工具是一个 7 分制的情绪稳定性量表(按照当时的表达习惯,情绪稳定性在档案中被表述为"神经稳定性")。得分高,表明在"面临考验时"也能保持情绪"极其稳定"。得分低的人通常极其"不稳定",例如半技术工人被描述为在工作上容易与他人发生争吵,脾气不好,在家里容易发脾气,阴晴不定,这种情绪状态给他妻子和小孩的健康构成了长期威胁。1930—1931 年的情况评估以及整个 20 世纪 30 年代的总体情况评估,所依据的材料是田野调查员对妻子们的访谈记录和他们对家庭情况的观察记录。为了使个案数量最大化,1933—1935 年和 1936—1938 年两个时段的分数,我们取的是相应时段各年得分的平均值。

数据结果表明,弹性调适能力强的人容易保持稳定积极的情绪和建立牢固、相互滋养的婚姻关系。伴侣的理解和关爱能够激发一个人有效应对困境的内在力量。[21]通过给予对方理解、接纳和信任,以及时间、精力和金钱上的切实帮助,分享建议和知识等,夫妻间相互扶持助生了情绪资源。夫妻间在这些方面上的相互扶持往往能够缓解经济困难带来的压力。因此我们假设,夫妇在大萧条之前的婚姻关系越脆弱,他们在经济受到重创之后,能建立起来的夫妻间相互扶持的关系就越微弱,由此一来,经济条件上的变化导致的健康风险则越高。而夫妻间相互扶持的缓冲效果在伯克利 00 一代男性身上应该体现得最为明显。

我们基于田野观察研究员和家访员的一般评价,通过一组相互关联的 5 分制量表测量婚姻质量，测量项目包括夫妻之间的亲密度、友善度和相互调适情况。第 5 章中我们曾经使用过这些量表来探究伯克利 00 一代夫妇在 20 世纪 30 年代经济困难时期来临之前的婚姻关系。大萧条一开始，男性尤其是工人阶级男性陷入严峻的困难处境，如果婚姻关系不和谐，情绪健康情况不良，那么他们在 20 世纪 30 年代末的健康风险将达到最大。相反，情绪健康且婚姻牢固的男性则有应对经济危机的良好基础。相关系数结果显示，情绪不稳定的人在交往方式上往往易怒、暴躁，令人担忧。

那么，严重经济损失与情绪稳定性之间的关系总体上是什么情况呢？首先，我们注意到，无论是男性还是女性，不论他们在 1929 年起初的健康状况、婚姻质量和阶层地位如何，收入大幅减少对他们在大萧条年代的情绪健康没有造成普遍影响。然而，他们在大萧条开始时的情绪稳定性却是预测他们 20 世纪 30 年代健康状况的最佳指标。20 世纪 30 年代情绪健康状况发生变化的男性当中，约有 33% 可以关联到他们在大萧条之前的健康状况。

如果按照男性在 1930 年的情绪稳定性的中位值把他们分为两组，我们便能清楚明白地看到一个人起初的情绪健康状况的重要性。因为贫困而受到不良健康影响的群体，几乎全部都是在经济衰退之前健康值低于一般水平的男性。1933—1935 年间，经济受到重创但起初情绪稳定的男性中，只有不到 10% 的人被定义为情绪不稳定（得分为 5~7 分）。而经济未受重创且最初情绪不稳定的男性，被定义为情绪不稳定的男性比例上升到 40%，经济受到重创且最初情绪不稳定的男性这一比例更是达到接近 90%。以上对比无法反映经济受到重创的女性在 20 世纪 30 年代的情绪健康状况如何，但起初情绪健康的女性大都采取了有效措施来应对家庭的经济困难。

为了更加精确地了解对于性别不同的群体，以及起初健康状况不同的群体，1933—1935 年经济受到重创的处境对其情绪稳定性的影响如何，我们进行了一系列多元回归分析。图 7.1 中的数值代表按照性别和起初健康状况划分的经济重创之影响力的标准回归系数。对于在 20 世纪 30 年代开始之前健康状况低于一般水平的男性而言，收入大幅减少意味着巨大的健康代价。有着相同脆弱处境的女性则没有受到这样的负面影响。实际上，与男性遭受的负面影响相反，那些起初情绪健康的女性，在遭遇收入减少之后的情绪健康水平还略有提升。这个结果表明，很多经济窘迫家庭中的女性获得了个人成长，促成因素可能是她们在应对家庭生活挑战上付出的努力和思考的方法策略。

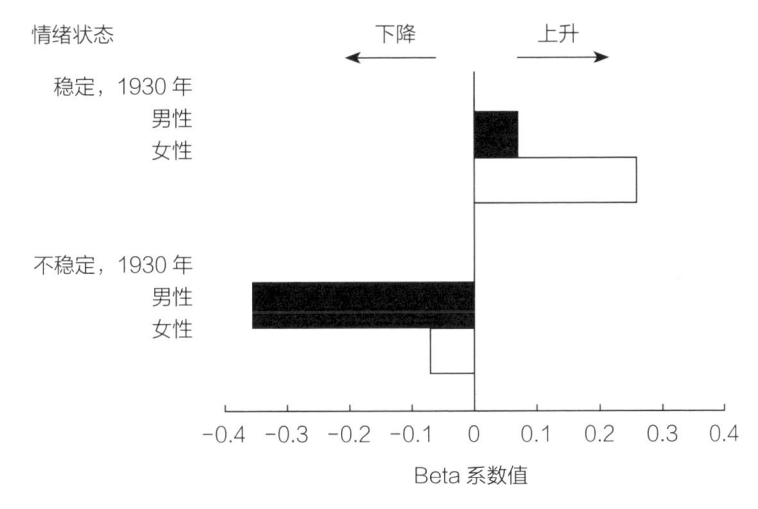

图 7.1 经济重创对情绪稳定性的影响（1930—1935 年），按大萧条前情绪稳定程度划分（1930 年）

在经济最困难的那几年，牢固的婚姻是否有助于加强良好的起初情绪健康状况对男性健康的保护作用呢？我们发现，在大萧条开始之前健康状况低于一般水平的男性，如果能够获得妻子的情感支持，那么他们的健康前景将得到改善。然而，牢固的婚姻对健康的保护作用，远远不及大萧条之前良好的情绪健康状况的保护作用。对于女性来说，如果她们在20世纪30年代之前情绪健康状况低于一般水平，那么稳固的婚姻关系将大大助益她们在充满压力的1933—1935年间的健康状况。

总体上看，情绪健康状况受到大萧条经济困难影响最为严重的群体是在大萧条之前健康状况相对不理想的男性。如果我们聚焦这个脆弱的群体在整个20世纪30年代的总体情况，影响他们情绪健康的因素具体有哪些呢？这个群体的男性在20世纪30年代早期的健康状况因人而异，但正是这些差异对他们在20世纪40年代之前的健康状况产生了重大影响。他们在起初情绪健康状况上的得分值越高，那么他们在20世纪30年代末情绪状况达到健康水平的概率则越大。1930年婚姻上的理解和支持也能够提升男性在20世纪30年代的情绪健康状况。那些在20世纪30年代初期因为缺乏技能而遭受经济损失的男性，经济困难还将持续，在战争爆发之前，他们很可能已经经历了好几次失业。因此，在大萧条末期，稳定的职业生涯也是影响男性情绪健康的重要因素。

最后，在这段旷日持久的艰难岁月中，哪些男性的情绪健康状况受到了最大威胁？十年的经济大萧条只不过是让那些情绪原本不稳定的男性在经济上变得更加不稳定而已。结合一些人到战争爆发之后仍然没有摆脱经济困境的情况，这个结果则显得更加真实。在20世纪30年代末仍然处于经济底层的人包括非技术工人和半技术工人，但两个群体的比例有所不同。困难的持续让那些情绪健康状况相对不理想的人始终陷于这种状态，一直到"二战"时期。无论男女，对于在20世纪30年代早期收入大幅减少之前有着健康情绪和韧性的人，和缺乏这种资源的人而言，大萧条时期的这段经历可谓天差地别。这种结果与累积优势和累积劣势进程理论一致，那些在大萧条之前处于有利处境的人能够在20

世纪 30 年代保持情绪健康；而那些在大萧条之前处于不利处境的人，一般会发现他们的不利处境越来越严峻。然而，即使是那些情绪健康状况良好、婚姻牢固，看似有着能够应对经济困难的良好基础的家庭，在面临长期失业的艰难处境之下，也受到了极大的考验。相关个案仍然是上文提到的制版师赫布斯特，他的失业时间长达五年之久（见第 6 章）。

1930 年失业之前，根据访谈员的描述，赫布斯特是一个"特别乐观和自立的人"，积极地参与家里的各种事务。但他的妻子海伦发现，在失业一年之后，她的丈夫"因为压力，对小孩的态度变得不耐烦和焦躁起来"。因为一直失业，一边要应付家里各种支出，一边找不到稳定的工作，长期的压力让他从"一个乐观、平静的人，变得易怒、好争执，对收账人充满怨气，对伯克利福利社抱有敌意，整个人暴躁又多疑"。她发现他的白天活动越来越少，总是一睡一整天，晚上又睡不着，"出于自我防御，他开始贬损他过去认定的标准和价值观，表现出一副满不在乎的姿态"。

海伦是这个家的情感堡垒，她理解丈夫的失落，但是在这些压力之下，她的健康和外貌也付出了极大的代价。研究所的观察员发现，压力似乎让她老了十到十五岁，头发也白了。但她也注意到，在挣扎的那些年，他们的婚姻始终为他们提供了巨大的力量。回顾那段时期的家庭生活时，她评说道："幸福的婚姻并非唾手可得，而是经营出来的。它讲究的是相互妥协和关心对方，并且知道回过头来，对方也会关心你。"这种态度在很大程度上帮助赫布斯特找回了一部分"旧的自我"，精神面貌变得更加乐观，也重拾了对家庭活动的兴趣。"二战"期间，他所在的公司因为军用订单猛增而蓬勃发展起来，他的收入水平也稳步提升，但是在他妻子看来，"失业那些年"对他造成的打击还是能够看出来。"知道吗？"她说，"他一直就没有从失业的羞辱中真正地走出来。"[22]

毫无疑问，赫布斯特因为常年失业而感受到的羞辱，很大一部分是因为接受社会福利救济而导致他无法自立的情况变得人人皆知。在20世纪30年代，一个人之所以会因为接受社会福利救济而感到羞辱，很大程度上是因为它的"不劳而获"，接受这种救济违背了公认的"正当回报"的理念。付不起房贷的家庭接受邻里的资助是因为他们坚持还贷，很多借贷公司也延长了这些家庭的还款周期。赫布斯特他们的还款时间也得到了宽限，但为了一家人的吃穿，他仍然被逼到需要伸手接受救济的地步。

我们不了解赫布斯特在申请社会福利救济的时候经历了怎样的心理挣扎，但是研究人员有关另一名失业人员的记录描述了这样的场景。"在钱用完了之后，尽管很不情愿，他还是决定去申领救济，但这个决定让他觉得很丢人。那天他去了登记处，绕着街区来来回回走了好几圈，不想进去。最后在下了很大的决心之后，他才走了进去。"

我们不了解赫布斯特和伯克利福利社打交道的过程，但是其他伯克利指导研究中的男性和女性曾提到过，他们需要忍受有辱人格的"资格审查"、福利社员工居高临下的姿态和福利社监督部门出于不信任的侵犯。一名工人阶级女性表示，福利社的人"特别无礼，让人不想去找他们"。另一个人也跟家访人员抱怨过："福利社那些趾高气扬的小姑娘到家里来指手画脚，我直接让她们滚出去。她们懂什么是养家？"还有一名失业一年多的手工业者，他告诉访谈员，他不会让自己和家里人受接受救济的这份羞辱。

工人阶级家庭需要面对福利社在资格审查上的各种有缺陷的克扣政策。一个家庭即便达到福利社规定的特困标准，但如果家里有汽车而且打算在接受公共救济期间使用汽车（即使只是为了外出找工作），或者家里有电话但是无法证明电话只是用于工作联系，或者家里购买了人寿保险等，那么他们也没有资格接受救济。有些家庭为了支付支出，不得不抵押了保险分红借款，例如赫布斯特一家。

这些经历不论是不是普遍，但它们突出了作为被救济对象在这个问题上的一大重要主题：接受公共救济对于那些在20世纪30年代间某个时间点落入救济范围的绝大多数伯克利00一代家庭来说，接受公共救济是一项全新体验。通过翻查项目资料，我们发现，1929年只有4%的伯克利00一代家庭接受过公共救济，而到了20世纪30年代末，这个比例上浮到25%，而且几乎都是工人阶级家庭。中产阶级中，只有10%的家庭接受过这类救济，相比之下，工人阶级中的这一比例是48%。在20世纪30年代后半期，40%的工人阶级家庭接受过公共救济，它们无一例外都属于经济受到重创的家庭，与我们所还原的20世纪30年代末经济窘迫的工人阶级家庭的画像一致。直到"二战"爆发，大萧条经济困难时期对于他们来说才算结束。

让糟糕的日子变得更糟糕

大萧条时期，尽管很多家庭损失惨重，但他们最后也都成功地尽其所能地调整适应。经济处境同样艰难的其他一些家庭则把愤怒的情绪撒到家人身上，让生活变得更加痛苦。本章我们探究了那些让原本艰难的时世变得更加糟糕的家庭推力（family dynamics）。推力之一，是在需要降低生活标准的时候刻板地恪守原先的生活标准。这种情况在那些担心丢脸和被人嫌弃，担心失去社会关系的下层中产阶级和上层中产阶级家庭中尤为普遍。标准不灵活，通常意味着夫妻之间会出现因为收入减少和支出问题发生冲突"相互指责"的情况。这种推力在困难处境下一般会导致夫妻间缺少相互扶持。缺乏调适资源，也是导致失业和收入下降的男性遭遇情绪健康问题的主要原因之一。一些家庭有韧性，能够有效应对困难处境。以阶层为基础的经济和社会标准决定了经济情况急剧恶化的含义。上层中产阶级因为取得了经济上的成功而建立了更高的经济标准。女性在维持这种标准上付出了巨大的努力，标准不灵活却让她们陷入极为脆弱的境地。这种价值观在下层中产阶级家庭中尤为普遍。他们希望实现生活富裕，又害怕失去让他们有别于下层家庭的"体面"。与标准的阶级性相一致，经济损失导致中产阶级在家庭经济安全感和支出和谐程度上下滑得比工人阶级更厉害。那些虽还没有遭遇失业或收入大幅下降但标准不灵活的夫妇也一样。他们越在意自己的生活方式，焦虑感就会越强烈。

作为大多数家庭的主要经济来源，男性因为经济大萧条而承受的社会和情绪成本代价最高。因此，性别是决定失业和收入大幅减少所带来的情绪健康代价的重要指标。在20世纪30年代之前有着良好情绪健康的男性最有可能在遭遇失业和收入大幅减少之后保持他们的健康状况，尤其是当妻子能够给予心理支持时。相反，夫妻间即便相互扶持，在一开始就情绪健康状况不佳的男性，可能会因为不利条件的不断累加而陷入其中无法自拔。相较之下，女性通常会因为经济大萧条获得了更多的价值和意义，她们在家庭和社区中的关系和责任变得更大，在经济困难的压力下，她们成长得更加善用资源、更加坚韧。

从20世纪20年代刚成年不久到30年代末，伯克利00一代男性和他们的妻子共同造就了他们截然不同的婚姻状况。婚姻初期，男性对婚姻质量的影响力比女性更大，这种影响可能是正面的，也可能是负面的。紧接着，作为家庭的主要收入来源，男性经历了失业、收入减少和健康状况下降，把大萧条的经济创伤带回家庭。大萧条的牺牲者更多的是男性，相比之下，正如后面几章会提到的一样，女性在帮助家庭进行调适和应对变化上，发挥了关键作用。

第 8 章

经济困难时期的生育

> 我唯一后悔的,是我们只要了一个小孩。我知道这也是我妻子一生中最大的遗憾。
>
> ——某伯克利 00 一代男性

1929 年经济崩盘时,伯克利 00 一代夫妇们正处在生育期。面临着经济上的不确定,一些人对于是否再要一个小孩感到迟疑。1932 年,对于很多 00 一代夫妻来说,这个问题变得更为紧迫。经常与这些家庭打交道的研究人员观察到有夫妻在这个问题上发生了矛盾,而最后的结论通常都是一句不情愿的"再多个孩子,我们就养不起了"。

研究人员发现,每个紧接在经济繁荣时期之后的经济萧条时期,美国人组建家庭的速度都会减缓:结婚的人更少,婚后生育的人也更少。这两种变化在 20 世纪 30 年代都有体现。经济陷入危机时,人们往往会最先采取影响最小的应对策略——推迟结婚。[1] 社会学家林德夫妇在对印第安纳州中镇的研究中找到了相应的数据证明这种经济危机应对策略的存在,该地在 1929—1933 年间的结婚率下降了 41%,生育率下降了 16%。

本研究中的伯克利 00 一代女性在 1929 年都已步入婚姻并且做了母亲。她们需要面对的重大决策主要与生育有关——在 20 世纪 30 年代是否再要一个小孩,还是之后再要,或者接受目前的家庭规模,到此为止。对于中产阶级的夫妇来说,不论其经济是否受到重创，这个决定都可能意味着把现有的独生子女家庭扩大为二孩家庭，也可能因为在文化上倾向于大家庭和抵制避孕而早已有了一个大家庭，现在只是决定是否再添一个小孩。如果多生育，家庭资源面临的负担会更重，尽管大一点的孩子可以帮忙做家务和在外工作挣钱。在奥克兰开展的一项关注大孩子的同系列研究就发现，很多经济受到重创的家庭中的大孩子是这种情况，这些家庭中大一点的男孩会在社区里打零工挣钱贴补家用。到20世纪30年代末期，伯克利00一代家庭中的小孩也到了能够帮助家里的年龄，于是我们也通过翻查家庭个案材料探究了他们以及比他们更大的兄弟姐妹们补贴家用的情况。

家庭经济窘迫的小孩可能需要承受父母生活中的紊乱和压力——他们的压抑、愤怒和暴躁的情绪。通过前面几章内容，我们了解到父母会把脆弱和资源紧张的困境带入家庭生活。经济衰退导致父亲失业，从而导致他对家人随意施暴，这便是证明该情况的直接例子。当父母咆哮着相互指责，在不良情绪和失序的婚姻当中苦苦挣扎时，本就艰难的处境会变得更加糟糕。这些事例都证明了父母很可能会把他们的问题传递到小孩身上。那么这种传递的发生，主要是通过父亲和他的缺席，还是通过父母亲双方呢？我们知道，父亲的行为对婚姻质量的影响，比母亲的行为影响更大。

是否多生育

20世纪20年代经济崩盘时，伯克利00一代夫妇们正处在不同的人生阶段。一半人刚刚组建了家庭，生了一个小孩；25%的人有了两个小孩；其他人有三个或三个以上小孩。对于大多数只有一个孩子的夫妇来说，他们的生育欲望明显还没有完全得到满足。但也正是这些家庭所面临的经济处境更加危险，因为年轻的

第 8 章
经济困难时期的生育

职场人士更容易面临突然的失业和收入减少。

为了探究这些夫妇在生育上的期待，我们以各个家庭在 1929 年的子女数量，以及经济是否受到重创作为划分标准，对比分析了大萧条时期的女性生育率。为了考虑其他相关因素，我们校正了多个生育影响因素对大萧条时期生育一个或一个以上小孩的女性比例的影响，包括女性在 1929 年的受教育程度、年龄和所属社会阶层，以及宗教和族裔情况（天主教、外国出生、非裔美籍）。在对收入减少这一因素进行校正之后，我们发现以上所有因素对大萧条时期的女性生育率均没有产生重大影响。（严格地说，因为样本量小，我们没有把握确切地分析这些因素对生育率的影响。）分析结果显示，经济重创仅仅使得在 1929 年只生育了一孩的女性在大萧条时期的生育率大幅下降，但相比之下，在 1929 年已生育二孩或二孩以上的女性，她们再生一孩的比例仍然很高（详见附表 A8.1）。

那些幸运地在经济上未受重创，且在 20 世纪 30 年代之前只生育了一孩的中产阶级，有着极为有利的生育条件。在校正了年龄、受教育程度和族裔等多项因素后，我们发现，这些女性中有 80% 的人在 20 世纪 30 年代生了二孩。而在收入水平相比 1929 年下降了约 33% 的中产阶级家庭中，这一比例下降了一半。在 1929 年只生育了一孩的工人阶级女性则无论其家庭在经济上是否受到重创，在 20 世纪 30 年代再生一孩的概率都要小于中产阶级女性，但是正如所料，这个概率在经济未受重创的家庭中更高。近一半经济未受重创的工人阶级家庭中的女性在 20 世纪 30 年代都再生了一孩，相比之下，经济受到重创的同阶层家庭中的女性中的这一比例约是 33%。

经济未受重创的中产阶级家庭中的女性在大萧条时期生育的比例，是经济受到重创的工人阶级家庭中的女性的近两倍半。除极少例外,对于在20世纪30年代没有生二孩的女性来说,这个决定对她家庭生活的影响是终身性的。直到战后步入老年,她们始终都没有再生二孩。大萧条之前已经生了多孩的家庭中,中产阶级贫困户的女性愿意再生一孩的概率要小于相同处境之下的工人阶级女性。这种差异表明,中产阶级家庭对节育措施使用得更多。事实上,在1929年只生育了一孩而后陷入经济窘迫的中产阶级女性中,在大萧条时期再生一孩的可能性远低于在1929年已生育二孩或二孩以上的女性(51%比16%),而这种情况在工人阶级中则保持了稳定,相应比例为34%比35%。

在我们小规模的样本家庭中,我们把他们在20世纪30年代生育的小孩统一称为大萧条一代。然而,更大规模的人口统计数据显示,在20世纪30年代这十年间,经济和出生率发生了很大的变化。在1934—1935年之前,中产阶级家庭生育率下滑的情况似乎出现了部分回转。[2]而同一时期的伯克利00一代家庭的经济情况,也根据社会阶层的不同,或早或晚地走向复苏。尽管大萧条时期的生育大多数发生在1935年之前,但全国趋势和理论指出,不同社会阶层的生育时间有所不同,贫困的夫妇推迟到1934年或之后再继续生育的可能性更大。

虽然我们无法获知伯克利00一代家庭的月收入情况,但我们按照一孩和二孩的间隔期长短统计了各组女性数量,以此来探究女性在20世纪30年代生育二孩的时点情况。在校正影响生育时点的因素后,我们发现,生育一孩和二孩的平均间隔时间为四年,二孩大多在1932—1933年出生。在20世纪30年代早期陷入经济困难的夫妇生育二孩的时间更早,而不是更晚,至少中产阶级是这种情况,我们对此的预测是可靠的。生育时点上的这种选择或许能反映这些家庭希望在情势不稳定的时候尽快生育二孩。经济受到重创的中产阶级家庭生育的二孩平均间隔时间为三十四个月，而经济未受重创的同阶层家庭为五十二个月。工人阶级中经济受到重创的家庭和未受重创的家庭只相差四个月（分别是 48.7 个月和 53.4 个月）。

大萧条期间是否生小孩，这个决定可能是一个终身决定，也可能只是暂时推迟。不论是那种情况，我们都注意到计划生育方面的避孕情况。这些夫妇如何避免提前或计划外的生育？我们无法对这个问题进行定量分析，但可以通过对伯克利 00 一代女性的结构性不强的访谈记录进行定性分析，了解她们从 1930—1931 年一直到 20 世纪 30 年代中期的想法和生活情况。

家庭现实与避孕

在密集调查样本组的家庭记录中，有三种避孕方式被多次提及：主动或非主动地减少性生活频率，采取避孕措施（安全期避孕、体外射精、使用安全套或冲洗阴道），以及受孕后处理（人工流产）。[3]

减少性生活频率，是经济受到重创和出现婚姻矛盾之后的相对普遍的调适行为。提到过这种情况的访谈记录中，我们看到有些是因为妻子特别害怕怀孕，有些是因为失业和经济压力影响情绪健康，尤其是丈夫的情绪健康。有关经济极度困难时期的访谈报告中，我们不难看到性欲下降和长达六个月没有性生活等情况的记录。有些家庭因为妻子害怕怀孕和婚姻矛盾而调整了卧室安排，夫妻分床、分房，甚至分居。很明显，节育措施和堕胎是收集计划生育相关数据时最难处理的话题，但我们了解到，研究所工作人员也为这些夫妇提供避孕咨询，并向他们介绍避孕服务机构的信息。访谈记录提到有妇女曾经咨询过一家当地的避孕诊所。

计划生育效果与两大因素明显相关：婚姻质量与生育意愿

或生育计划。在经济危机之前有婚姻矛盾的夫妇不太可能有共同的文化和社交兴趣，在财务、育儿和家庭规模等问题上也几乎不可能达成一致。因为在"是否要再生小孩"和"什么时候再生小孩"这两个问题上无法达成一致，夫妻任一方所采取的一些行动都有可能惹恼或者挫败另一方。例如，有一名女性不顾丈夫的反对怀上小孩。婚姻冲突减少了夫妻交流和性生活频率。

与伯克利00一代夫妇相关的数据是基于一个小规模的样本，且测量时点不能清楚地体现小孩的出生顺序。为此，我们采取个案史法，研究在大萧条期间（1931—1935年）有过生育的家庭在婚姻质量和生育意愿方面的情况。分析涉及的家庭均为经济受到重创且截至1929年已育有一孩或二孩的家庭。正如所料，在大萧条期间生育子女的家庭大都为有意愿生育更多小孩，夫妻关系亲密、夫妻间相互扶持的家庭也是如此。有婚姻矛盾和妻子坚持不生育明显是其他家庭在大萧条期间没有生育子女的主要原因。此外，也有一些伯克利00一代女性虽然想要小孩但最后没要，也有一些不想要小孩但最后要了，但至少根据她们在1930—1931年的观点所反映出来的情况是这样。

为了探究这些差异，我们对非常重视再生一孩和反对再生一孩（根据5分制量表，得分最低和最高的25%的样本）的各位女性的个案材料做了分析。我们按照生育结果对她们进行分组，一组在20世纪30年代新生了一孩或多孩，一组没有生育。通过分组，我们得以评估其对怀孕的看法，包括对堕胎的看法。堕胎的记录大多出现在强烈反对再生小孩的女性身上。

我们发现，样本中有12名女性虽然想再生小孩，但最终没有生；17名女性提到她们想要再生小孩，最终再生了至少一个小孩。对这一组女性，我们的兴趣主要集中在几名经济受到重创的家庭中的女性身上。15名女性不想再生，最后成功地没有再生，

第 8 章
经济困难时期的生育

这其中有 8 名女性来自随机抽样。6 名女性虽然不想再生但最后还是生了一个小孩,其中有三个个案材料完整且涉及经济受到重创的家庭中的女性,我们将其纳入了分析范围。

想再生,但最后没有生。不论是否属于经济受到重创的家庭(大多数没有),这一类女性之所推迟生育,主要是因为经济上的不确定性。在 20 世纪 30 年代之前,她们已经生育了一孩,而整个 30 年代,因为可能或者已经出现经济压力,她们希望推迟生育二孩。促使她们做出这种决定的,还有年龄、健康和婚姻关系紧张等其他一些因素。有 3 名女性在 30 年代末已经到了 40 岁,另外有两名女性因为婚姻关系不稳定和健康状况下降而产生不安全感。

想再生,最后生了一个。这一组包括 3 名经济受到重创的家庭中的女性。尽管面临不利的经济形势,她们最终实现了自己的愿望。但是,在进一步查阅家庭记录后,我们获得重要发现,即夫妻在生育意愿和生育时点上有不同意见。夫妻一方或双方都有意愿再生小孩,但在生育时点上持保留意见。丈夫们无一例外都倾向于晚一点生,但只有一个家庭实现了这种期待,是一家在 1933 年之前收入大幅减少、信奉天主教的中产阶级家庭。这家的妻子在 1929 年生育了第一个孩子,当时她 30 岁。夫妻两人都希望多要孩子,但希望两胎之间间隔两年或以上。根据记录,这对夫妇"相信避孕",但没有提到具体的措施。在工资大幅减少和创业不成功的打击下,他们的家庭收入在 1932 年跌到 380 美元,不到 1929 年收入的 20%。1933 年春夏两季,他们的经济情况大幅好转,按照两人的计划,二孩在家庭经济复苏的后期,也就是 1934 年末出生了。

另外两个经济受到重创的家庭之所以在大萧条时期生了小孩,是因为"提前怀上"。其中一位女性,她丈夫是工程师,她因为违背丈夫意愿坚持在大萧条时期生下一个小孩而略感后悔。一些年后，当丈夫回想起这段往事时，心里还有怨恨："有一件事情，我很难释怀，就是她在我没有同意的情况下要了孩子。"另一位女性则很高兴地承认自己是在1931年怀孕的，那时候她和丈夫刚刚达成一致，认为当前继续生小孩"不明智"。我们不清楚她是有意怀孕，还是因为避孕失败。作为中产阶级的他们，在1933年跌落经济谷底，当时家庭收入降到1929年的一半。

不想再生。有15名女性别具一格，她们因为不想在20世纪30年代生小孩而采取了各种措施。在所有样本中，我们发现有关堕胎的记叙主要集中在这一组。我们发现，在8个样本子群中，有4名女性（两个阶级各2名）的记录显示其在20世纪30年代早期堕胎过一次，而其中有3名女性符合不想再生的情况。另外一名女性是在大萧条期间发现自己第二次怀孕之后堕了胎。这一子群的其他女性则是不顾法律限制和社会负面评价，要么曾经打过堕胎的主意，要么尝试过各种方式堕胎。例如，有2名女性在要求堕胎之后，发现自己其实没有怀孕。有提到堕胎（不管实际上有没有发生）的女性大都是因为陷于已经有了二孩或更多小孩以及经济重创的双重压力之下，极度害怕怀孕和再生小孩。

不想再生，但生了一个。有6名经济受到重创的家庭中的女性和上一组女性一样，因为避孕失败而陷入痛苦的两难境地，但据我们所知，她们没有想过堕胎。尽管意外怀孕带来了压力，但她们似乎更多地选择接受现实。有一名工人阶级女性在她丈夫刚失业不久发现自己第三次怀孕了。当被问到当时的处境时，她回答道："对即将出生的小宝宝来说这太糟糕了，但事情就是这样。"另一名女性则把自己怀孕之后的怒气集中倾泻到当地一家避孕诊所上："我是不会再信任他们了。"然而，她最终接纳了小孩的到来，两年后她还责怪自己不愿意"把宝宝衣服送人"，然后总结说,"这种事,你说不清楚"。这些女性的情况很好地说明了计划生育难以预料和忧喜参半的性质,她们所有人都来自在20世纪30年代之前生育了二孩或更多小孩而后经济受到重创的工人阶级家庭。社会学家李·雷恩沃特在他于1965年出版的极具影响力的著作——《穷人要到了孩子》中阐述了影响在这类家庭决策中起作用的力量。[4]

尽管很多伯克利00一代父母都成功地做到了在变故时期不生小孩,但这种结果背后的痛苦、忧伤和迟疑却在他们的一生当中留下了深刻的印记。其他家庭则是因为生育问题和避孕措施的不可靠,使得夫妻之间、父母之间以及父母和小孩之间的关系受到考验。大萧条之前,家庭矛盾主要发生在财务、育儿和性生活上,经济大萧条则更是助长这些问题成为推动家庭环境走向不稳定和分裂的力量。推迟期待的二孩计划,或许能让家庭保持收入平衡,但这种牺牲据称"泯灭了生活"。有一名伯克利00一代男性在回顾一生时,想到一辈子都没有要过第二个孩子时,他说:"我唯一后悔的,是我们只要了一个小孩。我知道这也是我妻子一生中最大的遗憾。"

尽管经济上的不幸让人质疑要更多的小孩是否是一个明智的选择,但它也使得家里大一点的孩子能给家里提供的帮助变得更为重要。对于在1929年已经生育了二孩的很多伯克利00一代家庭来说,在大萧条时期出生的孩子有着独特的两面性,他们既是负担,也是资源。等到20世纪30年代末,这种两面性的特征在经济最窘迫的家庭中得以体现,即便是那些独生子女家庭。追随伯克利00一代家庭从1929年一直走到战争年代的这期间,我们看到,生于1928年的小孩在一开始为家庭带来了经济和育儿负担,而在渐渐长大之后,他们又成了家里的帮手。

大孩子的助力

很遗憾，伯克利指导研究没有系统地从被研究对象和大孩子身上了解他们从事家务劳动和在社区从事有偿工作的情况。但是，我们可以通过两个底层家庭的观察记录和家访记录，看一看大孩子的助力角色。这两个家庭在 20 世纪 30 年代的经济状况都大幅下滑，在 30 年代内，多次依靠公共救济过活。霍顿一家的父亲在 1929 年是一名机器操作员，艾伦一家的父亲在 20 世纪 20 年代是一名造船工人。

霍顿一家。 罗伯特·霍顿（化名）和他妻子在大萧条来临时，有一个小女儿和一个在 1929 年出生的小男孩。20 世纪 30 年代中期，他们又生了一个。等到罗伯特在 30 年代末失业之后，这家人提前进入了经济困难时期。1931 年年末，他们的年收入跌至 400 美元以下，需要从相关福利机构领取衣服和食物。罗伯特很想找到工作，但他一直处于失业状态（除了在 1933 年从伯克利福利社得到了几份在便利店的零工）。有田野调查员发现，这家人曾有过每周开销只有 6 美元的日子。他们停用了燃气和电灯，靠捡木头生火做饭，家里养了兔子和鸡作为食物，院子里也种了农作物。伯克利福利社给他们提供衣服。有田野调查员观察发现，家里的每个成员都参与到家庭生活的运转中来。大女儿帮父母亲干家务，如洗衣熨烫、做饭、照顾小孩。

1934 年，罗伯特在加利福尼亚州公共事务振兴局找到一份劳工的活计，他们家的经济条件有所改善。据田野调查员观察，即使面临经济困难，这家人仍然气氛欢乐，心态平和，父母严格但有爱。但是，1937 年，不幸再次降临，罗伯特因为心脏问题丧失了劳动能力，于是他妻子做起了一份有偿工作。在一次家访过程中，一名田野调查员了解到家里的孩子们在维持家庭运转上做得有多好。他们"下课后回家，打扫房间，妈妈到家的时候，他们一般都已经做好了晚饭。家里的大部分采购都是由他们来完成，他们已经学到了妈妈的各种省钱习惯"。

这家人非同寻常的困难处境对一个十几岁的小孩来说，或许具有成长价值，正如埃尔德在《大萧条时期的孩子们》一书中所阐述的一样。然而，对于出生在大萧条期间、家里最小的孩子来说，这是一段沉重的岁月，他早熟的外表便是证据。小孩才8岁，一名田野调查员是这样描述他的："（他）看上去像一个心事重重的老人。在他的生活里，天性和活泼几乎成了过去时。他似乎很乐意接受像大人一样劳作一整天。给人的印象，是一个从婴儿期直接进入了成年期的小孩。"一年之后，这名观察员发现，"他很担心经济状况，就像他是一家之主一样。看上去压力很大，很忧虑。但对于家里人喊他干的那么多活儿，他很少感到，或者说，从未感到过有意识的反抗情绪"。

艾伦一家。小孩助力的第二个例子，是一个有两个小孩的家庭，他们的调适过程反映了大萧条时期"返乡归田运动"的面貌。5 麦克·艾伦是一名造船工人，1929年收入为1200美元，一年后，他陷入失业。尽管如此，这家人有着更宏大的调适计划——遵循他们长期以来的梦想，"搬到农村去，靠土地生活"。1932年夏天，艾伦一家成功地用自己的房子在西拉斯山脉置换了一个小农场，准备尽快实现自力更生。一家人搬到农场后不久，田野调查员便记录下来了他们全新的农村生活。把各处的记录串联起来，他们的新生活是这样一幅场景：

农场有160英亩[1]，在一个小山谷里，风景很优美，

---

[1] 1英亩=4047平方米。——编者注

周围群山环绕；木材很优质，有橡树、松树和雪松。有些树的直径有 1 米左右。他们把一块几英亩的燕麦田扩大了一点。有一条小溪从农场中间穿过，夏天大概会见底。有一个大蔬菜园，现在还荒着，靠近小溪，可以直接用溪水浇灌。有一个废弃的果园，有 10 棵桃树和苹果树还有希望……这对夫妻对这个地方很满意，很喜欢那里的很多景色。房子很旧，需要维修，但屋顶漏水不严重，冬天也还能保暖，所以他们暂时不管了。

这家的母亲诺拉在 1932 年 11 月给项目工作人员写了一封信，说道"我们有 2 只山羊、2 匹马，很多鸡和兔"。她接着写到孩子们很喜欢这些东西，会照看它们，也会帮父亲"捡木头"。她觉得，"在农场生活就是闲不下来，但我们在这里似乎都过得挺好，也开心。如果能生存下来，我们肯定还是想留下来的"。她提到麦克的弟弟和弟媳也搬了过去，在麦克去 30 英里[1]以外的国家复兴营（National Recovery Camp）工作时，负责照看农场。作为题外话，她提到麦克在复兴营的工作比在农场的工作轻松。那年，桃树有了一点小收成，苹果也收了一些，羊（产奶和供肉食）的数量涨了一倍，鸡、兔也是一样。

1936 年前，这家人说他们已经有了 102 头羊，羊奶和羊肉可以对外出售。"这里的生活比较糙，我们每个人大部分时间都穿着牛仔裤或者连体服，住在户外，吃好睡好，努力干活儿。农场还不足以支撑我们生活，但我们希望有一天能够实现。"她提到，小孩每天都步行往返学校，一共 3 英里路。田野调查员记录到，在上学的那个小孩需要做很多家务劳动和农场劳动，"做得比任何

---

[1] 1 英里 =1609.34 米。——编者注

第 8 章
经济困难时期的生育

上学的小孩都要多"。然而，这家人的农场生存体验在1937年夏天结束了，因为麦克在湾区一家无线电工厂找到了工作。

对于这两家人来说，小孩助力家务劳动，对家庭的生活状况都至关重要，但他们的例子也反映了大萧条时期小孩们在生活上的天壤之别。罗伯特在城市里依靠条件严苛的公共救济克服生活的困难，而麦克则带着一家人离开伯克利去往西拉斯的小农场，度过了一大半萧条期。我们对麦克的婚姻状况和小孩教养情况所知不多，但现有的信息表明，这两家人的情绪氛围都有利于小孩的成长。但显然，罗伯特一家因为在生存的边缘苦苦挣扎，这无疑造成了家里学龄儿童过早成熟，在研究人员看来，那孩子像是跳过了成长期，从婴儿期直接进了成年期。

家庭承压时父母的影响力

大萧条让一些伯克利00一代夫妇在是否多生育这个问题上陷入两难处境，同时，它也让这些家庭的小孩暴露在巨大的压力之下。我们在这一部分探究的问题是，大萧条是否改变了父母的行为方式从而对家中幼儿造成负面影响。在伯克利00一代家庭中，父亲通常是家里唯一的养家之人，因而，他们的失业和收入减少是否会把孩子置入高风险境地，和父亲有很大的关系。第7章中已经提到，面临高风险的孩子大多有一个在大萧条之前就情绪不稳定的父亲。[6]

夫妻双方努力应对收入减少后的艰难处境，这个过程中，他们的婚姻出现了更多的分歧和失调。在很大程度上，这种不和谐的局面，反映出收入减少对丈夫作为养家之人的沉重打击，以及它对家庭生活水平的可怕影响。财务冲突不断增加，婚姻关系变得极为脆弱，尤其当丈夫变得更加焦虑、紧张、易怒时。值得注意的是，我们发现这条通往婚姻关系破碎的道路，在妻子身上并没有体现——收入减少并没有减弱其情绪稳定性从而加剧婚姻矛盾。

当男性遭遇经济打击以及其个人的局限性给家庭生活带来压力时，妻子往往会试着给他提供支持并照料小孩。在1935年之前大萧条最严重的那几年，埃尔德和他的同事对伯克利的幼儿开展了一项研究。[7] 被研究的幼儿从3到6岁不等，正处在对母亲依赖最多的时期。从1930年的访谈记录中可以看到，有一些女性很疼爱自己的小孩，但也有一些不怎么疼爱。我们预测，对子女疼爱程度在中等以上的母亲，在发生家庭冲突时，对小孩会起到保护作用。她们的关爱和养育，大概率能够建立起一种对父亲行为形成约束的文化。但是，在经济窘迫的家庭中，母亲的关爱是否能约束父亲随意惩罚小孩的倾向呢？

有证据显示，家庭收入大幅减少之后，如果父亲还情绪不稳定，那么小孩在面对父亲的随意惩罚时发脾气的概率会显著增加。随意惩罚，大都是看父母的心情，这样一来，小孩无法知道接下来会面临什么。我们对小孩发脾气的严重程度和频次进行了测量。为了确定母亲的关爱是否能保护被研究的小孩不受到父亲虐待的影响，我们按照母亲对小孩关爱程度的中位数将这些家庭分为两个亚组，并且比较了这两个群组中，父亲因为情绪不稳定和收入减少而对小孩随意惩罚（1933—1935年）会对小孩发脾气的行为所产生的影响。

与预测一致，男性如果情绪不稳定的状态持续到大萧条时期，收入大幅减少，随意惩罚小孩，那么很可能会导致小孩爆发坏脾气，尤其是当他们缺乏母亲关爱这一道保护时。[8] 受到所有这些因素影响的小孩，其坏脾气爆发的概率，是受到母亲关爱保护的小孩的三倍。这种差别在这个年龄段的男孩和女孩身上的体现趋同。父亲的随意惩罚行为，是连接他在大萧条以前的情绪不稳

第 8 章
经济困难时期的生育

定和收入减少等情况与小孩发脾气现象的主要纽带，但这种行为只对缺少母亲关爱的小孩有影响。

这样一来，母亲对被研究小孩的早期关爱，导致了 20 世纪 30 年代早期同处于经济压力之下的不同家庭经历了不同的家庭轨迹。一条轨迹通往儿童虐待和之后的问题行为；一条通往更加良性的结果，小孩没有因为大萧条的经济困难和父亲的惩罚而受到负面影响。这两条轨迹之上不同的动态变化，突出了结合不同情境对比家庭进程的重要性。因为这样一来，在回答经济受到重创的家庭中的小孩在 20 世纪 30 年代早期处境如何这个问题时，我们可以得到一个带条件的答案。没有可靠数据显示，小孩的性别与影响结果有关。

经济受到重创的家庭中的小孩，一方面遭受虐待，另一方面可能因为其个人特点而陷入更危险的境地。伯克利指导研究档案资料中，这类儿童早期行为特点的最佳测量工具，是一组问题行为量表，其针对的是在 18 个月大的小孩做出的能够引起父母严厉回应的行为。初步访谈过程中，母亲被问及小孩的情况。量表一共由 35 个反映问题行为严重性的项目组成，研究对各个项目的比例进行了统计。

与小孩爆发坏脾气的情况一致，影响问题行为是否持续的最关键的因素是母亲对小孩表达的关爱。[9] 母亲关爱程度超出平均水平的，小孩在 18 个月龄时存在的问题行为会在 1933—1935 年之前消失。但母亲关爱程度最低、18 个月龄时问题行为严重的小孩，他们的问题行为可能会一直持续到 20 世纪 30 年代中期。问题小孩的母亲们，也很可能有一个难缠的配偶，他在对待小孩上专横武断，多采用惩罚方式。

巨大的性别差异仅在小学高年级时期才体现出来。这种差异体现在经济是否受到重创和出身阶层这两个家庭结构特征上。数据来源于对小学学龄儿童的年度访谈记录。研究工作人员通过一个5分制量表评估了小孩对母亲和父亲的热情程度，得分1代表最不热情，得分5代表最热情。[10] 我们计算了8~10岁儿童得分的平均数。在校正了1929年所处社会阶层的影响后，我们发现，与对父母行为的观察结果一致，经济重创提升了女孩对母亲的热情程度，而减弱了男孩对父亲的热情程度。

小孩的家庭安全感，为我们理解这方面的性别差异对儿童成长的影响，也提供了额外的启示。[11] 经济受到重创的家庭中的男孩相比未受重创的家庭中的男孩，安全感更低，对父亲的敌意更大。相反，经济受到重创的家庭中的女孩，相比未受重创的家庭中的女孩，家庭安全感更高。这反映出，在家庭处境极为艰难的情况下，母女关系温暖人心。这种女性关系，成为大萧条时期经济受到重创的家庭中最强有力的代际纽带，也是在男性支持缺失或匮乏时，亲属关系的一大基本主题。[12]

结合以上观察结果，我们发现，经济受到重创的家庭的社会结构，似乎转变为以母亲作为情感中心和力量来源，而与父亲的关系更为疏远，父亲地位更加边缘化。这种家庭结构，对子女的发展带来了重大影响。家庭在经济受到重创后，男孩在父母关爱上的缺失，往往会比女孩更多。在父母心中和在家庭事务中，男孩更加边缘化，女孩则更加重要。

男孩父母的婚姻状况，比他对父亲或母亲的感情，更容易反映他在大萧条时期的家庭经历。母亲在男孩的早期生活中扮演着重要角色，所以她能够通过自己的态度和解读，控制父亲行为的含义。如果父母存在婚姻问题，那么母亲的这种解读可能最不友好。这也就表明，1930—1931年父母的婚姻契合度，对男孩在大萧条时期的经历有重大决定性影响。

我们发现，如果父母合不来（低于平均水平），那么小学高年级在读男孩（8~10岁）的家庭安全感会因为经济重创而受到的打击最大。婚姻关系脆弱与经济重创和缺乏安全感之间的相互关联性最高。但是，这个结果没有发生在女孩身上。婚姻关系的牢固并不会增加女孩的家庭安全感。父母关系不好比父母关系好，更可能会提升女孩的家庭安全感。这一发现印证了我们有关女性代际关系紧密的看法，即这种关系，往往在男性缺乏家庭权威的时候变得深厚。

这些影响和结果，在男孩和女孩的性格上有怎样的体现呢？暴露在婚姻冲突和严重暴力之下的经济受到重创的家庭中的男孩，相比遭遇同一处境的经济未受重创的家庭中的男孩，目标定向能力更低，抱负更小。他们的顺从性非常高，而应对逆境的能力极差。著名心理学家 M. 布鲁斯特·史密斯（M. Brewster Smith）指出，一方面，这种行为模式反映了一种因果循环，想象和实际的挫折，让人变得"不愿意尝试"；[13]另一方面，我们通过数据发现那些有幸遇到父母相互扶持的家庭经济受到重创的男孩身上几乎没有这种情况。自信和自我肯定，是这些年轻男孩，相较于那些问题情况被父亲婚姻冲突放大的男孩的主要优势。

在20世纪30年代早期陷入经济重创和父母婚姻冲突双重压力之下的男孩身上，具有明显的"习得性无助"的行为特征（情绪消极、逃避、被动）。在某些方面，他们的家庭生活中有一些自己无力控制的糟糕情况。而众所周知，这种情况，对于习得性无助这种行为模式的养成至关重要。[14]当父母之间存在婚姻矛盾时，经济重创使得父母消极对待男孩，导致父母行为捉摸不定以及父亲家庭角色失调的概率显著增加。一方面收入减少或者失业，另一方面缺乏伴侣亲密关系的情感支持的男性，相比获得伴侣支持的男性，对儿子的漠视和苛刻程度更高。

父母关爱的缺失，包括父亲和家庭生活失序带来的不确定性，似乎合理地成为连接20世纪30年代的经济重创和经济困难时期缺少父母支持的男孩身上出现问题行为这二者的纽带。与父亲相处的痛苦经历，鲜活地停留在伯克利男孩的童年回忆中。[15]其中一个男孩回忆道："我觉得他从来没认真听过我说话，也没有真正的了解我……和他相处，我通常都感到害怕、担心、心惊胆战。"

生育却无力养育

回顾大萧条十年，我们能够更清楚地感知，对于00一代男性和女性而言，在这样一个时期组建家庭，生儿育女，给小孩他们所需要的关爱和照顾，是一件多么具有挑战性的事情。那些在大萧条期间损失惨重的家庭，肯定是这种情况。不过不要忘记，也有很多夫妇并没有遭遇这样的打击。他们收入减少的幅度，要小于生活成本下降的幅度，但他们仍然活在恐惧之中，害怕灾难也会降临到他们头上。朋友、亲戚和周边邻居的不幸处境，让他们时刻恐惧着继续生育这件事情。

对于经济条件倒退的家庭来说，如果他们当时还面临着其他方面的难题，不论是经济上的、心理上的，还是婚姻上的，那么他们的生活处境将更加艰难。有些男性不得不搬回父母家与父母同住，父母原来只是怀疑他们自力更生的能力，但现在他们的判断得到了证实。在大萧条之前精神紧张、易怒的男性，因为经济问题严重化，以及与妻子和岳父母冲突的加剧，变得更加暴躁。这种情况发生次数越多，夫妻之间的分享欲越低，夫妻关系也会更加脆弱。夫妻之间的情感破裂助长了家庭功能失调，让或大或小的家中儿女，面临更大的不幸。尽管母亲的关爱通常能成为女儿与不幸之间的保护屏障，但儿子就没那么幸运了。

成长意义上的这种性别差异，在很大程度上取决于1932—

第 8 章
经济困难时期的生育

1934 年经济危机全面爆发时伯克利被研究儿童的年龄大小。当时，他们仍处在严重依赖父母照料的年龄，但男孩获得父母关爱的概率比女孩小。在经济受到重创的家庭长大的男孩在这种不幸处境下陷入心理弱势的概率比女孩大。有关加利福尼亚州奥克兰市的一项儿童对比研究证实了男孩的心理弱势，项目研究对象比伯克利指导研究中的儿童大 7~8 岁不等（奥克兰的这些小孩生于 1920—1921 年）。[16] 这一出生队列的男孩已经到了可以承担家庭责任和社区责任的年龄。相比伯克利指导研究中的男孩，他们因为父母争吵受到的影响更小，因而也更独立、更自信。

相比之下，家庭经济受到重创的奥克兰女孩，正处于生理、社交和性成熟期，她们被迫承担起家庭的责任，且常常没有漂亮的衣服穿出去参加同龄人的社交活动。因此，大萧条时期的经济困难给她们带来的负面影响比伯克利女孩更大，伯克利女孩在早年成长的关键时期得到了母亲的关爱和支持。如果把人生期望上的性别差异考虑进去，那么这两组出生序列的儿童之间的差异（奥克兰儿童与伯克利儿童），符合诺曼·赖德（Norman Ryder）的观察结论，即每一个出生队列都会经历历史变化，"他们之所以大不相同，主要取决于他们处在哪个人生阶段"。[17]

我们看到，经济受到重创的家庭中的父亲和母亲，在大萧条时期对小孩产生的影响截然不同。父亲作为家里主要的或唯一的养家之人，大家对他的期待是成为家庭社会经济地位的支柱。然而，大萧条时期男性大规模地受到冲击，给他们的家庭造成困难，从而也破坏了他们及其家人的情绪健康。他们在 20 世纪 20 年代情绪不稳定的状况，引发了婚姻矛盾和儿童虐待行为。这些家庭中的幼儿主要依靠母亲的照料和情感庇护。但是很多小孩，尤其是男孩，缺乏这种支持和庇佑，这种情况所带来的结果，一直伴随着他们走进青春期，走进成年。

第 9 章

亲属之间

毕竟我们条件还不如现在的时候都接济过了。

——某伯克利 00 一代女性

经济困难，意味着亲属之间开始奋力地相互接济和共享资源，他们手中的资源和处境各不相同，卷入其中的亲属，上至祖父母，旁至兄弟姐妹，既有男方家庭，也有女方家庭。大萧条十年间，几乎没有哪一个伯克利家庭没有接济过别人，或者接受过亲属的接济。在这期间，80% 的家庭参与过某种形式的物资交换或传递。

众所周知，亲属关系会随着各个家庭和各代人的经济状况而出现波动。[1] 迈克尔·安德森（Michael Anderson），在英格兰兰开夏郡棉花产业不景气的时期曾写道："随着危机逐渐升级，越来越多的人卷入其中，'抱团取暖'的现象多了起来。越来越多的房子空了出来，两家人同住，共担房租、燃气，共享资源的情况越来越多。"[2] 多年以后的大萧条期间，一名伯克利女性也描述了类似的模式，她回忆说"似乎每隔两户就有一户空着"。

本章中，我们将探讨伯克利各家庭和各代人，在大萧条十年期间亲属接济的两种形式。一是一般意义上的物质资源（金钱、食物）的施济和受惠；二是同住，以共享或节省资源，要么是搬去亲戚家（作为客方），要么是领亲戚进家门（作为主方）。

两种接济形式，都涉及我们在前几章中提到过的调适策略：向方的情况。[4] 在伯克利 00 一代家庭的这段生活史当中频繁出现的亲属，不论是作为资源还是负担，他们大都对伯克利 00 一代家庭的生活产生了影响。因此，我们的研究对象，是人类学家雷蒙德·弗思（Raymond Firth）及其同事所称的亲属当中的"有效集"（effective set）。[5]

亲属接济和依赖性很可能呈现出波动的情况，这种波动与经济状况的变化有关：1929 年接济现象突然增多，大萧条谷底期达到峰值，随后呈现下降趋势，直到 20 世纪 30 年代末第二次经济衰退。这种"大萧条模型"反映出在大萧条到来之前各自身处不同处境——社会阶层和家庭发展阶段——的伯克利 00 一代家庭在接济上和在经济困难时期的互动情况。[6] 身处工人阶级且男性家长属于较晚出生队列的 00 一代家庭，可能在经济衰退期到来之前就已经在某些方面对亲属存在依赖性了，因此，1929 年收入开始减少之后，他们的这种依赖可能持续。

每个家庭在亲属施济和受惠方面的情况，取决于身边的亲属数量，以及他们在大萧条期间的经济状况。理论上，身边的亲属网络越发达，这些亲属物质实力越雄厚，那么这些家庭在接济收入大幅下降和失业亲属上的压力就越小。伯克利的样本当中，当时有略多于 80% 的夫妇，双方都至少有一位父母健在，他们的父母约有 67% 在 1931 年都住在大湾区。根据 20 世纪 30 年代亲属经济状况的相关资料，我们以各家庭当时（1929 年）的阶层地位为基础，预测亲属经济需求情况——阶层地位越低，亲属接济需求量大的可能性越高。

"接济"，可能暗含需要做出牺牲，从而影响自己的生活水平，在亲属关系当中尤为如此。[7] 为什么经济窘迫的家庭愿意帮助贫困的亲属？这种行为超脱于个人利益之上，涉及亲属关系的道德属性。人类学家迈耶·福特斯（Meyer Fortes）认为，亲属关系

第 9 章
亲属之间

道德的核心特点是"规范性的利他主义"（prescriptive altruism），在这种观念之下，"分享是一种不假思索的举动"。[8] 长期的互助成为可能，"因为其动机不是互惠互利，而是道德"。[9] 这种观点的基础，是舍己为人行为的一般动机和期待。

大萧条期间，那么多的家庭面临着迫切的生活需求，未陷入困境的家庭，或许更加强烈地感受到他们有伸出援手的义务，尤其是当经济窘迫的家庭因为生存问题而苦苦挣扎之时。[10] 如果不是出于道德动机，那么在互惠的可能性不确定的情况下，人们在做出选择时会权衡更多，包括权衡援助方式和援助程度，这无论是对于贫困家庭还是条件优越的家庭而言，均是如此。做选择时，他们会考虑受惠对象的需求和价值，通过其他亲属的资源情况判断他们是否有帮助义务，以及他们与受惠对象家庭过往互相帮助的历史。[11]

伯克利中产阶级家庭——尤其是经济未受重创的家庭——在如何合理应对经济窘迫的亲属之需求的问题上感到吃力。一些因素让施济决策变得复杂。其一，这些家庭基本上没有经历过需要亲属接济的经常性危机（例如，因为疾病丧失劳动能力或失业），这种危机更多地发生在工人阶级。是否施济，向谁施济，如何施济——以及如何开口寻求接济——这些问题对于中产阶级来说都比较陌生。其二，他们的价值观（例如，隐私和自主性等观念）让他们更厌烦需要接济的亲属，因为在他们看来，这些亲戚的需求关涉的是一个人的自主性和经济安全。[12] 其三，面对多个家庭成员寻求接济，他们经常在众多亲属的需求，或者女方家庭和男方家庭的需求之间顾此失彼，这一点后面会详细论述。所有这些因素加在一起，在施济问题上，引发了社会学家罗伯特·默顿（Robert Merton）与埃莉诺·巴伯（Elinor Barber）所称的"社会学矛盾"。[13] 一方面，这些家庭希望履行他们的亲属义务，提供救济；另一方面，他们希望保障自己的生活，同时不因为接济对象、接济内容和接济方式等问题引发冲突。例如，有一个中产阶级家庭，丈夫是一名专业技术人员，整个大萧条期间，他的工作没有受到影响，家里有三套房。一名研究所工作人员通过与他们的接触，发现这位丈夫很担心那些需要经济援助的家人的情况。好几年内，他每个月都给他的姐妹和父母一笔钱，但在他妻子看来，他的家人是"寄生虫"。

如果要观察大萧条时期亲属政治的全貌，则需要考虑夫妻与父母同住的情况。因为这种情况下，夫方与妻方的亲属会成为争抢稀缺资源的潜在和实际竞争者。当压力使得夫妻一方的主要效忠（allegiance）对象从配偶转为父母，尤其是当丈夫发生这种转变时，资源的争抢会威胁自身婚姻的稳定。丈夫效忠妻子，意味着当他父母批评妻子的时候，他会站在妻子一边，不会让父母干涉进来，影响她作为妻子和持家之人的地位。但在男方亲属看来，这可能意味着他们怀疑妻子试图让丈夫疏远他们，或者妻子更偏袒自己一方的家庭而不是男方的家庭，或者她没有照顾好他，等等。妻子可能讨厌丈夫父母对他的控制，因为实际上，这种控制"巩固了丈夫在父母面前作为孩子的角色，而不是在她面前的丈夫角色"。[14]

协调血亲关系与婚姻关系上面临挑战，与或许能称之为亲属救济上的"万不得已之选"——与父母一代同住，尤其是与男方母亲同住——有最直接的关系。不管是作为主方还是客方，同住的选择，是所有美国家庭寻求亲属接济时的最末选项，但20世纪30年代难以承受的经济困境通常会让一些家庭没有选择。[15] 从有关隔代同住的相关资料来看，在经济状况相差不大的情况下，相比核心家庭，在20世纪30年代与父母一代同住的家庭发生冲突、情感矛盾和关系紧张的情况更多。[16]

当有必要和父母同住时，一些因素往往促成这些家庭与女方亲属同住，包括妻子在家中处于核心地位、妻子与自己一方的亲属相处的比和男方亲属更好，以及丈夫一旦效忠于他自己的父母会威胁婚姻关系的考虑等。这种倾斜在对美国家庭的调查中更为普遍，且无疑反映出女性与公婆的关系可能面临挑战。因此，我们预测，在大萧条时期与伯克利00一代家庭同住的亲属当中，绝大部分是女方亲属。

但是，在施济上，我们有充分的理由预测，男方家庭作为施济者的情况更多。对于陷入贫困的男性来说，最好的选择之一是依靠自己父亲的资源，因为这种做法让他们自尊受到伤害的风险比向岳父母或女方家庭寻求接济要小。

物质接济的施舍与接受

家庭所需的各方面物质接济在1932—1933年达到最高水平。从1929年到大萧条谷底期间，有过施济和受惠经历的00一代家庭比例从23%迅速上涨到41%，而后缓慢下降，到1936年年末，降到大概只有25%。考虑到接济方式的多样性，以及这个话题在家庭生活中通常比较敏感，对接济现象普遍性的预测必然是保守的。考虑到亲属相互接济的传统，我们几乎可以肯定，有一部分情况没有统计上。

在每个时期，一个家庭扮演施济者和受惠者的可能性差不多，但他们很少在同一年内同时扮演两个角色（3%或更少）。即使在大萧条期间一段长达四年（1932—1935年）的时期内，大多数受惠家庭也没有向任何亲属施以经济援助的回报行为。困难程度和施济能力以及亲属的需求程度，是决定回报行为发生时点的重要因素。我们发现，仅接受过一年的接济的家庭才有小范围的回报行为，他们当中有一半家庭曾经在大萧条期间帮助过其他亲属。我们不知道物质接济伴随着什么样的共识和期待,以及作为施济方的亲属具体经济状况如何。一个可能的预测是,如果接济方式是借款,那么回报概率更高,回报时间周期更短——但即使是这种情况,周期限制也取决于亲戚的生活状况以及用其他无形方式给予回报的考虑。

中产阶级和工人阶级家庭在 20 世纪 30 年代施济和受惠的情况大致与他们的经济状况一致。对于工人阶级家庭来说,困境降临得更早,困难程度更为严重,这部分因为 20 世纪 30 年代末经济的短暂下行,困境持续时间往往也更久。整个这十年间,无论是作为亲属接济行为的施济方还是受惠方,工人阶级家庭的比重都最高。

这些家庭中有过施济和受惠行为的比例,都在 20 世纪 30 年代早期陡然增加,在 1934—1935 年经历一段下行之后,在 20 世纪 30 年代后半期达到最高值(见图 9.1)。相比之下,中产阶级家庭的亲属接济情况大致与 20 世纪 30 年代早期经济萧条程度及随后经济复苏的轨迹一致,接济亲属的压力缓慢上升,在 1934—1935 年达到峰值。

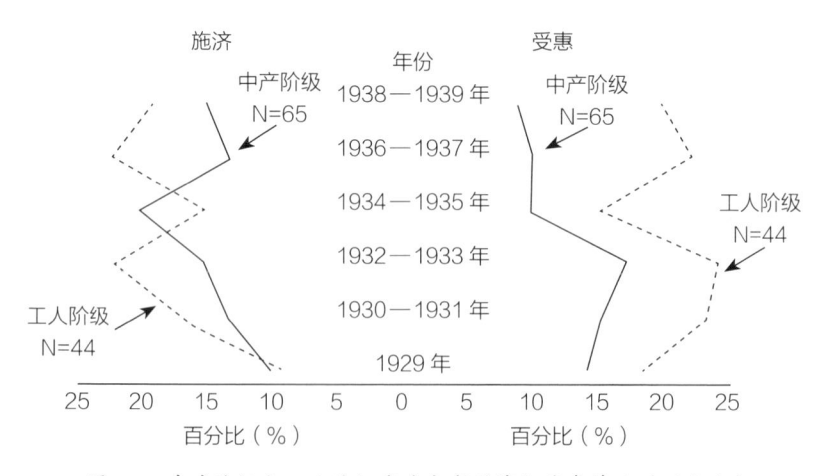

图 9.1　中产阶级与工人阶级家庭各年施济与受惠情况(百分比)

注:每两年为一期,取每年度平均值为期值。

第9章
亲属之间

研究所工作人员很疑惑，工人阶级家庭为什么会在最为艰难的处境下，揽下接济贫困亲属的重担。施济行为需要他们做出的牺牲，似乎与他们的利益相悖。例如，当地一家机械厂的这位领班和他妻子的做法，给我们提供了这方面的鲜活案例。1931年中，他们的收入水平降到1929年的一半，尽管如此，他们依旧继续每月给丈夫的父母打一小笔钱，据说是因为他父母的经济状况陷入了绝望的境地。为了做到这一点，他们自己大幅削减支出，但1932年年末，他们不得不停止了接济。据当时一位研究所工作人员观察，这对夫妇对于"他们无法继续接济"的情况着实忧虑。两年后，这家人重新开始接济父母，尽管当时他们自己的经济状况仅有一丁点改善。当被问到这种行为是否明智时，这位妻子回答道："毕竟我们条件还不如现在的时候都接济过了。"

这个案例或许不能代表所有工人阶级家庭，但我们发现，只有中产阶级家庭才有过明言拒绝接济亲属的现象，且拒绝的同时还带着厌恶和敌意。例如，根据记录，有一个家庭"很看不惯男方的叔叔，他们觉得，一旦满足了他的要求，下次他还会来要"。在另一个家庭的记录中，家访员写道："丈夫对妻子往家里送东西的行为很不满，他觉得他们可以找其他人接济。"尽管有些家庭当中，夫妻双方都有这种情绪，但夫妻双方各持己见的概率似乎更大。

以上接济模式表明，与中产阶级家庭不同，工人阶级家庭把亲属看得比邻居和朋友更重要。战后对旧金山的相关研究也反映了这种阶层差异，其他研究人员对此也有过论述。[17] 翻查1930—1935年的个案材料后，我们找到一小组在亲属社交活动上和朋友与邻居间社交活动上的投入至少持平的家庭。正如预测的那样，这种模式在工人阶级中最为普遍，尤其是那些有外国血统或信奉天主教的家庭。即便校对了种族和宗教的因素后，仍有一半的工

189

人阶级家庭高度参与亲属活动中,相比之下,这类家庭在中产阶级家庭仅占比21%。

谁在帮助伯克利00一代家庭渡过经济危机上发挥的作用最大?是男方父母,还是如我们所预测的那样,是女方的父母?我们发现,在1930—1935年间,存在两种模式。首先,无论是中产阶级家庭,还是工人阶级家庭,其与女方亲属而不是男方亲属之间的互动都更频繁。其次,对于中产阶级家庭而言,与父母的亲属关系比与"其他亲属"之间的关系更重要。无论是男方还是女方家庭,中产阶级家庭与父母频繁互动的概率都高于与其他亲属(主要包括兄弟姐妹)的互动。

这种规律在工人阶级的男方家庭当中也有体现,但女方家庭情况不同。女方与父母的互动和与兄弟姐妹的互动频繁程度不相上下。整体上这种分布情况基本与当时的历史记录一致,即女性承担了维系家庭关系方面的大部分工作(写信、打电话、拜访)。在对身份地位敏感的中产阶级中,父母子女关系相比兄弟姐妹、姑舅伯姨关系更加紧密,而工人阶级的兄弟姐妹之间更加团结。[18]

主要扮演施济者和主要扮演受惠者的家庭在亲属互动的主要形式上也存在差别,这一点也与预测一致。在1932—1934年间,受惠过的工人阶级家庭,其施济来源大多是男方亲属。中产阶级家庭中,施济者更多是女方家庭。无论接济模式如何,在家庭互动方面,中产阶级家庭多向女方亲属倾斜,而工人阶级家庭多向男方亲属倾斜。中产阶级家庭中,无论是与男方家庭还是与女方家庭,不论作为施济者还是受惠者,其互动都发生在与父母之间,而没有发生在兄弟姐妹和祖父母之间。而对于施济过的工人阶级家庭而言,其他(非父母)家庭成员在其社交圈中更为重要。

如果我们把亲属互动作为亲属交换的证据,那么数据显示,在经济困难时期,男性与自身一方亲属保持联系的可能性更大,

第9章
亲属之间

且中产阶级男性向父亲求助，比向兄弟姐妹求助的可能性更大。提供过救济的家庭，其施济对象大多数为女方亲属。中产阶级当中，物质接济一般流向了女方父母；而工人阶级当中，物质接济一般流向了女方的兄弟姐妹或其他亲属。

截至目前，我们在不考虑家庭阶段因素的前提下，考察了亲属物质接济的阶层模式。家庭阶段涉及的是男性家长在大萧条时期的年龄大小。鉴于伯克利样本的规模较小，我们需要采用逐步回归法，先分析阶层差异，再引入经济重创与家庭阶段这两个因素。以经济重创和人生阶段为变量时，20世纪30年代的亲属接济与需求模式呈现出很大差异。

我们之前提到的"大萧条模式"显示，大萧条最严重的那几年，施济和受惠现象达到峰值。相比之下，"生命历程模式"下存在两大趋势，一是较晚出生队列的家庭对亲属的依赖逐渐减少，而较早出生队列的男性作为家长的家庭，承担接济者角色的家庭比例增多。而经济重创与家庭阶段的相互作用，指向三大假设模式：较晚出生队列的经济未受重创的家庭有过短暂的接济需求；较早出生队列的经济受到重创的家庭对亲属的依赖性一度上升；收入损失严重的较晚出生队列的男性家庭，需持续依赖亲属支持。

为了评估施济与受惠行为的趋势，我们首先以经济重创作为变量，考察中产阶级和工人阶级家庭亲属间物质支持的模式。接下来，我们引入家庭阶段，作为可能影响施济与受惠行为的变量。

以社会阶级和家庭阶段为变量

没有遭受重大经济损失的伯克利00一代家庭，欠亲戚们人情债的现象很少。大约不到17%的家庭，不论是中产阶级还是工人阶级的经济未受重创的家庭，曾在 1930—1936 年接受过帮助。这个比例没有比他们在 1929 年的依赖程度高出多少。接济现象集中发生在经济受到重创的家庭，20 世纪 30 年代早期，其接济发生率陡然上升，到达峰值后开始下降。纵观整个十年的情况，受惠行为上的阶层差异十分显著：不到 15% 的经济未受重创的中产阶级家庭在 20 世纪 30 年代受过接济，而经济受到重创的工人阶级家庭中，这一比例达到 80%。

结合社会阶层和经济重创这两个变量，我们可以获知理解亲属经济需求以及资源共享文化方面的关键信息。依赖程度上的阶层差异仅仅出现在经济受到重创的家庭群体。在 20 世纪 30 年代上半叶，近 67% 的工人阶级经济受到重创的家庭曾经接受过亲属的接济，而经济受到重创的中产阶级家庭中，这个比例不到 50%。到 20 世纪 30 年代末，超过一半的经济受到重创的工人阶级家庭仍未摆脱这种处境，然而，经济受到重创的中产阶级家庭中的这一比例逐渐减少，仅剩约 33%。

经济需求和共享模式都在工人阶级中体现得最为明显。在 20 世纪 30 年代下半叶，经济未受重创的工人阶级家庭施济行为最多，超过 40% 的这类家庭曾承担过施济者的角色。在持续的经济困难和互惠规范的双重作用下，经济受到重创的工人阶级家庭作为施济者的比例逐渐上升（1929 年至 20 世纪 30 年代末）。工人阶级家庭中有回报接济行为的家庭比例，比中产阶级家庭更高（分别为 42%、21%）。

家庭所处的人生阶段对其成为施济者或是受惠者的倾向也有影响。图 9.2 按照年份和人生阶段统计了施济家庭和受惠家庭的比例在大萧条之前，男性家长属于较晚出生队列的家庭，仍处在职业生涯和收入潜力的发展初期。因此，他们的资产和收入往往不足以应对家庭规模扩大而带来的需求。那一时期，他们当中有超过

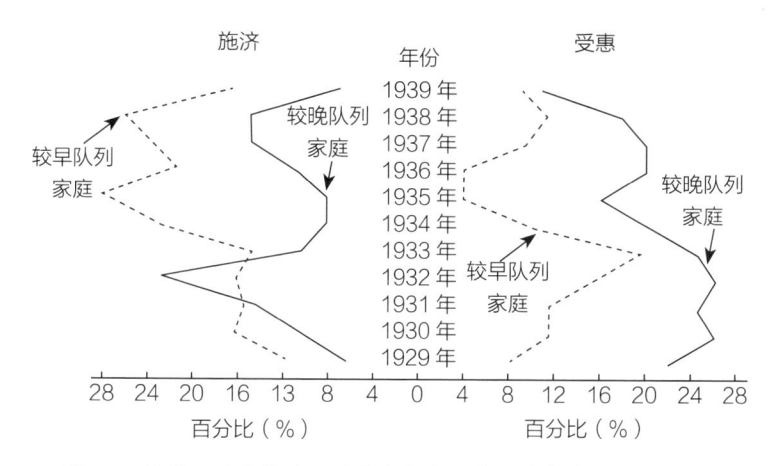

图 9.2　较早队列和较晚队列家庭各年施济与受惠情况（百分比）

20% 的家庭在接受亲属的接济，这一比例是男性家长属于较早出生队列的家庭的 2 倍。他们的受惠比例本应该随其年龄阶段上升而下降，但大萧条时期的经济困难似乎推迟了这种变化模式。

实际情况是，不论阶层和经济是否受到重创，整个大萧条十年期间，较晚出生队列的家庭的亲属依赖程度一直都更高。通常，人们可能预测较早出生队列的家庭的施济行为比依赖行为更多，但大萧条迫使这个群体当中的一些家庭不得不选择依赖。把他们的职业发展轨迹描述为大萧条式的轨迹再合适不过——在 20 世纪 30 年代大萧条最严重的那几年达到顶峰后开始下降，然后在第二次经济衰退期又小幅度上升。因此，对于两个年龄群体的家庭来说，经济大萧条以不同的形式发挥着它的持久影响，然而，每个群体都偏离了基于"标准"生命历程所预测的结果。

施济行为也偏离了生命历程的标准模式。经济开始衰退时，较晚出生队列的家庭相比较早出生队列的家庭，能够提供给亲属的资源更有限。相比之下，较早出生队列群体的职业道路基本按照生命历程的预期轨道在发展——施济行为从 1929 年到 20 世纪 30 年代末有所提升。如果考虑到 20 世纪 30 年代早期的家庭需求情况，这种路径似乎有些惊人，但它其实反映了两个社会阶层群体的不同趋势。在较早出生队列的家庭群体当中，中产阶级的施济行为增长缓慢，到20世纪30年代末到达顶峰，然而，工人阶级家庭的施济行为在1932—1933年到达高点。这种差异在很大程度上反映了工人阶级亲属需求上的累积压力更高。

如果进一步聚焦工人阶级群体并精确考虑经济重创的因素，我们对较早出生队列的家庭和较晚出生队列的家庭的施济行为可以获得更清楚的认识。从图9.3中可以看到，两个年龄群体中的物质施济行为都集中在经济未受重创的家庭，但家庭所处的人生阶段对长期模式有一定影响。在较早出生队列中的经济未受重创的家庭群体当中，施济行为在1932—1933年达到峰值，比例为30%多一点，其后开始缓慢下降，到20世纪30年代末降到仅10%。在较晚出生队列中的经济未受重创的家庭群体当中，施济行为在1934—1935年增至50%，到了1938—1939年仅有小幅

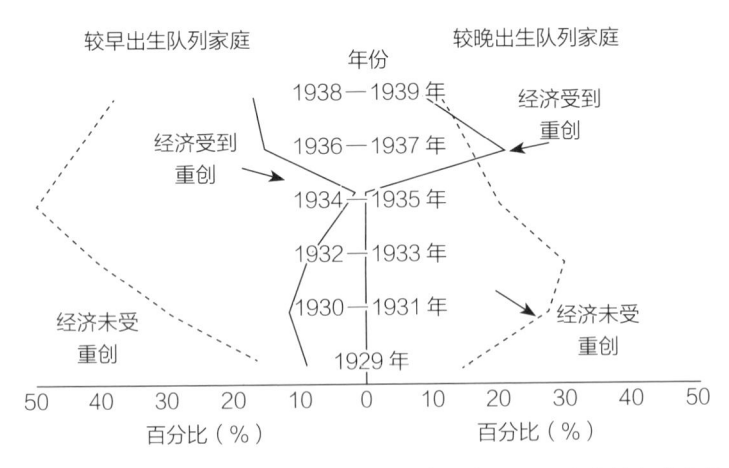

图9.3 工人阶级家庭向亲属施济情况，按事业阶段、经济重创程度和年份划分（百分比）

注：较晚出生队列组包括13个经济未受重创的家庭与11个经济受到重创的家庭，较早出生队列包括13个经济受到重创的家庭和7个经济未受重创的家庭。

下降。整个十年期间，这一小群较早出生队列中的经济未受重创的家庭身上肩负着施济亲属的沉重负担，与较早出生队列中的经济受到重创的家庭在施济行为上的低比例之间形成了最为鲜明的对比。

家庭是否受到命运眷顾而没有陷入贫困，这成为20世纪30年代资源共享模式的最重要的决定因素，但并非所有经济未受重创的家庭都参与了进来。这方面的差异，在很大程度上都可以从亲属需求、价值观以及资源情况——以社会阶级、经济重创和家庭阶段为指标——等方面做出解释。工人阶级家庭群体接济行为更为普遍，这既符合这个阶层的需求，也符合它们的文化。

较早出生队列中的经济未受重创的家庭，相比较晚出生队列中的同类家庭，有更好的资源共享条件，且共享的意愿也更高。较晚出生队列中的经济受到重创的家庭在大萧条来临之前的依赖性就强，在大萧条十年期间的大部分时间也都保持着高水平的依赖。在1932—1933年领过公共救济的家庭，约有67%在1929年就已经领过。经济重创使得这个群体陷入长期的依赖地位。

从档案材料里，我们基本没找到亲属接济行为相关的心理动态变化方面的资料，但我们偶尔能看到一些表述，提到某些压力、期待或优先事项的安排，让较早出生队列中的经济受到重创的男性感到生活尤为艰难，甚至无法忍受。即便有着连续二十年甚至更长时间的稳定工作，失业的不幸也会变成了一种武器，某些考虑不周全的亲属会借出它，来质疑找不到工作的男性的人品。例如，某中年手工劳动者就受到了他母亲的这种指责。他失业之后，他母亲每个月往他家里打钱，帮助他们家渡过难关。1933年，在找了两年工作但无果之后，他向家访员诉苦道："我妈觉得我是全国最大的笨蛋，因为我什么工作都找不到。我真希望她自己去试一试，看她能找到什么。"

同住与分居

有关大萧条十年亲属相互接济情况的讨论，把我们带入了最具有私人属性、潜在影响也最大的一类接济方式——共同居住。1935—1936 年美国全国健康调查（National Health Survey）指出，共享住房以及资源，是"经济压力之下的调适反应"[19]。这种方式，与多收入者家庭比例的攀升，共同成为改善这一时期一家多户家庭人均收入的力量。在 20 世纪 30 年代曾经施济过或者受惠过的伯克利 00 一代家庭当中，80% 的家庭也曾经在某一时点与一名或多名亲属共享过住房。

亲属进家门

大萧条时期，为了增加收入，很多家庭都接受房客付费成为寄住客或食宿客。[20] 而这些住客或食宿客有可能不只是陌生人，还有家里人。与亲属同住，有人是为了照顾年老的母亲，而母亲按照市场价值支付住宿费和伙食费，也有人向亲属提供免费食宿。有些情况下，亲属通过劳动来支付合理报酬，例如住进来的母亲帮忙做家务和照顾小孩，这样一来，家中的社会女性则可以出去做挣钱的差事。有亲属也可能每月支付一定费用，例如在家寄住或食宿的亲属，这种模式下，家庭的目标是挣钱，而不是共享资源。

在大萧条十年期间，在接济流向和同住问题上，总体呈现出三种家庭运作和亲属接济的模式：在某个时间段与亲属同住，同时接受或提供过金钱或物品（52%），或者交换过服务或其他非物质资源（11%）；保持独立居住，但交换过物质资源（15%）；或者从未与亲属同住过，也没有提供或接受过物质接济（21%）。

超过一半的伯克利 00 一代家庭曾经在 20 世纪 30 年代的某

个时间段作为主方，把亲属接来同住过，但作为客方与亲属同住的家庭只有 10%。大多数主方和客方与亲属同住的时间都达到三年甚至更长。经济重创的处境并没有怎么影响主方的比例，但工人阶级除外，经济未受重创的工人阶级家庭作为主方接受亲属同住的概率更高，尤其是在大萧条最严重的那几年。经济困难似乎延长了亲属依赖期，较晚出生队列中的工人阶级家庭尤为如此。1932 年，伯克利指导研究中的家庭有八家工人阶级家庭在与亲属同住，有六家因为经济困难、疾病或者婚姻问题而从 1929—1933 年一直在和亲属同住。

一个家庭从核心家庭转为主方家庭或客方家庭，其身份和动态关系均会发生变化。主方家庭通常能维持他们在家庭事务上的权威，尽管有时候可能也会受到已经习惯于掌控自家家务和子女人生的上一代母亲的挑战。妻子的家务义务也可能变得更为繁重，即使在有客方帮助的情况下。对于客方来说，长时间的寄人篱下，尤其是寄住在父母家，通常暗示了其生活上的依赖地位。

尽管这些居住安排在社会现实和心理现实上有所不同，但作为主方或客方与亲属同住，却成为家庭自救行为与依赖"济贫院"——以依赖公共财政为标志——之间的差别。在 20 世纪 30 年代，各类社会机构和新政之下的各类项目背负着沉重的家庭救济负担，如果没有伯克利地区亲属之间共享住房和资源的行为，那么这种负担会沉重得多。然而，这么多家庭需要住在一起的记忆，使得大萧条时期这种亲属同住的现象留给 20 世纪的长远影响当中，可能包含着一种"对核心家庭独立居住的重新认可"。

同住的经历

共同居住的本意是为了接济亲属，然而，在它的本意之外，同住行为产生了一系列始料未及的后果,从文化和权利冲突,到过度拥挤,再到情绪上的焦躁和爆发。00 一代其父母辈的人,如果来自小镇或农村,或者出生在欧洲,那么这种同住安排带给他们的变化肯定会特别快。

亲属进来同住,使得居住空间的社交密度变大,常常导致更多的家庭压力。[21] 随着每个房间集聚的人数增加,居住者面临过于频繁的社交需求以及缺乏隐私的概率变大。数十年来,这些因素被与一系列消极的心理结果和关系结果关联起来。[22] 然而,这里涉及的问题不只是住家规模,还涉及住在家里的具体个人。视健康情况、性格和调适技能而定,有时候,一大家子之外仅仅多进来一个亲属,可能就会让所有人都感觉挤得慌。一个拥挤的家庭加进来一个祖母或外祖母,有时候就是这种情况。

在一名或者更多亲属加入进来之后,家庭成员变得复杂,其地位差异通常呈现出两种模式:男方或女方父母、祖父母加入,家庭结构因而"向上延展";男方或女方兄弟姐妹加入,家庭结构"从旁拓展"。总体上,复杂家庭当中,有 23% 是向上延展,36% 从旁拓展,一些家庭同时会有两类亲属加入从而变得最为复杂。从 1930—1941 年,最常见的加入成员是夫妻一方的母亲或某个兄弟姐妹。这个年代,所有与亲属同住的家庭当中,55% 的家庭的同住人员包括夫妻一方的寡母,且大多数都是女方母亲。只有 17% 的家庭作为主方接进来了夫妻某一方的父亲。

一个家庭在经济大萧条之前的社会阶层和生活阶段(以丈夫年龄而定),与它在 20 世纪 30 年代接受哪些亲属同住有很大的关系。较早出生队列的中产阶级家庭,变成"向上延展的家庭"的比例最高(48%),而变成"从旁拓展的家庭"的比例最低(10%)。后一类的家庭中,43% 都有过同时接受两类亲属的居住史。相比之下,较早出生队列的工人阶级家庭,与兄弟或姐妹同住的概率最大（59%），而与父母同住的概率很小（12%）。较晚出生队列的家庭的居住史也呈现出这种结构，无论其社会阶层如何。当较晚出生队列的夫妇搬去与父母同住，家里通常还有更小的兄弟或姐妹。某伯克利00一代女性在多年后回忆："似乎有相当多的人都搬进有父母、有小孩的家庭，搬进上一辈人的家里。"

从同住家庭的观察记录和访谈记录当中，可以看到隐私和空间等方面的阶层价值观差异。我们从中产阶级家庭对可能需要和自己父母或配偶父母中的某一位同住的反应上，可以清晰地看到这种差异。中产阶级家庭对核心家庭空间与亲属之间的界限划定，比工人阶级家庭更加明确。中产阶级家庭的记录大多都提到某位亲属可能需要搬进来一起住——这时候的用词提到"担心"，或"希望有其他办法解决"，或提到亲属搬进来，而等他们搬走之后，又表示如释重负。例如，某簿记员的妻子在1933年表示，她担心他们可能需要把她婆婆接来一起住。"小孩子们都很喜欢她，但她让我觉得不舒服，跟她住在一起，我会疯掉。"一年后，观察员的笔记记下她的原话："实在太开心，幸亏当时我没有心软让我婆婆住过来。"

代际冲突

大萧条时期家庭成员之间在情绪上的化学反应，与社会阶级、世代身份、家庭归属以及性别等方面都有很大关系。根据1930—1939年的年度家庭记录，我们发现大多数有亲属同住的伯克利00一代家庭，前来同住的都是夫妻一方的家庭成员（82%）。这些不对称的家庭中又有大约67%的家庭仅接受了女方亲属，这项数据与各项横断研究结果，以及与家庭生活的"母系"偏向基本一致。母系偏向造成家庭与女方亲属之间的关系更为紧密，互动也更多。[23]

共有 39 户家庭曾经在某个时间段和上一辈母亲同住，其中有 25 户家庭中的这位母亲都是女方母亲，她们平均居留时间为 3 年。女方母亲居留时间和男方母亲大都差不多，但女方母亲住进来，对家庭与女方亲属之间的互动结构的影响不大。几乎所有接女方母亲住进来的家庭，都增加了与亲属的互动，尤其是与女方亲属的互动。而当住进来的是男方母亲时，家庭与亲属的互动就少很多。

中产阶级家庭相比工人阶级家庭，母亲住进来从而引发冲突的概率更大。女方家庭的馈赠，对男性作为养家人的地位构成威胁。任一方母亲住进来，通常都会导致育儿控制权和依赖方面的冲突。对个人性格的抱怨，在中产阶级家庭出现的概率比工人阶级家庭更多。代际冲突方面的阶级差异与价值观——例如隐私、行动自由等——和家庭类型有关。向上延展的中产阶级家庭接收的是年老的父母，而从旁拓展的家庭接收的是兄弟姐妹或其他亲属。虽然如此，中产阶级家庭关系紧张反映出他们对一些情况存在抱怨，常常是老年人的病痛，或是住进来的某个年长的家庭成员提出一些无理要求。

通过翻查个案材料，我们可以串联起一幅完整的画面，展现年老的母亲住进中产阶级子女家庭之后的情况。以一个家庭为例。1933 年，这个家庭的丈夫生了一场大病，他母亲住进来帮忙照看小孩。很快，她就变成了长期同住，还获得了掌家的权力，这主要是因为丈夫不愿意在她的行为上设限。几年后，当研究所工作人员问起这家人当时的情况，妻子破口而出："哼，实际上，如果不是因为我婆婆，我们家能过得很好。"

档案记录里到处都可以看到敌意和怒气在这个家庭内部暗流涌动。严重的时候，妻子干脆带着小孩直接去外面待上至少小半天。丈夫提到，有好几个早上，他下楼的时候都感觉心情很好，然后因为他母亲说了一些话，他恨不得连早饭都不吃就出去了。用妻子的话说："我婆婆能够以我见过的史上最快的速度在一家人头上蒙一块湿布。"家里请了一个佣人，但据家访员记录，这位祖母"坚持自己做佣人可以做的事情，做完之后，又表现出自己受了很多苦的样子。她不把这家丈夫设定的规矩放在眼里，她对他下命令的时候，他也总犹豫着要不要反对。如果他敢反对，她就马上开始嚎叫，'哎哟，没有人希望我待在这里。我就是个累赘，是个老不死的！'"

但任何冲突之下，都不只有一面之词。我们只有研究所工作人员报告的夫妻两方的说法。不论这位祖母经历了怎样的个人史，在这个千变万化的世界里，她感到不被重视的心情是可以理解的。当年老的中产阶级母亲搬进子女家，她与其他家庭成员之间的代际差异，会因为19世纪末转入20世纪期间发生的巨大的社会变化而变得更加突出。

这种代际差异在高等教育更为普及的新中产阶级当中体现得最为明显。因为在家庭当中缺乏社会角色或职能时，年老的母亲们很可能感到不自在、无用、不被需要或被误解。她们还不能理解女性在社区中扮演越来越多的社会角色，也不能理解小孩子们脑海里的以及与育儿相关的更为现代的观念。中产阶级男性的母亲，因为在一些问题上的决策和行为与受过高等教育的儿媳的习惯性做法不一致，很可能会篡夺在这些问题上的权威。

当年老的父母尤其是母亲，把与儿媳和儿子不同的价值观和信念付诸行动时，代际差异变得尤为棘手。例如，有一位在英格兰农村长大的母亲，她对儿媳宽松的育儿观念有很大意见。她主张在任何可能的情况下都采取更严厉的处罚。儿媳让她不要处罚小孩，但她依旧按照她的价值观强制推行。如果有人指责她，她的反应大都很激烈，经常一连好几天都不和家里人说一句话。

也有一些母亲，在家庭事务没有按照她的意思来运转的时候，会变得"暴躁"。她们想要那个自己熟悉且更喜欢的世界，而不是她们在成年子女家庭里所经历的这个世界。她们批判的观念、焦躁的情绪和不请自来的建议或需求，都是生活在一个瞬息万变的世界里变得陌生和不可逆转时所表现出来的症状。某位女性，作为女儿的她若有所思地说起她希望自己将来"老了之后不会变成这样。我知道母亲就是那样，她自己也没法控制，所以她发牢骚的时候，我就试着让她自己待着"。

中产阶级的男方母亲和妻子之间争夺家庭权威的情况，与妻子的依赖地位有更直接的关系。随着关系日趋紧张，丈夫也很不情愿但不可避免地被卷入这场争斗。某伯克利00一代男性提到，每天晚上回到家门口的时候，他都不禁要想想："好吧，我这会儿进去，里面的气氛会是怎样？"几年后，有一次他从旧金山出差回来，发现他母亲命令他妻子出去住。尽管他很生气，也为此感到"很没面子"，但他也确实爱自己的母亲，而母亲也没有其他地方可以住，这就说明，这种现状将会持续下去，尽管妻子感到不满和绝望。在有男性母亲同住的家庭里，有关婚姻状况日渐恶化的抱怨和妻子批判的声音都记录在了家庭档案里，而这方面的记录，远在大萧条之前就已经出现。

亲属之间相关联的生活

在前几章，我们看到，伯克利00一代虽然遭遇的经济困难程度各有不同，但每个人都为此或多或少地受到了一点影响。这种影响既包括对他们自己生活的影响，也包括对他们子女发展的影响，但如果我们不考虑住在附近的其他亲属在其中所扮演的角色，那么这幅画面还不算完整。这些亲属可能包括他们的父母、叔姑舅姨、成年兄弟姐妹等。在这十年间的家庭记录、观察记录和访谈记录里，我们都可以看到与这些亲属有关的记录。本章我们记述了与这些亲属相关的 00 一代的施济、受惠行为，包括共享住房行为上扮演的角色相关的发现。

无论其是否陷入经济困难，伯克利 00 一代家庭中有 80% 的家庭都曾经在某个时间段向亲属提供过，或者接受过亲属的接济。这类交换行为最突出的特点之一，是在 20 世纪 30 年代末的时候，很多曾经受惠过的家庭又在这个相互依存的生活网络当中，贡献了自己的一份力量。此外，工人阶级中经济最困难的家庭也都挺身而出，向亲戚甚至是家族朋友伸出援手。对于 75% 的家庭而言，接济方式还包括为父母辈或子女辈中的某位提供一个栖息之地。这种接济方式使得很多家庭都避免遭受申请公共福利的羞辱。

伯克利 00 一代家庭没有被问到与亲属物质接济规模和接济方式相关的系统性问题，但他们还是谈到了这方面的情况。大萧条十年结束后，几乎所有经济受到重创的上层中产阶级家庭都从经济损失当中恢复过来。然而，这个群体的伯克利 00 一代家庭可能会拒绝帮助困难的亲属，也经常提到他们不愿意接受年龄大的亲属（例如男方或女方母亲）和他们一起住。

相较之下，工人阶级在大萧条到来之时，其手中掌握的物质资源和社会资源远比中产阶级要少得多，且近半数家庭的收入相较 1929 年的水平下降了一大半。对于他们而言，这种长期困难的局面还将持续到 20 世纪 40 年代和"二战"工业动员时期。大多数没有遭遇失业和严重收入损失的家庭都积极地帮助命运不济的亲属，例如年长的兄弟姐妹和某方的父母。他们为自己的亲属做出了经济上的牺牲，而随着战争年代的到来，这种牺牲既发生在国内，也发生在国外。

大萧条时期家庭收入的短缺导致隔代同住的现象出现。同住导致家庭关系紧张，或许让人们认识到应该优先考虑"核心"结构模式的家庭生活。大萧条时期"抱团取暖"带来的这种结果也算合理。此外，湾区军事工业的发展使得住房对于军工工人们来说又少又贵，很快，伯克利00一代家庭接收租客的情况开始增多。战争驱动的工业发展为20世纪30年代末没有充分就业或无业的人带来了就业机会。劳动力市场长时间的颓靡终于告一段落。

第四部分

大后方的战争

PART 4

随着20世纪30年代接近尾声，大多数伯克利00一代家庭，连同整个社区，都有自己的故事可以讲。大部分中产阶级已经从经济损失中恢复过来，工人阶级也在期待明天会更好。然而，随着德国入侵波兰，乌云开始在欧洲上空盘踞，这一进展促使富兰克林·D.罗斯福考虑是否竞选第三任总统，从而领导美国援助欧洲。大萧条期间，他推行的美国新政保卫了民主，而他也发誓，会以美国不在海外参战为前提，努力维护世界和平❶。

然而，在一系列进展的推动下，全国动员开始了。很快，它将改变伯克利社区的面貌以及此处居民的生活。德国成功入侵欧洲多国后，英国的温斯顿·丘吉尔迫切请求美国提供军事支援，这种变化则是美国对英国求援的回应。1940年，在与日俱增的压力之下，美国国会终于修改了《中立法案》，并通过了《租借法案》❷，使租借计划得以确立。法案的一改一立，让美国可以开始向英国提供战略物资。然而，国家的生死存亡却要求把美国转变为一个战时经济大国和军事大国。

罗斯福与白宫顾问的一场会议上，陆军参谋长乔治·C.马歇尔向罗斯福做了单独汇报，他强调局势已经十分危急，"美国需要认真考虑武装备战了。"[1]他总结道："如果你不采取点行动，或者说不马上采取行动，那我不知道接下来美国会发生什么。"罗斯福不仅接受了他的建议，而且立即向国会提交了一项议案，请求把军队拨款从2400万美元大幅提高至7亿美元，并且拨款配置5万架战机。

罗斯福任用了通用汽车公司的威廉·努森（William Knudsen）❸，一位在汽车行业久经考验的领军人物，来领导美国的战争工业动员。尽管英国局势艰难，努森要说服众工业领袖"转型"，以适应全面动员所需，仍然不是一件容易的事。同时，国会始终拒绝美国参与欧洲战事。然而努森发现，他寻访的各地工业基地都面临老旧化，为了满足即将到来的巨大的战争需求，它们都需要重新振兴。为了强调这项工程的挑战之巨大，他对工业代表们和政府代表们说："为了备战，我们需要在未来18个月内，对国内几乎每一座工

---

❶ 1940年总统大选的民意调查显示，民众虽然支持英国，但是仍然不希望美国参战。为此，罗斯福在竞选第三任总统的选民投票前期，曾多次对选民承诺，美国不会主动参战，会尽全力避免美国参战。——译者注

❷ 《租借法案》于1941年3月11日通过，根据这部法案，美国可以向"与美国国防有重大关系的"任何国家出租或出借战略物资。——译者注

❸ 威廉·努森（1879—1948年），丹麦裔美国实业家，1937—1940年任通用汽车总裁。1940年，罗斯福总统委任其负责工业动员和战时工业生产。1945年7月，随着"二战"走向尾声，他重新回归了民用行业。——译者注

厂都做一次彻底的重新整备。"[2]这番话让台下代表个个瞠目结舌，而美国要成为"民主军火库"，这项整备工作势在必行。

日本袭击珍珠港之前，动员工作对伯克利和湾区的影响一开始源自为英国建造商船的迫切需求。这种需求之所以出现，主要是因为英国商船损失惨重，战略物资供应面临被切断的风险。亨利·凯泽（Henry Kaiser）和他的"六公司"集团，提供了解决方案。凯泽在大型建筑项目上——如胡佛大坝——具有旁人无法比拟的经验，而当时他刚刚转向造船厂和货船建造行业。有了《租借法案》的许可为英国准备的财政资助，在1941年冬季，凯泽同意开始在里士满市的潮泥滩上建造第一座造船厂。在前所未有的短时间内，1942年3月初，为英国制造的第一艘船的龙骨便已铺设完毕。

这个造船厂建造的船只，就是后来大家熟知的"自由轮"（Liberty Ship）。船只采用单一设计，主要部位（例如船头）先在焊接工厂量产完毕，然后通过大型吊车运往船厂造船台。这种方式简化了建造过程，因此也大大提高了劳动力的可选范围。创新的量产化模式使得船厂不再需要依靠稀缺的技术工人，而可以招聘非技术工人。在战争时期，凯泽在湾区建造的造船帝国逐渐增加至4个造船厂，为盟国和美国生产了700多艘商船。到1941年夏，战时生产全面推进，国防支出增长到1940年末的3倍。其后半年内，为了满足英国不断攀升的食物和战略物资需求，国防支出再次飙升至12倍。造船厂和其他军工业的工人拿到了高工资，这大大提升了他们的家庭收入。

1941年冬，日军肆虐亚洲以及英国在生死存亡线上挣扎的局面，把罗斯福政府推向更为紧迫的军事形势。[3]亚洲的战局形势与伯克利和旧金山—奥克兰一带的家庭的日常生活遥隔万里。具有诸多战争动员特征的城市都聚集在沿海，包括从旧金山到圣地亚哥一带的各大海军基地。当时，海军在伯克利和旧金山之间的马雷岛（Mare Island）设有当时最大的船舶修理厂和干船坞。因约翰·L.德威特（John L.Dewitt）领导的第五集团军司令部❶在旧金山市普雷西迪奥基地（Presidio）和周围军营驻扎，使得马雷岛这些设施的存在为人所知。此外，各处的炼油厂、轰炸机厂以及造船厂等核心国防工业设施都在时刻提醒人们，加利福尼亚州可能成为来自太平洋对岸的敌意袭击的对象。

---

❶ 根据史料，德威特领导的应是第四集团军，于1940年秋开始驻扎在旧金山普雷西迪奥基地。随着"二战"逐步推进，普雷西迪奥成为同为德威特领导的西海岸国防司令部（Western Defense Command）所在。但此处原文如此。——译者注

袭击在没有任何预警的情况下突然到来，1941年12月7日，一波又一波的日本军机袭击了夏威夷珍珠港，迫使美国在大西洋和太平洋双线作战。日本对美宣战后，轴心国的纳粹德国和意大利也陆续对美宣战。珍珠港袭击事件给加利福尼亚州居民带来的心理冲击，主要与在州内各大海军基地驻扎的舰队士兵大量牺牲有关。这些士兵在1940年被派驻进来，作为针对日本在太平洋地区侵略行为的防范措施。而现在，这些太平洋上的主力舰要么沉入海底，要么被严重毁损，一个接一个地躺在珍珠港的水面上。对于伯克利00一代家庭来说，他们还需要一点时间才能认识到这次军事袭击的严重性和破坏性。

珍珠港袭击是美国和日本帝国双边关系陷入长期历史性倒退的一个侧面表现，关系同样恶化的，还有日本第一代和第二代移民与加利福尼亚州白人群体之间的关系。凯文·斯塔尔（Kevin Starr）将之称为加利福尼亚州白人的极右运动和极端主义劳工运动。[4]

珍珠港事件之后，在日本潜艇击沉加利福尼亚州海岸的商船和炸毁加利福尼亚州南部圣巴巴拉市的储油罐等事件的刺激下，人们对日本威胁的认识进一步加深。[5]

如历史学家阿瑟·弗奇（Arthur Verge）所言，加利福尼亚州大后方向战备状态的过渡十分迅捷。[6]很快，战备物资生产工厂的窗户都被涂色覆盖起来，工时模式转为24小时倒班制。民防组织先是制定了断电政策，然后是社区和居民区的灯光管制政策。弗奇提道："很快，海岸城市和小镇上，尤其是军工厂和军事基地，纷纷架设了防空高射炮。海岸沿线铺设了长达数英里的带刺铁丝网，以减缓敌军入侵速度。"[7]加利福尼亚州海岸建立了民防系统，志愿者可以通过这个系统在后方支援战事。几千名住户登记成为急救员、空袭守望员、邻里守望员和飞机观察员。

我们对伯克利00一代家庭在"二战"后方情况的观察，正是基于珍珠港袭击之后的大背景。这一时期，伯克利00一代的男性和女性到了四五十岁的年龄。他们的小孩大多在10~20岁。年龄小一点的，在1928—1929年出生的孩子，也已经过了青春期初期，但都还不到"二战"征召入伍的年龄。但他们这个年龄段的孩子很容易受到外界影响，而当时正处在太平洋战争一触即发的节点。也有一些孩子的哥哥参军入伍。

之前长达十年的时间里，大多数伯克利00一代家庭都勉强度日，但也有一些家庭生活优越。在第10章，我们将观察伯克利00一代家庭在度过这十年之后，如何适应战争动员之下的生活。我们先从他们面临的社区环境开始。劳动力不足,部分食物和商品稀缺,以及交通受限等因素,使得社区规模、构成和安全性都发生了彻底转变。在经历了长达多年的工作难找的局面后,伯克利的成年人突然发现,此时的工作多到他们很多时候都忙不过来。他们需要解决紧迫的战争动员导致的工作时间长、生活节奏加快而给父母与子女的日常生活和一家之主的健康所带来的影响。从20世纪70年代记录的口述史当中,我们可以看到很多难忘的个人事件和家庭场景。

后方动员的一大特征在于,它往往牵涉到家里的每一个成员。在第10章,我们看到有很多较早出生队列中的父亲每天工作很长时间,来接替被征兵入伍的人和填补国内经济中的关键岗位,例如运送战争相关物资。有小学生骑自行车送报纸或送货,有各年龄段的女性参与军工生产。在第11章,我们追踪在战时大规模就业的女性群体的情况。她们当中很多人在大萧条期间就已经在外工作,那么,曾经那段经历对她们的战时职业生涯有多重要呢?

战争引发了许多有关伯克利00一代父母和子女的未来的问题,小孩既有十几岁的,也有处在成年早期阶段的。在第12章,我们基于代际框架来探究这些问题。社会在战争动员之下,个人生活和家庭生活节奏加快,这给伯克利00一代父母带来了挑战。他们的小孩在一个新世界中长大,这个世界与00一代所经历的童年及以后的生活有诸多不同。此外,00一代接触到了一种更科学的育儿模式,这种模式与他们对自己童年的记忆相冲突,在他们小时候,小孩"就那么长大了"。

等到战争接近尾声,他们大一点的女儿在考虑上大学的事情,但她们的想法遭到父亲拒绝,父亲希望她们直接结婚。随着武装部队即将遣散,复员军人的归来让她们面临更大的催婚压力。00一代的儿子们因为家里哥哥和朋友参军入伍的经历,"参军"对于他们的吸引力毫无疑问比上大学和工作的吸引力更大,但当时他们当中大部分人都还没到参军年龄。不论如何,1944年《退伍军人权利法》的颁布,让服兵役的吸引力比参加高等教育和职业培训高一倍。1950年,美国参加朝鲜战争,在征兵令下,服兵役再次变成一项义务。截至朝鲜战争结束,伯克利00一代的男性后辈们约有三分之二都服过兵役。

第 10 章

战争对家园的影响

> 我听到珍珠港的新闻之后,我说,天呐,这不可能是真的!我直接号啕大哭起来。它对我的触动实在太大了。
>
> ——某伯克利 00 一代女性

经济大萧条快结束的时候,一些家庭仍陷于贫困,然而几年之后,等到国内开始"二战"动员,他们的经济条件将得到大大改善。战争让国内生产更加丰富,也让美国抛弃了孤立主义政策。大萧条造成了个体的痛苦,改变了伯克利 00 一代家庭的内部状态,而战争则改变了他们的外部状态,人们团结起来,对抗一个共同的敌人。珍珠港袭击事件极大地改变了人们的集体社会经历,也改变了湾区民众和伯克利 00 一代家庭的心态。

1942 年,加利福尼亚州州长厄尔·沃伦(Earl Warren)和州立法机构将州内很大一部分区域划为"作战区"。[1] 加利福尼亚州是美国的"民主军火库",[2] 而湾区则变成了某种形式上的"候车大厅",新兵进来,等着上船被运出去,然后离开。[3] 造船厂和军工业如飓风一般席卷而来,造就了所谓的加利福尼亚州第二场淘金热,但也把居民们吹卷得晕头转向。"一切都发生得太快"是各家各户反复提到的共同感受,居民们感觉他们的社区正处在巨变之际,将迎来许多新机遇和新挑战。

本章我们探究伯克利 00 一代家庭在经历了物质匮乏的十年

之后，如何适应一个新的繁荣期的生活。他们的经历与旧金山湾区和整个加利福尼亚州的战争动员有很大关系。我们首先把目光聚焦在社区，看看社区在面临危险、人口增长、外地人口涌入和战争动员环境下的生活刺激时的变化和调适。然后，我们把目光转向家庭的变化和调适，包括男性战时工作节奏加快、工资水平提升相关的代价和收益，家里年轻人如何协助战事，无人监督的青少年的不良行为，以及在职母亲面临的儿童保育服务危机。

社区变化与调适

把灯光调暗：危险！

在伯克利和奥克兰当地报纸和市议会会议纪要上，我们看到人们当时讨论过，是否需要熄灭或调暗"从金门大桥或从海上可以看到的每一盏灯"。[4] 上面还有教人如何给顶灯上色，以配合断电和灯光管制的记载。报纸刊登的文章和通知提醒人们，在断电和灯光管制期间，不要在外驾车、骑车或步行，居民们被要求"把生命掌握在自己手里"，在个人安全和防范意外、伤害和死亡事件上，承担起"更多的责任"。[5] 考虑到太平洋沿岸有遭到轰炸的可能，伯克利市执政官定期指导民众在城市遭到空袭或其他袭击威胁时如何应对，并且举办全市范围的防御演习。[6] 不论从海岸边还是从山上，人们每天都可以看到海港和旧金山湾里停着很多船舰，一位评论员将它们称为"诺亚方舟"。[7]

深刻的"忧虑"和"弥漫在空中的恐惧"，每天都在向伯克利家庭警示着危险。"我们这里也断电，"某女性说，"你不准放收音机，不准开灯，等等。如果你不照做，他们就把家里的男人拖出去，因为他们觉得你在给什么地方传递信号，或做一些你不该做的事情。总之很可怕。"另一对夫妇讲了一段有意思的经历，从中，我们可以看到危险迫在眉睫。

> 我们当时在开车往海边走，然后断电了。断电的时候不能开头灯，所以我就试着开雾灯，但在按按钮的时候出了点问题，我不小心把灯开关了好几次。山上明显有岗哨，紧接着，两名荷枪实弹的人就过来警告我们，他们觉得我们在给海边什么人发信号。他们让我们立即把灯关掉，后来我就摸黑往前开了。

在普遍的危险意识的推动之下，州战争委员会（State War Council）在加利福尼亚州沿海区域，包括湾区在内，建立了一套民防体系：市国防理事会下设镇理事会，镇理事会下设地区平民保护机构。[8]这些机构的设立，促发自愿服务的规范快速形成，数千居民加入民防，为后方战事贡献自己的一份力量。他们担任空袭守望员、邻里守望员、断电执行人员、飞机观察员、海滨巡防员、急救员和很多其他角色，还承担了很多其他任务。1943年4月，伯克利志愿者办公室的名录上一共有1.5万名志愿者登记在册，每个条目都记载了志愿者的姓名和技能。[9]各家的窗牌上，对有陆军中尉、海军上尉和守望员的家庭，以及有儿子牺牲在战场的"金星母亲"进行了特别标注。这些角色是个人荣誉感的重要标志，也是实现团结互助和社会活动的重要途径。

繁荣小镇：走向秩序和失序

加利福尼亚州淘金热（1848—1955年）孕育了很多"繁荣小镇"，指因寻求财富的人们大量聚集而突然崛起和迅速扩张的聚集地。这些地方成为经济的希望，带来了经济的繁荣，但同时，因为住房、医疗、教育和物资供应不足以满足一拥而入的人口需求，它们也造成了社会的失序和生活质量低下。一个世纪之后，成为战时繁荣小镇的东湾地区，也将呈现类似的特点。

新闻报道记叙了当时在美国总体平民人口数量有所下降的情况下，太平洋沿岸地区、旧金山和东湾地区人口数量出现大幅增加。例如，从1940—1943年，美国平民人口数量下降了2%，而太平洋沿岸地区平民人口数量上升了8%，加利福尼亚州平民人口数量更是上升了13%。[10] 这一时期，东湾地区一共增加了10万人口，伯克利和奥克兰市人口增加了20%。[11] 截至1944年，仅凯泽在里士满附近的造船厂就雇用了10万人以上，[12] 而湾区一共有30个造船厂。[13] 然而，如某位《伯克利报》的读者所言，"未解之谜"是，"我们把这些人安置到哪里去了？老实说，根本没有安置。"[14] 于是，社会各界开始关注一个重要问题：在没有相应基础设施支持的情况下，如何应对前所未有的人口增长和创新高的人口密度？伯克利的拖车公园和帐篷营地内，开始有"稳定的移民"长期居住，其中有一个营地一共居住了1300人，这种现象也引发了公众争议。[15]

人口大规模流入导致住房供给短缺，有阻碍关键军工业生产活动的风险。动员运动的主导地位也让没有在军工行业就业的伯克利居民担心自己是否有可能被要求迁居，令其深刻地感受到其无法掌握自己的命运。这种担忧并不是空穴来风，当时伯克利市正在考虑，"非战争工作或市政府管理所必要的"市内居民和家庭是否有可能"暂时全部搬出军工业区"。[16] 实际上，伯克利鼓励所有在本地持有住房的人尽可能"搬到州内住房不太紧缺的地方去"，把他们的房子让出来给军工工人居住，或者"对家里的布置做一些小调整，以便其他家庭可以一起住进来"。[17]

尽管根据住房相关法律，出租房屋不是一件简单的事情，[18]市政府相关政策也要求私人房主需要经过登记后方可出租房屋，[19]但"二战"导致成为房东的伯克利00一代家庭数量急剧上升。[20]这批军工工人及其家人大规模涌入的时期，正值伯克利00一代家庭中大一点的儿子和女儿离开家庭的时候。我们无从知晓，当时有多少伯克利00一代家庭向外人或其他家庭提供过住宿，这方面的数据在战时没有系统记载。但是，从档案里面，我们偶尔可以看到相关的记录。有一名家长表示，家里最大的儿子去参军了，1942年圣诞节的时候，有三名年轻的军工工人住在他们家一楼的卧室和杂物间里。

社区变得拥挤不堪，人们对少年违法犯罪、成年犯罪、环境脏乱、疾病、空气污染和水污染等这些问题有了更多的担心。人口密集让社区日间变得更加嘈杂，年轻人在外面闲荡更是让这个问题雪上加霜。因为很多人需要上夜班，"吵闹声"对于需要在白天补觉的军工工人形成了干扰。很多写给报社的投诉信都与"成千上万在各种军工业倒夜班的工人"有关，他们受扰于"录音机尖锐刺耳的声音，大喊大叫声和其他各种干扰源（鸣笛声、轮胎的刺耳声），这些小问题成为阻挠战争事业的大障碍"。[21]一封来信请求读者遵守一条新的"黄金法则"："白天保持安静，这样夜班工人或许还能休息休息。"[22]

新闻也报道了社区的气味和物象因为人们在爱国主义的驱动下收集旧报纸、旧轮胎、旧汽油、罐子和其他补给品而发生改变，这些东西造成了公共危害。某通信报道员写道："原来那些在街边随意堆放垃圾和废弃物的人渣，现在终于有了一个合法的理由，可以把他们那些乌七八糟、臭气熏天的狗屎甩到别人身上去了。他们现在可以以爱国主义为名，把它们拉到加油站。很多站点看上去和闻上去，就和伯克利海滨退潮之后的景象和气味一样。捕鼠器在我们这个美丽的城市里随处可见。"[23]

伯克利00一代家庭经历了社会秩序的逐步崩塌。他们成为暴力攻击、入室抢劫、街头抢劫、卖淫嫖娼和其他各种扰乱公共秩序行为的见证者或受害者。同样，根据某位"焦虑的家政服务员"描述，她日常工作环境的文明程度越来越低，服务对象是"电车工人、洗衣店员工、商店店员和屠夫"，他们现在"把我们当成他们脚下的垃圾一样对待"。[24] 另外一名男性的笔下提到一种"战争精神病"，人们因为"战时的焦虑"变得特别"敏感"。[25] 他说："动不动就可能得罪了某个朋友，朋友要得罪你那就更容易了。丈夫朝妻子大声吼，妻子也没好气地顶回去。"

生活在陌生人之间

1940年，在大规模的"二战"动员刚开始的时候，社会学家威拉德·沃勒（Willard Waller）记录下了他所观察到的动员带来的社会变化："战争导致大批人口背井离乡，它把各类人都搅在一起，如同搅拌汤汁一样。未曾有过交集而今后也不会有任何交集的人在仓促间偶然相遇。不同地区、文化团体、宗教团体和社会阶级的人前所未有地混杂在一起。"[26]

沃勒的观察，预示着战争成为某种种族融合的实验，黑人和白人虽然在一起服役，但他们的心并不总是在一起。然而，沃勒的观察也成为东湾和伯克利地区日常生活的真实写照。"似乎，每个人都来自不同的地方。"[27] "搅拌"人口导致社会信任缺失和社会排斥，而战争为对他人做出一些不同寻常的，甚至令人可怕的行为，提供了正当理由。这些行为的攻击对象是在动员时期迁入的穷苦的南方人和虽是社区老住户，但在珍珠港事件之后成为攻击目标的日本人。

穷苦的南方人。军工工作吸引了一大波南方人——这是继十年前沙尘暴时期之后的又一"俄州"❶白人移民潮[28]——和黑人移民迁入。这两大人口群体的到来,将会对当地的文化理念产生深远影响。某通讯报道发出警报,称一股"俄州风""席卷"了湾区,侵蚀了"这一时期的文化生活","如果这种现象不加管制,它将一直持续到战后"。[29]某伯克利男性一言以蔽之:"你能感觉到,一群属于另一个阶层的人到伯克利来了。"另一位男性从选择性移民的角度说明了当时的情况:"好的俄州人都还在俄克拉荷马发迹,而来到这里的,都是在家乡一穷二白,希望改善生活的人。"这种现象带来的结果,用某女性的话说,是曾经人们眼中的那个"邻里间特别团结有爱"的社区,变成了"贫民窟"。

黑人移民迁入湾区,造成种族关系紧张,而此前,这种紧张并未在这里的社区出现过。20世纪40年代,伯克利市区黑人人口比例增长了2倍,从4%增加至12%。东湾和湾区的部分社区的上涨幅度甚至更多。从伯克利项目的档案材料里,我们仅仅可以听到来自白人家庭的声音,以及他们有关种族和贫困的表述。黑人家庭对这些问题应该会有不同的看法。

战争动员之前,伯克利00一代报告社区内黑人和白人老住户之间关系积极正面,至少和平共处。某伯克利男性提道:"没有任何摩擦。四处看不到几个黑人。你知道,那个时候,如果你去I.马格宁百货(I.Magnin),你还能看到黑人在里面试帽子。他们买得起。""新黑人"穷,而"老黑人"不穷,这对于我们理解这其间的变化很关键。这样一来,新迁入的黑人移民和俄州人没有差别。他们有一个共同点,那就是他们都是穷人。

---

❶ 原文为"Okies",原意"俄克拉荷马州人",此处简称"俄州人",但其所指远不止俄州本地人,而是泛指因流离失所而迁入加利福尼亚州的南方人。亦见作者文后尾注。——译者注

迁入的群体"种类"不仅仅是不同，一些街区和地区的种族构成陡然从以白人为主变成以黑人为主。用某女性的话说，"现在住在我这个街区的人都是黑人"。另一名女性对此给了一种解释："白人不喜欢黑人搬进来，所以他们自己都搬出去了。"

有一名女性，他们家在街角经营着一家商店。她提到，她家刚搬来的时候，她在店里只见过一名黑人顾客。她记得那是一天吃晚饭的时候，她在看店，那位顾客出现的时候，她还吓了一跳。而等到1948年她搬家的时候，那个街区只剩三户白人家庭。她说："黑人刚搬来伯克利的时候，他们和白人处得很好。但是等到战争期间，黑人再次进来，双方的关系就出问题了。我们等公交的时候，会有黑人来骚扰我们，把我那可怜的女儿吓得要死。她在旧金山上班，需要坐公交去。他们很粗鲁，说的话让人觉得恶心。在那之前，我对黑人都没意见。"另一名女性说道："这些新来的，都是南方的黑人，像路易斯安那州的、亚拉巴马州的、阿肯色州的、得克萨斯州的。他们是另一类黑人，一些一贫如洗、穷困潦倒的人。他们找到一匹老马骑来这里，露宿在外面，用纸板或者几根木头搭个房子，然后就凑合过。"

一些OO一代还提到，老黑人住户和新黑人住户之间，也存在某种"混乱"，因为"战争把不该引来的一类人引来了，他们不喜欢这些人"。一名女性描述她曾听到某黑人女性提到，那些船厂工人让她"以自己是黑人为耻"。湾区船厂黑人工人的出现和他们的行为，导致社区越来越"无法无天"。而这种无法无天的感觉，同样也源于黑人工人的合法诉求得不到满足。他们不被允许加入工会，工作条件不如白人。例如，因为黑人不被允许加入工会，一些黑人造船工人被开除（尽管最后又被重新聘用）后，引发了一系列种族暴动。[30] 据《奥克兰报》报道，当时米尔斯大学（Mills College）❶的学生被告知："可以预料，未来还会有更多的种族暴动，因为黑人不再认为自己低人一等，而且已经做好了为这个信仰抗争的准备。"[31]

一些怨气被撒在了开办船厂建造"自由轮"的美国实业家亨利·凯泽身上。一名男性抱怨道："是凯泽和他的船厂把黑人招来了。紧接着，我们就变成了福利救济支出最高的州。而即便这样，也还是没有把最好的黑人招来。"但转而他语气柔缓地补充说："过去，还没有黑人对我做过无礼的行为，我和很多黑人都一起参加过工作。对于白人，我都不敢这么说。"另一名男性指出，在之前，这片区域的黑人不多，直到"凯泽到南方去，带回来一火车又一火车的黑人，把他们送进造船厂工作"。

一些人认为，这是埃莉诺·罗斯福（Eleanor Roosevelt）❷大发善心的后果。她"把所有黑人都从南方带出来了。他们每周拿55美元的薪水，做的就是给别人递一递工具的活儿。当然，他们自己的生活有了改善。有些黑人非常好，他们也确实在努力成就自我，但也有一些黑人压根儿不想工作"。但是，和上一段的案例一样，说这段话的男性也补充道："当然，白人也有这样的。"

综上，我们听到的是00一代在战时动员时期面临新群体的到来，而站在种族和社会经济地位的角度所发表的心声。他们指出作为老住户的"好"黑人群体与白人群体，和作为新住户的穷苦的黑人群体之间的差异，他们认为，是新黑人群体破坏了社区的社会肌理。

日本人。1941年12月7日，日本对珍珠港发动袭击，这一

---

❶ 旧金山湾地区一所老牌女子大学，成立于1862年，2022年已正式并入美国东北大学。——译者注
❷ 她从本质上改变了美国第一夫人的传统形象。她广泛参与社会活动和政治活动，致力于公共事业，提倡民权、人权。——译者注

第 10 章
战争对家园的影响

事件成为湾区及当地家庭的历史转折点。因为夏威夷与西海岸相对距离较近,人们由此担心,西海岸是否也会遭受同样的袭击。一名伯克利男性说道:"当时他们很可能成功攻占珍珠港,攻占夏威夷,我的天,如果真是那样,我不知道还有什么能阻挡他们继续打到这里来。"[32]

珍珠港事件之后,旧金山港的"安全"成为詹姆斯·哈密尔顿(James Hamilton)和威廉·博尔斯(William Bolce)所说的"最重要的口头禅"。按照人们的想象,旧金山湾四周,高山和摩天大楼环绕,敌军间谍和潜在破坏分子很容易掌握船运和海滨活动情况。士兵和平民都被告诫,要对所有军舰和货船的动向保密。所有人都被警告要"闭上嘴巴"。[33]

由此一来,人们很害怕日本人,尤其是在湾区这种日本人十分密集的地区。珍珠港偷袭事件当月,《生活杂志》(Life Magazine)发表题为"如何辨别日本人和中国人"的封面文章,并配有相关图片。文章用词反映出日本人经常被贴上的标签:"不忠诚""叛国""间谍""背信弃义""无法同化"和"贪得无厌"。[34]然而,这并不是加利福尼亚州第一次涌现强烈的反日情绪。州内早有各种反日组织、政府机构和立法,包括1906年教育委员会(Board of Education)❶呼吁日裔儿童在种族隔离的独立学校接受教育的决议,以及1913年专门为了阻止在州内居住的日本公民获得土地权而创设的《外侨土地法》。[35]

1942年3月,在罗斯福总统颁发第9066号行政命令后,一场大规模驱逐和拘押"太平洋沿岸战略性军事区和工业区"的"日本侨民"及其"美籍后裔"的运动开始,湾区也在范围之内。

---

❶ 旧金山委员会于1906年10月11日通过决议,呼吁民众同意所有日本、韩国和中国学生被送往单独的"东方学校"接受教育。——译者注

很多伯克利家庭都描述了他们当时如何眼看周围的日本人消失，那都是和他们有来往的日本人和日本家庭。那些日本人很多都被拘押在图利湖隔离中心（Tule Lake Segregation Center），一个位于加利福尼亚州北部的集中营，开车过去需要五个小时。有一些人是商人或工人——美容师、理发师、杂货商、洗衣店老板、餐馆老板——或在社区置办了房产。一些伯克利家庭认为大学辜负了他们，因为他们认识的一些教授、学生和校友突然被撤职和拘押起来。"他们都是在这里出生的人。他们全都是加利福尼亚大学的学生和毕业生啊！"一位男性叹道。一些日本人或是看护员、女佣、园丁，或是园林设计师，这些日本人与他们交往都好些年了。"我们了解他们，了解他们的家庭，我们一清二楚，他们很可靠。我们根本不会把他们往那方面想，压根不会觉得他们对我们构成了任何威胁。"

众多伯克利家庭都谈到人群中掀起一阵恐慌和歇斯底里，这种情绪来势汹汹——几乎是在一夜之间翻涌而起。一位男性说："一切都发生得太快了。早上，这里都还正常，风平浪静的。可等到下午，街上就到处都是联邦调查局探员在抓人，就这么快。联邦调查局探员要求他们在规定的时间内把东西收拾好。紧接着，一辆卡车就停在门口。他们几乎都没有时间把自己家门锁上。"另一名男性表示，这一切让人难以接受的地方在于，人们根本没有反抗的能力，只能"接受现状，接受发生的事情"。此外，一名女性还指出另外一个重要问题，"你不能批驳与战争有关的任何事情，否则，你也会一并成为怀疑对象"。

然而伯克利家庭也谈到，不知道谁可以信任的状态让他们心里五味杂陈。社区里一些与间谍活动和政治宣传有关的典型案件让人们更加认识到保持谨慎和警惕的必要。用一位女性的话说，不管喜不喜欢，这都不是"发善心"的时候，拘押"是正确的决定，它或许能保护日裔美国人免遭群众暴动之害，因为日本人真的是随处可见"。罗斯福下令拘押时，也曾表述过同样的观点。

一些家庭曾经尝试过重新安置被拘押的人，但失败了。他们费了很大力气向他们的孩子解释，为什么这些特殊的人消失不见了。有一些人安置成功了，他们甚至还帮助日本家庭找到住房或重新创业。然而，等到回归之日，日裔群体心里难免感到"愤愤不平"——好几个研究对象都用到了这个词，因为他们是美国人。很多人从来没去过日本。

因为与敌国有关而感到紧张的当地人不只是日裔。德裔和意大利裔也处在监控之下，只是程度更加轻微。伯克利家庭也描述过，他们有德裔和意大利裔的亲戚、朋友或邻居被逐出或赶出湾区，长达几周到一年不等。在那期间，他们某些"文件"的疑团被解开，或是接受美国军队的监控，以确保他们不构成威胁。一位女性提到，她有一位邻居，因为家里放着一张墨索里尼的照片而引起巨大非议。一些人觉得，在意识形态上，德裔和意大利裔的情况和日裔的情况没有两样。然而，珍珠港袭击事件改变了一切，日裔在湾区人口密度高，加上日裔区分度高，意味着他们很容易成为攻击的对象。

后方的兴奋

战争给社区带来了很多挑战，然而，按照伯克利家庭的描述，这一时期也弥漫着一种兴奋——有"各种集会""丰富多彩的夜生活""空气中的浪漫"，要"活在当下"。正如历史学家阿瑟·弗奇提到，"尽管战争迫在眉睫，但是快乐没有限量。"[36] 人们有钱，但是能消费的地方不多，所以娱乐成了消费的重点：去电影宫、舞厅，在街区小酒馆喝酒、交际。大家有一种强烈的团结意识，有一种"同舟共济"的感觉。

一些家庭频繁地在家里招待军人。一位女性称他们家是士兵社交活动中心。"他们把我们家称作 68 大道劳军联（劳军联合组织，United Service Organization）❶。陆军、海军和海军陆战队的士兵在我们这里进进出出。我们，就是我和另一个邻居，开始每周三定期招待他们。"有人会去机场、火车站和汽车站把"男孩子们"接过去。他们为士兵提供了一个"家外之家"，为他们准备热乎的饭菜、开派对、安排观光旅游、做他们的好朋友。

有家庭说，看见火车、船舰和军事人员，参加游行，围观到市里来走访的名人等，这些事情都让他们感到兴奋。市场街一家小店老板说："我们两边都有窗户，可以把市场街和蒙哥马利街（Montgomery）❷一览无余。哎哟，游行真是太壮观了！这对我们来说是新鲜事。从我们窗户望出去，可以直接看到入住皇宫酒店（Palace Hotel）的那些名人。天呐！旧金山举办联合国大会的时候，我们还看到了总统！罗斯福总统，还有塔夫总统。都是显要人物啊！车子来来往往。我的天，好多人都站在四周围观。市里到处都是陆军和海军。"

在上一节我们提到，日裔和从南方来的穷苦的白人和黑人让人们感到害怕。这些陌生人有着不同的面孔，说着不同的语言，他们对当地家庭、社区和国家构成威胁。尽管海军和陆军也是陌生人，但他们身上有报效国家的光环，是一群受欢迎和需要保护的外人。爱国主义把人们凝聚在一起，强化共同的价值观和目的，激发人们团结一致，共同御敌。

乔恩·米查姆（Jon Meacham）曾描述过德国威胁入侵英国时英国民众的心理。他的这段描述也可以用来描述此时人们的

---

❶ 美国最大的慈善劳军组织，1941 年 2 月 4 日在政府的倡导下由多家机构合并而成，目的是鼓舞"二战"期间美国士兵士气并提升其生活质量。——译者注
❷ 市场街与蒙哥马利街相邻。——译者注

情绪。他说："共同的威胁让人们团结在一起，哪怕只是一小会儿。"[37] 他引用 C.P. 斯诺（C. P. Snow）的话，说当时：

> 全国上下处在一种集体性的极度兴奋状态。我不知道当时大家脑子里都在想什么。我们很忙，有明确的目标。很多时候，我们都活在持续的兴奋之中，但如果我们细细探究真实的处境，会发现前途无望。现实起来的时候，我们很难看到我们的希望在哪里。但我怀疑，大部分人都没有多少时候能现实地看待问题，甚至压根没考虑过问题。我们拼命工作，像疯了一样。大家都靠着一股民族情感在坚持着。

当时湾区的情形也是这样，尤其是以争取胜利为名，人们被要求工作特别长的时间，儿童和青少年也要参与战时事务。

战时家庭变化

男性的战时工作：代价与收益

1944 年，家庭社会学家詹姆斯·博萨德（James Bossard）评论道："战争引起了方方面面的翻天覆地的变化，家庭与外部社会的联系极为紧密，可以说，家庭生活可能没有哪一个方面没有受到战争的影响。"[38] 男性的工作也不例外。工作节奏迅速加快，要完成国家目标不容有失。这些要求让人们在从零开始打造世界大战军火库的头几年，面临着巨大的压力。

要保证战争动员间不容息地向前推进，需要付出高昂的代价，为此，国内大后方承担起巨大的无形压力。1942—1943 年间，美国战争相关行业工人死伤率是军人的 20 倍。[39] 用安德鲁·E. 克斯滕（Andrew E. Kersten）的话说："可以毫不夸张地说，在'二战'头几年，在前线的美国人比在后方建设民主军火库的人更安全。"[40] 工期太短造成了危险，甚至是致命的危险，尤其是在造船厂，那里的工作又脏又危险。动员达到高峰的 1943 年，每艘船制造工期仅 30 小时。[41] 然而，有危险的并不只是体力劳动者，船厂、高级管理者的死亡率也高，他们需要维持船厂运转，保证生产效率和产出。[42]

许多死伤还源于岗位上的工人缺乏相应的技能，以及非技术工人突然承担技术工作有关。凯泽的船厂需要夜以继日地制造自由轮，在招聘技术工人上有困难，所以工作按照可以让没有造船经验的工人直接上手的方式进行拆分。如 00 一代某技术工人所言："有很多南方来的工人在战时都成了木工，但他们根本没有接受过这方面的培训或教育，所以做的一点都不好。"

非技术工人承接更高级别的工作，还导致经验工的工资水平下降，加剧了公众的不满。当地报刊上的一篇文章提出"山姆大叔花了大量的钱在非熟练工身上，这可能还会有损经济平台"，因为这种做法违背了报酬、培训、经验与资历之间原则上的关联。[43] 非技术工人的高就业率导致一些工厂招收青少年，甚至在校学生从事非技术性但报酬丰厚的工作。某伯克利男性记得来他店里的"一帮小孩"，他说："每小时挣 1.5 美元，但他们其实连 25 美分都不值。钱一到手，他们就花得精光。在他们看来，生活很容易。我总是跟他们说，'总有一天，他们会拔掉船底塞❶，到时候你们要去哪里？将来找工作，可不会像现在这么容易'。"

这段话反映出一个重要的视角：伯克利 00 一代男性和女性

---

❶ 在造船过程中，拔掉船底塞，意味着水密试验结束，待全部密性实验结束后，船舶即可下水进行舾装和试验，然后交船。此处"拔掉船底塞"可以理解为船舶建造完成。——译者注

已经有了物质匮乏的直接生活体验，在长达十年的大萧条之后，国内大后方的战争动员为他们创造了弥补失去的机遇和创造更好的物质生活的机会。薪酬持续上涨，工作时间又长，大多数伯克利家庭，尤其是工人阶级家庭的生活条件因为战争得到提升。实际上，从1940—1944年，加利福尼亚州人均收入上升了95%，从1940年的803美元提升至1944年的1570美元。[44] 很多家庭都描述过或回忆过战争年代的经济繁荣。一位女性报告说："战争爆发之后的那些年，日子更好过了，跟之前比好过多了。工资更高了，有更多的钱可以花了。我们家里还添置了几样新物件。"然而，他们的回忆里，还有不好的一面，那就是当"孩子们正在外面打仗"的时候挣那么多钱，他们心里有一种愧疚感。

从大萧条期间到战争期间，男性的职业生涯发生了巨大的变化：从工作稀缺变为工作富余，从工资低、工作不稳定变为工资更高、有晋升机会。少数伯克利00一代男性在部队里工作，他们担任军事工程师、木工、绘图员，还有一名男性是心理治疗师。更多的伯克利00一代男性在船厂当领班、焊工、机械师、制版师、建筑师、保安或处理合同和货物运输的文职人员。还有一些男性虽然不在船厂，但工作岗位也受到当地军工业的影响，有的在打印店、公共事业公司、石油与化学研究实验室工作，有的是货车司机或警察。

他们对战时工作最深的记忆都与工作时间过长有关，一班12个小时甚至更长，每周工作7天，甚至有时候还以爱国主义为名多轮一组"胜利"班。一名男性当时在当地炼油厂当监工，他每天早上5点起床，晚上8点左右回到家。他说："他们要求我们连轴转。"一位化学家报告，他公司的人"以前一周工作48小时，现在都是60小时"。一些男性注意到了工作时间过长给健康带来的危害。一名卡车司机这么说道："这场战争差点把我了结了。我跑的路段是从旧金山到奥克兰,工作很辛苦。我需要来来回回不停地跑,没日没夜的。"一位长途卡车司机的妻子认为她丈夫的心脏病和他工作时间过长有关:"他工作时间真是太长太长了,有时候一连 24 个小时都在工作。"一位绘图员有一次问他的妻子"这里的太阳有没有升起来过",因为"我出去的时候,天是黑的,回来的时候,还是黑的"。

薪酬水平提高,人们的口袋鼓起来了,生活水平和消费欲望也都有所提高。然而,人们娱乐的时间变少了,因为交通管制,能去的地方也更少了。为了节约资源、减少噪声,汽车运输受到限制。铁路运输仅用于货运和军队运输。很多需求品都定量配给,如肉、黄油、糖和气,或者禁止供应(例如牛奶制品和金属)。有伯克利家庭提到他们难以满足日常生活需求。战争在为个人创造了一些可能性的同时,也限制了另一些可能。

年轻人的两个世界

战争动员高峰期的那几年,伯克利 00 一代的孩子们年龄都还太小,没到服兵役的年龄。战争动员加快的时候,他们只有 13~14 岁,还在上学。但是,随着战争向教育渗透以及政治社会化,他们也被卷入了战争。学生们的学习因为危险、死亡和死亡迫近的焦虑被打乱。历史学家威廉·塔特尔(William Tuttle)提到,"一些小孩以为自己生活在前线。这些男孩女孩们担心下一次空袭警报可能不再是演习,而是实情"。[45]学校教的意识形态强调,这是一场"'人民的战争',一场民主反对专制和暴行的战争"。[46]

同时,教育家们对军工业"剥削"年轻人的现象提出了担忧。这促使伯克利教育委员会(Berkeley Board of Education)颁布"更严格的立法"以"防止非核心工业为了战争,在上学周'剥削'高中生"。[47] 不过，教育家们还是感到"把教育进程与战争挂钩起来"的巨大压力，一方面因为公众支持战争的情绪激烈，另一方面高中生已经被通过多种方式组织起来支援战事，很多高中生可能还需要提前服兵役，或终究要服兵役。[48] 这些情况增加了提升他们机械生产熟练程度的压力。为了帮助学生"坚强勇敢地应对现在和将来生活的不确定性"，学校开设了精神面貌相关课程，其中纳入了"战争心理健康"方面的内容，这些内容除包括心理学之外，还有英语、历史、体育、社会学和公民教育。[49]

此前我们提到，社区环境发生了一些变化，而这些变化对朋友关系和同龄群体关系产生了影响。例如，日裔孩子被拘押，意味着伯克利孩子们失去了重要的同龄伙伴，不知道他们去了何地，也不知道他们是否安全。父母们担心他们的孩子和日裔朋友打交道，因为用一位母亲的话说，"这种时候，对交往对象需要小心再小心"。另一位母亲因为"近几个月来小孩学校入学的那些孩子"而感到焦虑。她觉得她儿子从新来的军工工人的小孩子那里学了一些下流话，后者的到来让教室变得十分拥挤。和好几位其他家长一样，她给她的孩子们办理了转校。虽然在经济上，上私立学校很吃力，但这样的话孩子们可以在小班上课，也不需要接触这些新来的小孩。

年轻人在学校之外有两个世界。对于一些男孩和女孩来说，这两个世界同时存在。在一个世界里，他们是遵守纪律、为战争事务乐于奉献的模范代表；而在另一个世界里，他们是因为缺乏管教和受到全体战争动员环境的诱惑而做出令人担心的不端行为或违法犯罪的人。

模范：支援战事。伯克利00一代的孩子在生活之地四周到处可以看见战争的符号：当地一档广播剧《我的战争》，把"大后方的每一位男性、女性和小孩的战时贡献"写进剧本。周六播放的电影里，孩子们可以从新闻短片上看到战争实况。因为附近有军事基地和战舰，湾区每天都有士兵来来往往。居民在社区的荒地上开垦"胜利"蔬果园，为定量配给时期增加蔬菜、水果和香草的供应。[50]1943年，这种蔬果园在湾区一共有4万多个。年轻人主动参与战争事务的情况，主要反映在各家庭的情况报告上，有似乎永无休止的收废品运动（例如每月定期收集油脂、废纸、废铁等），销售战争邮票、战争债券和分发战争相关的海报、传单等。男童子军和女童子军纷纷积极参与这些运动。伯克利市允许青年商会（Junior Chamber of Commerce）建造"胜利屋"来销售战争债券。[51]

当战争形势开始转向有利于美国和同盟国一方时，伯克利00一代的男性后辈们被问及他们与朋友们讨论最多的话题是什么。他们的回答包括流行文化（电影、广播节目、流行歌曲）、异性关系、家庭和学校的事情以及与战争相关的事情。此处的战争指广义上的战争，如选择去哪只部队服役，新来的军工工人及其家庭，以及战后规划等。实际上，"战争"成了伯克利男孩与同龄人之间交流最多的话题，它的热门程度要超过女孩、学校和"我想要什么"等这些话题。超过一半的男孩表示，他们经常与其他男孩讨论战争，其次热门的话题是喜欢哪支部队，这个话题的热门程度仅比前者稍微低了一点（分别为41%和53%）。

很多男孩都一心想着怎样在未到法定年龄的情况下参军入伍。面对战争时期的艰难，一些公共评论员认为，它改变了一代尚未成熟的年轻人。他们说："几乎一夜之间，他们就长大成为有担当的男人和女人。成千上万的男孩，在还没有征兵令的时候，就成群结队地要去参军。女孩则急切地抓住任何一个可以为战争贡献力量的机会。"[52]1942年，越来越多的青少年被征募参与军事和战争事务。10月初，少将詹姆斯·A.尤利奥（James A.

Ulio）先后两次呼吁立即征募 18~19 岁的男孩加入这场"年轻人的战争"。[53] 11 月，劳工部"为 16~17 岁的女孩打开了军工厂的大门"。[54] 这些风向都是针对尚未到法定服役年龄的在校学生，因此它也传达了一个信息，即教育"没有打胜仗重要"。[55]

麻烦：行为不端与违法犯罪。父母在外工作的时候，大一点的孩子就被放任自流，导致行为不端的现象增多。社区和国家处在战争动员之下，"挂钥匙儿童"[56] 无人看管，导致青少年违法犯罪激增，这对于在工作时本就挂念小孩的伯克利 00 一代父母来说无疑是雪上加霜的。州长沃伦曾召集全州会议，讨论如何解决青少年违法犯罪增加的问题。[57] 青少年违法犯罪增加，需要从法律和制度上采取措施予以应对。法律措施是在晚上 10 点之后实行宵禁，制度措施是创设青少年中心。伯克利社区创设了多个青少年中心，开展结构化、有监管的活动和体育运动，防止青少年违法犯罪的发生，以及向父母宣传可供小孩和青少年使用的设施与服务。[58]

"行为不端"的现象尤为严重。从 1941—1943 年，被捕的伯克利男孩数量增加了一倍以上。尽管这种现象是一个棘手的问题，但真正让公众关注的，是伯克利女孩不端行为的大幅增加。1942 年 1—7 月，52% 的伯克利女孩有过不端行为，而男孩的这一比例仅为 15%。[59] 这一时期有关犯罪数据的主要的全国性政府报告也提到女孩和年轻女性的犯罪率也存在相同的"显著增加"趋势，但报告未做详细讨论。[60] 然而，如果看具体的案例可以发现，数量陡然增加的犯罪行为包括"卖淫""其他性犯罪""扰乱社会治安"和"流浪"。现在回看当时，很明显，当时抓捕女性并对其提起公诉，本意是为了约束"屡教不改""不听管教"，与当时的标准格格不入的"问题女孩"的行为。[61] 它变成一种"惩罚女性性早熟"和"守护女性道德"的方式，[62] 尽管女孩在更多时候不是一个犯罪者而是受害者,而且和她们在一起的男性(包括士兵)和男孩没有被同样地追究责任。[63]

除此之外,报告主要重点反映青少年直至 21 岁的人群违法犯罪增加的现象,不针对具体的性别,强调"需要保证后方环境晴朗、积极向上、坚实有力"。报告隐晦地指出,战争是最大的罪魁祸首,因为"繁荣的物质条件和青少年'轻轻松松就能挣来的钱',以及可能存在的不良的家庭影响,都是设计(这个问题的)应对措施时需要考虑的因素"。报告继续表示,"在国家需要每一个能够贡献力量的人投入核心事业的危机时期",青少年违法犯罪"是对人力的不可饶恕的浪费"。当地执法部门"在战争时期,需要处理很多其他的工作",何况,他们"很多得力干将和经验丰富的人员都被征募入伍或征募去了军工业"。[64]

伯克利指导研究的访谈记录为我们了解父母们的顾虑提供了不多但很重要的线索。这些父母对这种现象的主要解释是"电影"。在好莱坞发展的黄金时代,看电影成为每个人主要的娱乐方式。然而在战争年代,父母们反复把电影称为导致他们与青少年小孩关系紧张的一大推手。他们指出,电影带来了不良的影响,因为它们鼓励不道德和危险行为,尤其是性行为。用一位父亲的话说,电影"把小孩的注意力引到他们不应该做的事情上"。还有一位父亲抱怨,他的儿子"看过的电影,多到你简直不敢相信,我只能希望这孩子会回到正轨上来"。

电影院是无人看管的青少年成群结伴的去处,也是他们约会和寻找约会对象的去处,因此也是青少年,尤其是女孩可能惹上麻烦的地方。例如,有一位母亲很担心她的女儿,女儿才开始在无人陪护的情况下出去活动。有一天,女儿在电影院认识了一名海军士兵,把他带到了家里来。又有一天,女儿从街上带回来一名海军士兵,是个意大利裔信天主教的男孩,连续三四周,女儿每周日都跟他一起去教堂。女儿还开始和两个在服役的男孩通信。作为母亲的她当时正在外有工作，她说，"我不喜欢女儿一个人去看电影，但我又不在家，不能和她一起去。好几次，她都偷偷溜到奥克兰去看电影"。

"电影"最终象征的，其实是父母逐渐对小孩失去控制力和保护力：青少年早期的性行为，小孩自然而然地希望获得更多的自主权，父母的战时工作节奏赋予青少年更多自由的现实，以及湾区存在的各种诱惑，包括大量来来往往的年轻士兵。

父母似乎尤其担心女儿饮酒、抽烟和她们的性行为。有几位家长谈到，他们担心女孩在"还小的时候和不认识的大一点的男孩"谈恋爱。部队过来的时候，女孩们聚集在火车站和港口。一位父亲叙述了一起严重事故："我的女儿青春期的时候闯了一次祸，为此她挨了一顿臭骂。她和一名军人出去约会，然后骗了我们。她和另外一个女孩子——那个女孩子我本来也不怎么信任——和几个海军陆战队的士兵去看电影。晚上，她觉得情况不太好，所以打电话回来。从她的声音我就可以知道发生了什么。我命令她马上回家，然后她就出来，马上回家了。那天晚上后来，另一个孩子被强奸了。"

有一位父亲分享经验，表示需要和女儿聊一聊性方面的话题："因为她在军营附近转悠，有必要让她知道可能会发生什么。我很赞成向年轻人讲授生物学的事实，我也一直打算跟她说，但总没有抽出时间。最后还是晚了。因为这些军营，她已经懂得不少东西了。"

战争时期的青少年养育问题，明显给父母带来了更多的挑战。一名伯克利男性提到"世态不平静""现在的各种压力""小孩无法理解现代生活"。一位女性强调，战争爆发之前，生活"更简单，不那么复杂"，然而，随着战争的到来，"现在父母很难提供单纯的、正常的家庭生活，以前世风还没有变的时候或许还可以"。另一名女性补充道："如果不是因为战争，年轻人的日子会好过一点。战争给他们的生活增加了很多困难和压力，我觉得不管是男孩还是女孩，这些困难和压力始终悬在他们的头顶上。我觉得所有这些不确定因素带给他们的压力，比我们成年人意识到的要大。"

军工工人的子女保育问题

女性社会史研究经常把"二战"看成开启女性进入劳动力市场大门的关键时期。女性战时职业生涯的问题，我们会在第 11 章详细论述。与女性史相关叙述一致，我们研究对象中的很多伯克利中产阶级女性的确是在"二战"时期开始工作的，而且她们说，她们工作不是出于经济需要，而是因为爱国。但是，对于一些女性来说，工作带来了新的生活选择。

令人惊讶的地方在于——本研究因为站在历史的长远角度，具有揭示这一发现的独特优势——对于工人阶级女性来说，"二战"并非是带领她们走向有偿工作的一扇突然开启的大门。对于她们来说，战时工作是一段相当长的工作史的延续，早在大萧条期间，甚至是大萧条开始之前，她们就已经参加了工作，工作对她们来说一直都是必需品。很多中产阶级女性在结婚和生育之前也参加过工作。不论是哪种情况，她们过去的工作经验都让她们战时参加工作的经历变得更轻松。

母亲进入职场，而父亲总是加班或不在家，这无疑会造成小孩看护和监管上的问题。1942 年夏季至秋季，如何安置在职母亲家里的小孩，成了当地居民和市领导需要重点解决的问题。儿童保育问题是"加利福尼亚州备战的头等问题"。在当地，伯克利国防理事会在 1942 年组建了儿童保育委员会（Child Care Committee），组织"与在职母亲小孩保育问题相关的所有机构"一同寻找解决方案，应对这场儿童保育危机。[65]

1942 年末，船厂已经在捐资组建儿童保育中心。联邦政府拨付紧急基金专项用于各州为在职母亲小孩提供日托服务，在这笔基金的加持下，伯克利教育委员会制订了一套完整的计划，为这类儿童修建十个保育中心，包括社区儿童保育中心、公立幼儿园和课后托管（中心）❶。一方面，人们认为在职母亲是"这场战争的真正赢家"；另一方面，人们也担心，如果儿童保育安排没有跟上，她们家中的幼儿会成为输家。然而，战争结束之后，联邦和地方不再提供这些支持，希望以此助推女性辞职，回归家庭和公共事业。

结语

"二战"标志着 00 一代所认识的"老伯克利"一去不复返，社区发生了很多变化，也做了很多调适。另一方面，战争又标志着十年的经济萧条就此终结，它不仅创造了经济复苏的条件，还创造了人们根本无法想象的丰富物质，让人们的生活水平相比经济大萧条时期有所提升。战争拓展了人们的世界，是一股改变他们的外部力量。

伯克利 00 一代家庭所在社区的社会肌理在一夜之间发生改变。每天他们都会收到提醒，告诉他们以前认为理所当然的个人安全已经不复存在。处在战争动员的社区，他们明显面临着危险。随着一次次的断电、轰炸威胁和国防演习，恐惧在空中弥

---

❶ 原文没有指明课后托管服务机构的性质，"中心"二字为译者所加。——译者注

漫。社区成员自动加入遍布湾区和加利福尼亚州沿岸地区的民防系统。有着成为繁荣小镇的条件，加上战争带来的机遇，尤其是船厂带来的机遇，导致人口数量和密度发生前所未有的增长。住房短缺之下，有人租房、露营或住在拖车公园，街区和学校变得拥挤，脏乱、疾病、空气污染、水污染、犯罪和违法等一系列问题随之而来。

战时工作还吸引了一大批陌生人的到来，他们是来自南方的穷苦的白人和黑人劳工。他们的到来导致社区冲突和学校骚乱。珍珠港事件之后，人们又开始对日裔居民害怕起来。湾区住着很多日裔居民，而且加利福尼亚州内早就有反日情绪存在。日裔家庭被大规模地驱逐和拘留，他们有一些是伯克利00一代家庭的朋友，这让伯克利00一代家庭感到心情复杂。人们对与和德国、意大利有直接关系的人打交道也是这种心态，只不过程度轻微一点。

尽管存在各种威胁，战争也带来了巨大的欢乐——可以看到火车、轮船、陆军、海军，参加集会和游行，观摩名人和达官显要，招待军人，享受夜生活，活在当下。战争动员社区内，持续的刺激和共同的目标让人们处于一种极度兴奋的状态。

"二战"期间，人们的家庭生活也发生了巨大的变化，做了很多调适。它让家庭变得开放，在外部世界的影响下，它不再是和以前一样的庇护所。为此，父母需要构建新的"防御工事"来保护他们的家庭。[66] 动员高峰期的那几年，随着工作时间变长，生产指标增加，男人承担的压力越来越大。快得让人头晕目眩的工作节奏伤害了身体健康，甚至剥夺了生命。工人如果承担了超出他们能力范围的工作，也可能会导致死伤。工资高、工作时间长，意味着家庭可以有更好的生活水平，也产生了更多的消费欲望，但是他们能够用于娱乐、旅游和消费的时间有限。当然，社区很多家庭里的父亲都不再需要参军服役。

随着女性进入劳动力市场，家里没有大人，小孩无人看管。动员高峰期，伯克利小孩有 13~14 岁，还在上学。通过学校，战争影响了他们学习和社会经历的方方面面。他们年龄尚小，还不能参战或被征召入伍，但他们积极参与战争事务。同时，到了他们这个年龄，父母已经可以让他们独自活动，但这样一来，也让他们容易受到一个战时中心城市所能提供的各种诱惑，而容易做出不端或违法犯罪的行为。对于家里有幼儿的在职母亲，以及伯克利社区乃至整个加利福尼亚州来说，儿童保育问题变成了一场危机。

已婚妇女在湾区劳动力中的比例大幅增加，这种现象被当地报纸宣传为"这场战争期间最引人注目的运动之一，能预料到这种发展趋势的人，只怕是百里挑一……已经有好几千名女工在工厂工作，而这些工厂在以前都只招男工"。[67] 尽管很多在职女性都转而进入军工相关行业工作，但有偿工作，对本研究当中很多作为替补劳动力的女性来说并不陌生。几乎一半的伯克利 00 一代母亲都曾在战争期间的某个时间段被雇用过，而她们当中大多数人在 30 年代也曾参加过工作。然而，家中无人的状态、社区参与的减少以及个人主义相应的兴起，让家庭生活在战后变得更加具有吸引力。下一章我们进一步剖析伯克利女性从 20 世纪 20 年代到"二战"时期的工作经历。

第 11 章

在职女性

> 战争期间，我的工作是秘书。生小孩之前，我也是做这个工作。我能稍微做一点事情，挣一点钱。有种爱国的自豪感。
>
> ——某伯克利 00 一代女性

湾区的战争动员开始之后，随着一大波又一大波的年轻男性被征召入伍，对技术工人和半技术工人的需求陡增。随着就业市场和对志愿者的需求扩大，女性和男性的工作机会大幅增加。受雇就业的男性因为参军而离开工作岗位之后，一些下级被提拔上来填补他们的空缺，一些空职则需要对外招聘，这种现象通常被称为"空缺链"。[1]"二战"期间劳动力市场的空缺链为有资质的女性创造了尤其多的新工作机会，而伯克利 00 一代女性往往填补了这些空缺。[2]据一名女性回忆，她原先是某武装部队图书馆的助理馆员，后来馆长被征召服现役，她就顶替了他的位置，而她原先的岗位则被另一名女性顶替。

铆钉工罗茜（Rosie the Riveter）是"二战"爆发之后女性在劳动力市场的角色发生转变的典型形象。相关历史研究经常强调，这个时期是进入男性主导行业的已婚女性人数长期加速增长的过程中的一个关键时期。[3]很多记载也称，"二战"期间已婚女性工作偏好上的变化，以及她们之所以接受原先仅向男性保留的工作，是出于爱国。[4]岗位空缺实在太多，男性无法全部填补，因

第 11 章
在职女性

此很多人认为，国家的未来需要同时依赖国内大后方的女性和男性，他们需要付出一些必要的努力，保持国家运转。[5]然而，也有一些人淡化了"二战"的影响，他们认为，女性在劳动力市场的参与率，在战争爆发之前已经在稳步增长，而且战争结束之后，战时女性就业率增幅明显下降，因为很多女性都回归了家务劳动。[6]因此，我们在这一章希望解答的问题是，面对战争期间工作机会的增加，伯克利00一代女性有何种反应、对此做何理解、有过何种经历，以及为什么会出现这些反应、理解和经历。

有关"二战"期间女性就业的数据，大多来自三方面的材料：按年或按每十年统计的与女性工作相关的全国人口普查或劳工局数据，数据按婚姻状况和职业类别进行分组；[7]从事一般由男性承担的军工工作的女性的口述史；[8]各类档案资料，包括已分门别类的广告、杂志文章、照片或广告、小说、战争宣传材料等。[9]通过这些资料，我们可以看到某个特定时点女性工作的情况，并且加深对特定军工工作类型以及当时社会、文化、经济环境等各方面的理解。然而，这些材料并不能代表女性群体的整体情况，也无法显示，女性在"二战"期间的工作与她们各个时间段的生活如何衔接。本章中，我们以伯克利00一代女性截至"二战"爆发的过往经历作为背景，在这个背景之下，来展示伯克利00一代女性"二战"期间的工作经历，以此反映出，女性的过去和现在中有哪些因素可能决定了她响应战争动员的方式。[10]

一半多一点的伯克利女性拥有高中学历（54%），38%至少接受过一点大学教育，一共有这么多女性在教育上做好了在外工作的准备。实际上，至少67%的女性报告其曾在生育一孩之前从事过有偿工作，工作类型大多是传统女性职业，例如护理、教书或文秘，但她们在怀孕之后，几乎全部辞去了工作。等到这些女性和她们的丈夫生下小孩，开始养育子女的时候，经济崩盘，很多女性通过在外兼职或全职，或者打理家族生意，来帮助维持家庭支出。"二战"前，除了家庭经济困难之外，已婚女性几乎没有考虑过因为其他原因出外工作。[11] 她们通过结婚生育之前的工作经历，获得了不同的专长，形成了不同的个人偏好，面临着不同的家庭现实，而这些都统统被带进"二战"时期。这一队列的女性，会如何响应"二战"时期劳动力市场的大幅扩张呢？

毫无疑问，"二战"是一段独特的历史时期，其间，经济机会、社会多样性、民族团结迅速提升。但是，女性参与工作，并非完全是新现象。对于很多女性来说，这一选择建立在她们过去的经历和现有的技能之上。此外，女性选择战时受雇就业，其动机也并非只是爱国情怀，这种选择也需要协调个人、家庭与社会的偏好和需求。关于女性在"二战"时期的工作，我们发现了一些独特之处，但在更大程度上来说，我们可以把它看成是她们过往生活的一种延续。

女性的战时工作

战争动员时期，尽管伯克利 00 一代家庭的经济状况因为男性受雇就业、赚取报酬而有所改善，但是对于很多女性来说，参加有偿工作具有巨大的吸引力。一方面，她们可以帮助缓解国家的劳动力需求；另一方面，她们可以挣钱扩大子女的教育经费。[12] 大萧条的那段日子，工作机会匮乏，劳动者经常需要勉强接受任何一个工作机会，然而到了战争动员时期，女性面前的劳动力市场有了很大改变。根据全国预测数据，在 1944 年某个时间点进入劳动力市场的已婚女性达到 37% 以上。[13] 伯克利 00 一代女性的就业率从 1940 年的 32% 上升到 1943 年的 45%，在这一年创下新高。而且在战争结束前，全职女性人数超过兼职女性人数（见

第 11 章
在职女性

附图 A11.1）。

对于伯克利女性而言，大萧条至"二战"期间，发生了很多变化，但是她们在家庭角色和经济状况上，仍然存在显著的延续性。这两个历史时期，已婚女性所面临的家务要求和时间压力都更大。大萧条时期，收入下降，她们需要通过家庭劳动来"凑活度日"；而战时因为商品和服务供应不足，她们需要省吃俭用。尽管两个时期的情况各有不同，但在 20 世纪 30 年代已经学会如何应对生活艰难的女性，在面临战时资源短缺时，在维持家庭运转上的能力更强。

需要调适最多的群体，可能是在 20 世纪 30 年代没有遭受不幸打击的女性。那时候，这些幸运的中产阶级女性不"需要"工作，她们也没有被逼到需要控制支出、省吃俭用的地步。20 世纪 30 年代，丰富的资源可以确保她们在最大程度上掌控自己的生活方式，但到了战争时期，外部规定直接影响了她们的掌控力。燃气和食物配额供应、布料短缺以及其他诸多限制，对富裕和不富裕的人都会产生影响。不管家庭多么富裕，可能除了黑市之外，一些商品和服务就是买不到。一位伯克利 00 一代女性在整个 20 世纪 30 年代都雇了一位女佣住在家里，可到了战争期间，要找人帮忙做家务实在太难。她回忆道："因为女性可以在船厂找到工资更高的工作，要找个人每周或者每月或者任何一个白天过来打扫房子都几乎不可能。我想我也并不是一定要人来帮忙，反正，所有事情我都自己做了。我记得我把黄油放进玻璃杯里，把蛋放进去，[14]然后把它们一起放进买来的大瓦罐里。人要向前看。"可以看到，"二战"期间女性即使没有加入劳动力市场，她们的日常生活也不同以往。

战争对工人阶级女性生活的影响小得多。大萧条时期，她们经济需求紧张，到了战时，经济需求依旧紧张。这部分是因为，一个家庭不论处在哪一个社会经济阶层，他们的期望永远高过他们的实际能力。[15] 我们在第 7 章中提到，一个家庭是按照它所期望实现的收入而不是实际收入来定义它的生活水平。战争时期，工资上涨，在经济重创之下过了多年勉强度日的生活之后，人们对商品的欲望被激发出来。1932—1933 年，虽然子女很小，但工人阶级的伯克利 00 一代母亲在外工作的概率是地位更高的女性的 2 倍多（25% 比 9%），而等到 1941 年，战时经济的繁荣发展吸引更多的中产阶级母亲加入劳动力市场，缩小了这方面的阶级差异之后，这个比值依旧保持（50% 比 24%）。

从图 11.1 中，我们可以明显看到在大萧条时期处于不同社会阶级和经济创伤程度不同的女性，在战时工作的情况差异。表中列出了四个女性群体各年的就业率，包括在大萧条时期被定义为中产阶级且经济未受重创的女性，经济受到重创的中产阶级家庭中的女性，经济未受重创的工人阶级家庭中的女性以及经济受到

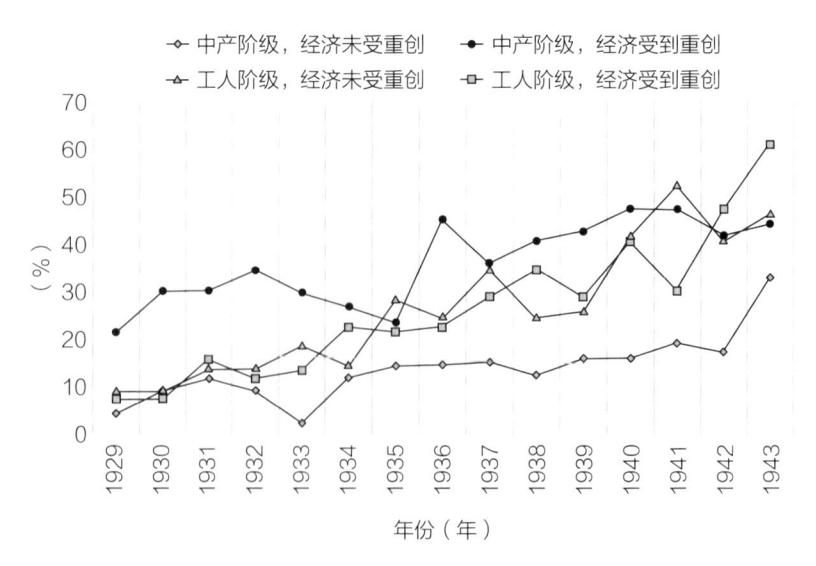

图 11.1 伯克利 00 一代女性 1929—1943 年在职情况，按社会阶层及经济重创程度划分（百分比）

重创的工人阶级家庭中的女性。在"二战"将近结束的时候,就业率上升幅度最大的群体是中产阶级女性群体,尤其是这一阶级在大萧条期间经济受到重创的女性。工人阶级女性的就业率在大萧条结束的时候已经相对更高了,这表明她们对在外工作存在某种路径依赖。那些把"二战"看作很多女性在外工作起点的历史研究,与这一女性群体的经历不相符。她们中的很多人都是重返或延续以前的工作岗位。

职业生涯的路径

有关"二战"在吸引女性,尤其是已婚女性进入劳动力市场上的作用,已经有很多讨论。从 1940 年 4 月到 1944 年 3 月,已婚女性在美国全部在职女性中占比 72%,有史以来第一次超过单身女性在劳动力市场中的占比。[16] 然而,90% 在战时受雇工作的伯克利 00 一代女性,在早前已经有过从事有偿工作的经历。图 11.2 展示了伯克利 00 一代女性在八种职业路径上的占比情况。时间跨度从繁荣的 20 世纪 20 年代开始,那时候她们很多人还是单身,到 20 世纪 30 年代和大萧条时期,她们至少已经结婚生育好几年了,再到 40 年代的"二战"大后方。其中有两种路径最为普遍,属于这两类的伯克利 00 一代女性各占比 30%。一种路径是在三个时期都曾在外工作,另一种是只在生育之前曾在外工作(到了大萧条和战后就没有再工作了)。只有 7% 的伯克利 00 一代女性在这三个时期从未曾在外工作。值得注意的是,这一类女性中有 37% 的人从大萧条到"二战",一直都是家庭主妇。

约 33% 的伯克利 00 一代女性在三个时期内——生育前、大萧条期间和"二战"期间——至少有一年的工作经历。这有点耐人寻味。她们的丈夫通常在供养家庭上感到吃力。这一群体中,

成家之前 (1930年前) →	大萧条期间 (20世纪30年代) →	"二战"期间 (1940—1943年)	
三个时期均参加过工作			30%
仅成家前参加过工作			30%
	仅在大萧条和"二战"期间参加过工作		15%
		仅在"二战"期间参加过工作	8%
三个时期均未参加工作			7%
	仅在大萧条期间参加过工作		4%
大萧条之前……		……和之后参加过工作	4%
"二战"前参加过工作,"二战"期间未工作……			2%

图 11.2 伯克利 OO 一代女性在三个时期——成家之前、大萧条期间、"二战"期间的工作路径

有近一半女性(41%)的丈夫患有某种障碍(例如,生理或心理疾病、酗酒),这导致在 20 世纪 30 年代,他们给家庭提供足够的经济或社会支持的能力受到限制。[17] 在这些女性的一生之中,已婚女性在外工作唯一能得到社会认可的理由是帮助应对家庭经济需求。[18] 她们因为在完成学业后但尚未走进婚姻前曾经参加过工作,所以具备了传统女性职业如护士、教师和秘书等所需要的实用技能。大萧条期间,这些服务行业的岗位继续增加,为这些女性贴补家用或在某些情况下成为家里唯一的养家之人带来了希望。[19]

有几名高中毕业的女性在三个时期均有过工作经历,而她们的目的是追求自己的事业,尽管她们丈夫的工资可以轻松满足家庭需求。一位女性在加利福尼亚大学伯克利分校某系部担任秘书,她表示自己非常喜欢这份工作。一同参加访谈的丈夫打断她,很自豪地表示她远不只是一名秘书,她能够娴熟地管理好系

部各方面的事务。他的母亲很"乐意"来照顾家里的小孩,因为"多挣来的这份工资,每个人都能花"。这位伯克利00一代女性在婚后、大萧条时期和"二战"期间一直在职。但是,对于大多数持续工作的伯克利00一代女性来说,她们工作的目的是满足家庭经济需求。等到"二战"期间,就业率和晋升率上升,她们要么重返劳动力市场,要么继续工作。对她们来说,在外工作不是一种新体验。

另有30%的伯克利00一代女性在婚前或生育之前参加过工作,但无论在大萧条期间,还是"二战"期间,都没有重返劳动力市场。与几位从未曾在外工作的女性一样,这类女性也主要是丈夫在这三个时期工作非常稳定或者蒸蒸日上的中产阶级女性。她们多数年龄偏大,生于1900年之前。这种集中分布情况可能反映了两个方面的问题。她们的成长经历,可能让她们比年龄偏小的女性更难接受已婚女性在外工作,而她们的丈夫因为年龄偏大,大萧条爆发的时候,他们的事业发展更加成熟,所以相比年龄偏小的男性,他们平稳渡过经济困难的能力更强。另外,婚后停止在外工作的女性离婚或患有某种生理或心理障碍的概率远远更小,不论是其自身还是丈夫患有障碍。她们拥有实现公众强烈支持的女性形象所需要的经济实力和家庭稳定,即始终做一名全职家庭主妇和全职母亲。

另一组伯克利女性(15%)的工作路径显示为,仅从大萧条时期开始在外工作。她们中有42%的女性受过一些大学教育,很可能中途辍学结婚,在婚前没有时间积累工作经验,然后就进入了大萧条。她们家庭可能遇到了经济困难和经济重创,因此往往需要她们帮助养家。另外,不确定是家庭经济困难的原因还是由其导致的结果,36%的这一组女性和42%的她们的丈夫都报告患有某种障碍,使得他们无法扮演自己的家庭角色。40%的女性在某个时间点离过婚,需要一份稳定的工作自食其力和抚养子女。

需要注意到,在三个时期都参加过工作的女性,和仅在大萧条期间或"二战"期间或两个时期内都参加过工作的女性的主要差异在于婚姻稳定程度。两个群体的女性都面临经济重创,但在结婚生育之前参加过工作的女性,离婚的概率更小。可能是她们借助过去的工作经验,找工作更容易,或工作更好,能够让家庭经济情况稳定下来。也可能是她们和她们的丈夫更容易接受女性参加工作,减少了婚姻矛盾。我们无法理清这其中的因果。仅在结婚和生育之后参加工作的女性经历家庭角色障碍(不论是丈夫还是自己患有障碍)和离婚的概率都更大。

伯克利00一代女性另一类独特的路径是仅从"二战"期间开始工作。这些女性一般年龄都偏大,受教育程度更低,但她们丈夫受教育程度比其他组别女性丈夫的受教育程度更高。这些女性嫁至社会地位更高的家庭,在大萧条期间经济受到重创的概率较小。相比其他人的丈夫,她们的丈夫有稳定工作或在职业上晋升的概率更高,但相比其他女性,这些女性经历某种家庭障碍或离婚的可能性更大。因此,这一组别的大部分女性可能是把战时参加工作看成是离婚之后或预料可能离婚时实现经济独立的机会。

其他三类路径相关的个案数量太少,我们无法就哪些因素影响了其职业生涯的演变得出可靠结论。然而,根据上文对其他五类路径的分析,我们可以清楚地认识到,经济重创和家庭稳定等家庭运转方面的情况影响重大,二者之间本身也高度关联。另外,从大萧条到"二战"期间,女性参加工作的可能性明显增强。曾经参加过工作的女性很可能重返劳动力市场或继续工作。

第 11 章
在职女性

工作类型

女性的工作路径也因她们从事的工作类型不同而不同。通过田野调查记录和访谈记录，我们详细地了解到伯克利 00 一代女性多年来的工作岗位。在密集调查样本组，我们获得研究工作人员从 1929 年到 20 世纪 40 年代中期记录的大量笔记和内容。此外，有一组女性和她们的丈夫在 1976 年参加了口述史访谈，其间她们被要求详细回忆"二战"时期的生活和情况。这些深入的叙述包括大量与"二战"期间女性工作类型相关的叙述，以及她们如何对比这一时期的工作和大萧条之前或期间的工作。

我们掌握了详细资料的女性一共 125 名，大约一半（62 人）的人报告其在战争爆发的 1941—1945 年期间在职。在这 62 人中，只有 3 位女性从事传统男性职业。其中，一人在船厂工作，一人在一家电子管厂做全职的半技术工，还有一人在奥克兰某军需仓库工作，开卡车和叉车，同时还帮忙修补大量的旧制服和外套，以便重新发放给前线的士兵。

这个数据与相应研究结果一致，即"二战"期间向女性宣传和女性所从事的职业，大多是服务行业的传统女性职业。[20] 很多这类岗位空缺都来自军队内部或军工企业，或因湾区人口激增导致饮食、洗衣、儿童保育和教育服务需求增多而产生。因此，"铆钉工罗茜"所代表的女性在"二战"时期进入新的或传统男性职业的刻板形象，可能更符合年龄更小的未婚女性的情况。年龄更大的出生队列，例如伯克利 00 一代女性的情况不太一样。

除了发现大多数伯克利 00 一代女性从事的是传统女性职业之外，我们还发现，密集调查样本组中，有 36 位婚后在"二战"之前参加过工作的女性，其战时工作所在的领域是她们之前受过培训，或直接工作过，或既受过培训也工作过的领域。这个结论更加印证了这个观点，即年龄偏大的女性在战争时期从事的工作并不总是像宣传的那样具有开创先河的意义。伯克利00一代女性的职业生涯很少出现大跨度转行的情况。

战争期间，随着人口增加、学校规模扩大，曾经在学校担任过教师、食堂员工或护士的女性工作更加稳定。商店售货员和收银员也继续保持她们的工作。偶尔发生变化的内容是雇主。例如，一名离了好几次婚的女性，在20世纪20年代断断续续地做过教师和摄影师，然后20世纪30年代在船厂找到一份徽章摄影师的工作。很多有秘书工作经验的女性，把她们的经验带进了军事基地或军工厂。

一些女性在原先工作过的领域获得了晋升，部分可能是因为一些女性被提拔到收入更高的岗位，或男性上级去了军队，导致人员流动。例如，一位女性因为丈夫去世，从20世纪30年代末开始，为养家而找了一份簿记员的工作，到了"二战"期间，她被提拔为标准石油公司分析实验室图书馆馆长。另一位女性，在一家百货商店做了好几年的售货员和收银员，在战争期间被提拔为簿记员。

有几名伯克利00一代女性继续料理家族生意，其工作时间、机遇和报酬都有上升的趋势。一位女性，家里经营着一个加油站，从大萧条期间开始，她断断续续地帮着做簿记的工作，到了战争时期，因为丈夫需要花更多的时间料理她从家里继承下来的核桃园的生意，她开始在加油站做全职工作。另一位女性在20世纪30年代定期去父亲的照相馆帮忙，父亲在1939年去世之后，她把照相馆接管下来，然后在整个"二战"期间都在那里全职工作。还有一位女性之前帮助他父亲打理过药房生意，"二战"期间，父亲去世之后，她接管了药房。

战时经济繁荣和机遇的出现，似乎让女性能够在上一辈去世、丈夫业务拓展或儿子离家服现役之后更多地参与家族生意。一些女性谈到，她们之所以有更多时间料理家族生意，是因为家里子女的年龄较大，在学校学习时间更长，或子女自己有工作。因为子女监管时间减少，女性更容易抓住工作机遇。

报告自己在"二战"期间参加过工作的密集样本组的62位女性中，有17位在婚后至"二战"前没有在外工作。这些女性大概率受雇于战争相关的行业，但大多数人的工作都是船厂计时员、海军、陆军或军工业文员等一类的工作。一些有研究生学历但在婚后没有参加过工作的女性，回到了与她们学位相关的行业。一位天体物理学博士入职了洛斯阿拉莫斯国家实验室（Los Alamos National Laboratory）物理学分部的一家分析实验室。另一位教育学硕士在"二战"期间，负责旧金山市"伟大图书作品"项目。

作为有一些工作经验的已婚女性队列，伯克利00一代女性所进入的工作岗位，通常都能够运用到她们通过学校教育或以前的工作学习到的技能。这些岗位主要是服务类工作，因此也是传统女性工作。她们之所以没有从事铆钉工罗茜等形象所刻画的工作岗位，主要与她们所处的人生阶段有关：那些岗位上的女性主要是年轻未婚女性。[21] 不过，也可能是因为，年龄更大的女性，对能够运用到以前工作技能的岗位更感兴趣。

形塑女性工作

为了进一步了解伯克利女性工作的情况，我们有必要了解她们的工作动机、限制和经验在不同时期发生了怎样的变迁。这些女性经历了重大经济转折和社会转折，这些转折发生的同时，人们对女性及女性角色的期待也在改变，包括在外工作是否被认可以及什么时候在外工作才被认可。社会历史这些方面的内容，与女性个人及其家庭生平相互作用，共同形塑着，并不断重新形塑着女性工作的期许、可接受性以及工作经验。目前，我们对在20世纪20年代、30年代、40年代参加工作的女性的期待和经历知之甚少，因此，有关伯克利00一代女性及其丈夫的访谈记录，为我们了解这些问题提供了独特的启示。

确定边界

与其他有关这一时代的叙述一致，我们所使用的定性数据中，几乎没有证据证明伯克利00一代女性因为在结婚生育前在外工作而受到否定。单身女性在外工作补贴原生家庭，或是在婚前养活自己，这都十分普遍。[22] 婚后或婚后不久，大多数女性会辞掉工作，开始至少在一段时间内担任家庭主妇和母亲角色。

只有少数几位女性例外，有意思的是，她们在婚后坚持发展自己的事业。其中一位女性是一名教育学者，她创建并运营了一家私立学校。上文还提到另一位女性，在加利福尼亚大学伯克利分校某系部做了多年的秘书。她和她丈夫有一次在访谈时开玩笑说，还好她丈夫从他们结婚开始就对她希望工作的愿望表示理解，要不然，她坚持不了多久。他轻声笑了出来，表示他对她工作没有意见，"钱毕竟是钱"。还有一位女性，在一家餐饮公司当服务员，后来和丈夫一起创业种植玫瑰，她表示自己从来没有觉得一边工作一边做母亲是一件困难的事情，她说："我觉得我压根儿没有时间思考这些问题。"她丈夫补充说，他也和她一样，不在乎她参加工作。"我们有共同的目标……我不反对她工作。我能感觉到，她喜欢工作，就像我喜欢我自己的工作一样。她一直都是一个健康、精力充沛的人，我也一样。"尽管这些女性仅仅是少数，但是，认识到有一些女性曾公开表示她们对自己的工作很满意，同时丈夫也很支持这一点，对我们来说很重要。

上文提到，决定伯克利 00 一代女性在婚后是否重返或进入劳动力市场的最关键的因素，是大萧条时期或之后出现的经济重创。这体现了规范的力量，即除经济上有必要，已婚女性不应该工作。对伯克利 00 一代女性及其丈夫的访谈记录，能够反映出这一规范形成的基础。大多数情况下，丈夫会认为，在经济上供养家庭是他的职责，因此，如果妻子参加工作，这意味着丈夫没有实现供养家庭的预期。很多在婚后没有工作的女性都把丈夫的反对列为她们不工作的主要原因。她们描述丈夫对已婚女性工作的看法时，用到了"狭隘""保守""专横"等这些词。妻子从婚后开始从未在外工作过的男性被问到其中的原因时，他们只是简单地回答道："因为没有这个必要。"

这个问题的另一面是，当时人们普遍认为，女性最重要的职责是养育子女。在 20 世纪 30 年代或 40 年代没有在外工作的女性对此做出的解释，通常是因为她们需要在家抚养幼儿。婚后在外工作的女性偶尔会谈到，她们因工作那些年没能充分陪伴子女而感到后悔。一位女性在大萧条和"二战"期间因为家庭经济需要，在外做财务总监，她说："那个时候需要出去工作，我很遗憾，因为我觉得子女还小的时候，母亲应该待在家里。我想可能是我在那方面比较保守，我觉得子女还小的时候，需要母亲持续的照顾。但我没办法，我必须工作，必须离开他们。"

男性应该赚钱养家而女性应该照顾家庭的这种强烈的观念，强化了已婚女性不应该进入劳动力市场这一长期规范。[23] 即使已婚女性出于家庭经济需求确实需要在外工作的，她们也遭到一些否定。到了大萧条期间，这种否定还得以升级。当时媒体公开批评已婚女性参加工作，她们被控诉抢走了努力赚钱养家的已婚男性手中的工作。[24] 事实上，在大萧条期间消失的大部分工作岗位都来自生产制造业，或是劳动强度大的体力活。相反，服务业仍在发展，而传统女性工作如教师、护理和速记员等这些工作岗位仍有很大的劳动力需求。[25] 男性失业的情况之所以比女性严重，很大程度上与就业市场严重男女分化有关，即传统女性工作仍然存在空缺，而传统男性工作正在消失。但即便这样，女性还是被责怪抢走了男性的工作。[26] 同时，女性还需要忍受就业歧视。因为已婚女性工作通常被认为是为了挣钱买不必要的奢侈品，男性受雇的岗位级别通常高于女性，工资也高于女性。[27] 一些雇主针对已婚女性设置了招聘上的"婚姻门槛"，即女性一旦结婚，她就应该辞职。[28] 甚至新政的一些内容也向女性施压，让她们待在家里。例如，如果家庭收入超出一定标准，男性则不能从公共事业振兴署获得工作，这样一来，为了让丈夫能够有机会获得这些工作，一些妻子自己则不能参加工作。[29]

拓宽边界

相较之下，"二战"到来之后，伯克利00一代女性一致报告，称工作机会无处不在。当地报纸称赞了女性劳动者的牺牲，并且帮助整合社区资源，以提供足够的日托服务，这种现象在十年之前无法想象。[30] 至少在短暂时期内，全国上下对"打胜仗"的兴趣在部分程度上推翻了有关已婚女性劳动力的社会观念、规范和刻板印象。[31] 尽管女性仍然面临薪资和待遇上的歧视，但她们成为一项民族事业的一分子，这项民族事业的成功，将保障家庭的平安，让人们过上正常的生活。[32]

很多历史研究强调爱国主义在激励已婚女性参加工作上的作用。爱国主义无疑发挥了一定的作用。但是，根据伯克利00一代女性在战后几十年的回忆，爱国主义只是第二大激励因素，甚至不是激励因素之一。她们从未提到爱国主义是她们参加工作的唯一动因。大多数女性在爱国主义之外，还提到补贴家用，例如本章章首语提到的那位女性。上文也提到，本研究中在"二战"中有过工作经历的已婚女性中的很大一部分，在大萧条期间也工作过，而且家庭经济上一直都有困难。有些人因为丈夫去世或离婚，而成了家庭唯一的养家之人。对于她们来说，"二战"时期受雇就业可以带来她们十分期盼的升职和涨薪，更不必说，此时还有大萧条时期她们未曾得到的社会情谊和尊重。

这两个时期内，女性收入都在家庭经济中起着重要作用。因此，她们在这两个时期受雇就业，并没有彻底背离女性的天地在于家庭的这个观念。但是，战时经济减少了家庭极度需求与女性受雇就业之间的关联，创造了表达个人和社会价值观的空间。与 20 世纪 30 年代相比，战争时期的伯克利 00 一代女性更有可能为了家庭以外的因素参加工作，而这些工作，创造了她们进入劳动力市场以来最满意的一些回忆。

男性把"二战"时期的工作描述为狂乱、让人筋疲力尽，然而女性在 1976 年接受采访时，通常带着一种怀念之情回忆起自己在战争时期的工作。当那位在军需仓库开叉车的女性被问到"二战"时期的经历时，她回答说："可能说这些话有点不好意思，但那个时候我过得很愉快。有工作，回报也很多。"她所说的"回报"，似乎不仅仅指薪资高。她的待遇不错，是几年前她做护士时的薪水的 2 倍，那会儿她丈夫患上了肺结核。军需仓库在离她家几个街区的地方，她报告说当时女性职工人数是男性职工的 10 倍，"工作上没有冲突"。当被问到工作的地方是否有工会时，她回答说："哦，没有，打仗的时候没人关心工会的事情。"她说，工作上她从未经历过任何形式的歧视，相反，和几百名女性一起缝纫，一起修补军需品，从火车车厢和货车上卸货、上货等，让她深刻感受到大家的团结一致。她们可以加班，时长自己掌握，也可以安排自己每天 3 点半下班，到家等小孩下课。她还温情地描述了她和同事一起献血和组织劳军活动的经历。有能力挣更多的钱，自己的贡献得到了认可，以及可以与单位里其他女性建立联系等，这些感触让人联想到女性对她们刚完成学业到结婚之前的受雇就业经历的描述。

一些在"二战"时期参加过工作的女性报告，当时人们对女性工作并没有偏见。有 3 名女性明确提到，当时她们街坊里的所有女性都在工作。1 名女性察觉到，女性的工作，在一定程度上通过社交网络得以扩散。这种情况不只是发生在工人阶级社交圈。一些中产阶级女性报告称，她们的朋友鼓励她们出去工作，这样一来，大家可以在一起工作。她们反复提到，当时没有人考虑已婚女性应不应该出去工作的问题。但是，这种表述与一些上层中产阶级女性的表述有所不同，这些女性的丈夫在大萧条和"二战"期间的薪水都很丰厚。她们大部分都说，她们认识的人里面，没有人在"二战"时期参加过工作。

人们对在职女性子女福利的问题感到担忧。如上文提到的 1 名女性一样，有些女性后悔自己在本应在家照顾小孩的时候出去工作。维护这种普遍观念的主要策略是调整女性的工作时间，让她们可以送小孩上学，在家等小孩放学。一些女性提到，这些时间段向雇主请假很容易，因而能够赢得丈夫的支持，因为这样一来，她们可以在家里等小孩放学，还可以准备晚饭。1 名女性叙述了当时如何争取让 10 岁的女儿和 14 岁的儿子一起做家务："他们有人去买东西，有人打扫卫生。他们很乖，没有讨厌做家务，我还会付他们一点钱。"如果女性可以说服其他人，相信她们不会落下自己的家庭责任，那么她们受雇就业就更容易被接受。

第 11 章
在职女性

社会对已婚女性受雇就业的非难，在战时有所减少，但其仍然把已婚女性参加有偿工作视为暂时性的、补充男性收入的安排，女性仍然被期待完成自己的家务工作。甚至丈夫彻底失业的女性都报告称其需要一边工作，一边包揽所有家务。一些选择在"二战"期间不出去工作的女性，称这是因为她们无法承担两个班次。一位女性说："我身体没那么好，无法在工作了一整天之后，晚上回到家还继续做家务。"

从伯克利00一代女性前后几十年的生活经历——婚前、大萧条期间和"二战"期间——我们可以发现有关女性受雇就业的一些普遍解释或动机，不同解释或动机在不同时代的优先性不同。在经济困难时期和男性劳动力短缺的战争时期，认为男性应作为主要，甚至唯一经济来源的观念虽然很强烈，但是受到了挑战。但是，养家人—家庭主妇的模式依旧牢固，部分程度上也成为"二战"结束之后很多已婚女性退出劳动力市场的原因。这种观念与"密集母职"观念的兴起密切相关。"密集母职"观念认为子女需要母亲持续的关注，这也成为鼓励已婚女性尽可能待在家里的另一价值观。[33]

爱国主义也在20世纪40年代走上舞台（其在"一战"期间也发挥了重要作用），并且在某种程度上，尽管是暂时性地，凌驾于养家人—家庭主妇的规范之上。也可能是一些女性开始为了追求个人满足感和成就感而参加工作。当她们被问到为何在"二战"期间参加工作时，一些女性回答说，因为"所有女性都在工作"。一些人提到当时她们街道的所有女性都在同一个地方工作，她们很享受坐同一趟公交车上下班时的社交时间。在谈到婚前和"二战"期间的工作经历时，她们听上去很开心。这两个时期，社会对已婚女性参加工作的认可度更高。因此，社会认可度更高的时候，自豪感和乐趣很可能是推动她们重返劳动力市场的动因。

但是，认为女性可能是为了自己考虑而参加工作的说法或想法并不可取。社会学家萨拉·达马斯科（Sarah Damaske）发现，做母亲的人——不论是否参加工作——绝大多数都称其是否参加工作的决定，是基于家庭利益最大化的考虑。[34] 但是，这并不表明个人喜好并未发挥作用。实际上，经济学家 T. 奥尔德里奇·法恩根（T. Aldrich Finegan）与罗伯特·马戈（Robert Margo）提供了证据证明，20 世纪 40 年代已婚女性进入劳动力市场与其丈夫雇用状态之间的关联，要弱于 20 世纪 30 年代。[35]

反常的案例只有一个，1 名女性直接表明自己对参加工作有强烈的个人意愿。她还小的时候，随家人一起从瑞士迁入美国。她说："过去的生活对我来说，既漫长又艰难，非常艰难。过去，我几乎没有任何生活，就是带小孩。对于很多女性来说，这没有什么。但我感觉自己受到了欺骗。"她丈夫极其反对她出去工作，所以在瞒着丈夫的情况下，她去上了打字班，还把在家练习的打字机藏了起来。他们家原先开了一家商店，但在大萧条结束的时候倒闭了。为了维持生计，她去应聘了一份百货大楼的工作。"是一个星期六，我去那里应聘。当时我穿着运动服，然后他们就问，'给你安排一个能穿运动服上班的工作怎么样？去 54 号部门，在二楼，直接开始工作。'当时是早上 11 点。还有四处来的其他女孩子，她们的丈夫和我的丈夫一样，都是海军。他不知道我在工作。"

她没有说明她是用什么办法，把她工作的事情瞒了那么久，但她在不顾丈夫反对的情况下私底下坚持工作，这体现了她希望不再被那段经历所"欺骗"的强烈的个人愿望。

为经济上补贴家用之外的原因而参加工作的愿望，在伯克利 00 一代女性的一生中不断滋长。她们对参加工作所带来的个人利好及社会利好的反思，预示着女性事业发展及女性家庭经济角色上的革命即将到来。

情境之下的女性工作

对"二战"期间女性工作的研究，通常关注它的独特性，及其与之后几十年的女性工作模式之间的关联。然而，对于伯克利00一代女性来说，"二战"时期的工作，是现有一系列工作经验当中的一个环节，其在很大程度上受到之前经历的影响（例如，婚前或大萧条期间获得的工作技能，以及家庭持续的经济贫困）。这对于我们开拓视角，理解参加过工作的女性，她们参加工作的时间，以及"二战"期间她们的工作类型等问题有重要意义。这些女性对参加工作并不陌生，尤其是对于那些在婚前有充分机会参加工作，或者在大萧条期间需要在外工作使得她们的年轻家庭可以维持生计的女性来说，更是如此。

以往对"二战"时期女性工作情况的研究，都强调这一时期的爱国主义精神是推动女性进入劳动力市场的因素，这一点可以理解。但可以肯定的是，爱国主义仅仅是动因之一。它也是获得高度认可的，能够为女性参加工作辩护的公共叙事。但是，我们从伯克利00一代女性的声音中看到了更为复杂的动因，虽然她们表述的直接程度不同。为了在必要时供养家庭，或提高家庭收入以满足越来越多的物质需求，希望和女性朋友以及邻居一起工作，甚至是对工作的喜爱等，都是推动女性参与劳动力市场的动因。我们需要牢记这些在背后推动女性参加工作的复杂动因，并考察随着不同时期可被接受的公众叙事发生变化，它们各自如何成为主导因素，或又如何被掩盖。

实际上，"二战"结束后，大多数美国女性都回归了家庭。曾一度被拓展的女性工作的边界又重新回归原位。本来一直就不怎么受欢迎的政府资助的儿童保育中心被撤资。[36]家庭结构上,强调女性属于家庭而不是劳动力市场的养家之人—家庭主妇模式重新成为生活的指导框架。

独一无二的追踪数据,为我们了解女性工作的延续性和变化提供了前所未有的视角。这个视角,挑战了之前将"二战"视为推动女性进入劳动力市场的唯一转折点的普遍观念。这个视角让我们更加认识到,对某一时点女性工作情况的理解,需要以一定的情境为背景,而这种情境包括她们的过往经验,包括其个人、家庭情况,还包括社会与历史环境。

第 12 章

一代又一代

> 以前，父母就只是让小孩长大，然后希望他们能够长成最好的样子。我们这一代的父母则总是担心我们自己是不是哪里做错了。
>
> ——某伯克利 00 一代女性

随着伯克利 00 一代的生活画卷逐渐展开，儿童及家庭相关的科学研究也在逐步发展。他们这一代人在 20 世纪 20 年代生育子女成为父母，相比他们自己的父母，他们获得更多有关儿童和家庭发展的信息，并从中受益。这些信息的增长速度和他们子女成长的速度一样快。这些新信息是什么？育儿发生了怎样的变化？新的性别观念如何改变夫职、妻职、父职和母职的含义？又如何改变父母对儿子和女儿的期望？这些父母如何在一个变化迅速的世界里，管教好新一代的年轻人？

通过伯克利指导研究的档案资料，尤其是在"二战"结束之后，对 00 一代（当时他们的子女大概 17 岁）所进行的访谈记录，我们得以观察他们的经历与他们自己父母的经历有何不同，他们的青年时期与他们子女的青年时期有何不同，他们认为现代男性和女性有何优点和缺点，他们对儿子和女儿有着怎样的期望。而这些观察，又为我们理解从一代到另一代的历史变化提供了清晰的视角。令人惊讶的是，我们的故事一再地反映出，00 一代在形塑或预示当今父母的很多观点、策略和挣扎上，起到非常关键的作用。

走向现代育儿的漫长弧线

1820 年之前，美国所有与育儿相关的专家建议都是源于英国的舶来品。[1] 其后，一些美国文献开始主张，母亲们通过育儿可以改善国情甚至拯救美国，因为母亲是子女道德发展的负责人。[2] 这与 18 世纪起源于美国革命（American Revolution）时期的"共和母亲"的概念一脉相承。在"共和母亲"的概念之下，女性是"公民道德的守护人"，她们有义务教育每一代的女儿们，维护丈夫和子女的道德。[3] 因为被赋予了这项义务，女性属于家庭的观点得到进一步强化。为了履行赋予女性的这项义务，母亲们依靠宗教和文化传统来指导育儿。

科学家和专家的出现

更为科学的育儿方法，直到 00 一代出生前后，才开始出现。这些育儿方法对长期存在的文化规范提出挑战。L. 埃米特·霍尔特（L. Emmett Holt）撰写了《儿童护理与喂养》（*Care and Feeding of Children*）一书，该书从 1894 年到 1910 年先后发行多版，其鼓励父母向专家咨询儿童护理方面的知识。霍尔特本人也是这方面的专家，他在很大程度上否定了"母性本能"的观念，相反，他为母亲们提供明确的指令，这些指令几乎没有解释空间。他强调，喂食、洗澡、睡眠和排便等作息需要严格遵循时间表，并且建议母亲警惕病菌、避免给婴幼儿过度的刺激。他不建议母亲亲吻婴儿，告诉她们要忽略婴儿的哭闹，要打破婴儿吸吮手指的习惯。上层阶级和中产阶级母亲比工人阶级母亲更有可能

第 12 章
一代又一代

接受霍尔特的建议。

大约同一时期，心理学家 G. 斯坦利·霍尔（G. Stanley Hall）开创了儿童研究运动，尤其是随着他在 1893 年出版的《儿童入学时的思想内容》（*The Contents of Children's Minds upon Entering School*）一书和 1907 年出版的《青春期》（*Adolescence*）一书的知名度越来越高。[4] 霍尔所倡导的育儿观念比霍尔特的观点更进步、更灵活。例如，他倡导父母应该尊重儿童，但是，他也仍然强调体罚的必要。霍尔增加了人们对儿童不同发展阶段需要采用不同育儿方法的认识。他也比霍尔特更加相信母亲，尤其是受过教育的母亲的能力。然而，在这个时期，持家和母职被越来越多地描述成需要依靠培训和专家指导的专业领域。

到了 20 世纪第一个 10 年，伯克利 00 一代中最小的一批人进入儿童或青春期，最大的一批人还有几年就到了自己成家的年龄，这一时期，父母们能够获知的育儿信息的数量和质量出现了革命性的发展。1912 年美国儿童局（US Children's Bureau）的设立在其中发挥着尤为重要的作用。它是世界上第一个专职关注儿童问题的政府机构，也是美国第一个由女性担任负责人的机构。当时它的负责人是朱莉娅·莱思罗普（Julia Lathrop）。[5]

儿童局发行了一系列刊物，截至 20 世纪 20 年代末，这些刊物已经惠及美国一半左右的婴儿。[6] 此前，育儿知识大多是以非正式的方式通过女性代际传递。儿童局刊发的出版物不仅将育儿建议纸质化，让它们变得通俗易懂，还让它们具有更强的规范作用。儿童局最初的工作重点，是如何通过研究、外展服务、干涉和政治宣传，降低婴儿死亡率。通过社会调查，它发现了导致婴儿死亡率上升的几大因素，包括贫穷、收入低、移民身份和母亲在职等情况。儿童局在 1913 年刊发的第一份简易宣传册名为《产前护理》（*Prenatal Care*），旨在降低婴儿死亡率，而它在同年发起的"婴儿救助行动"也主要关注产前护理、卫生和母亲教育。

《产前护理》之后，1914年，另一本篇幅更长的宣传册《婴儿护理》（*Infant Care*）面世。[7] 它为母亲们提供了更多方面的知识，包括洗澡和睡眠、母乳喂养和固体食物、免疫接种和伤病预防，以及口腔健康、紫外线保护和运动等。[8]1918年，该局刊发的另一本宣传册面世，名为《1~6岁的儿童》（*Your Children from One to Six*），其中包含儿科医生和产科医生针对婴儿期之后几年的儿童教养所给出的建议。[9]

育儿科学与专业的成熟

20世纪20年代，伯克利00一代已全部成家，并且很快会生下一个小孩，在1928年进入伯克利指导研究。直到这个年代，有关儿童的科学研究和育儿专家的职业化才趋于成熟。联邦政府依照1921年国会通过的《谢泼德-汤纳法》（*Sheppard-Towner Act*）——更正式的名称是《母婴福利与卫生促进法》（*Promotion of the Welfare and Hygiene of Maternity and Infancy Act*）——而拨付的资金，加速了这方面发展的成熟化。在联邦基金的帮扶下，各州包括加利福尼亚州及各地，例如伯克利市，扩大了妇幼公共卫生发展方案，包括开办妇幼卫生诊所、推行助产计划、建设旅游示范点和旅游中心以及组织育儿资料等，并收集死亡率和患病率相关的统计数据。

儿童发展研究学会（The Society for Research in Child Development）把1922年视为儿童发展学科首次获得公开承认的一年。当年，美国国家科学研究委员会（National Research Council）新设负责儿童发展研究的小组委员会。1925年，小组委员会正式获名"儿童发展委员会"（Committee on Child Development），办公地址位于国家科学院（National Academy of Sciences）。1933 年，该小组委员会被并入新成立的儿童发展研究学会。

20 世纪 20 年代末，在劳拉·斯佩尔曼·洛克菲勒纪念基金的资助下，全国多所大学设立儿童研究所，儿童发展与育儿科学得到进一步发展。加利福尼亚大学伯克利分校的人类发展研究所（当时是儿童福利研究所）便是其一。后来，该研究所发展成为众多科学研究的权威中心，同时也是社区的宝贵资源，它为众多家庭提供了儿童与家庭发展方面的专业服务和知识。[10] 伯克利指导研究恰如其名，是一项旨在为父母提供这方面信息的实验。[11] 同一时期（1926 年），第一本专注育儿知识的重要主流杂志《家庭》问世。儿童局局长主持的 NBC 流行广播剧《你的小孩》（Your Child）也差不多在这个阶段（1929）开始播出。[12] 1936 年，儿童发展研究学会开始刊发影响甚广的《儿童发展专著》，引发专业人士和普通民众对儿童发展的讨论。

值得注意的是，这些研究进展开始提出关于父亲角色的问题，至少是中产阶级父亲角色的问题。00 一代还是儿童和青年的时候，他们周围的一系列观念都在发生变化。尽管男性养家和父权权威的传统没有改变，但是一种更加友爱的家庭理念开始出现，这种理念强调父亲的关爱及其与子女关系的重要性。[13]

20 世纪 30 年代，学科继续发展，儿童局发布的新期刊更是助推了这一发展趋势。期刊名为《儿童》，1936 年开始发行，直至 1953 年结束。它面向各州和各社区的广泛群体，"旨在为儿童生活打造更坚实的基础"。[14] 1935 年颁布的《社会保障法》（Social Security Act），通过四个章节的内容为妇幼提供具有里程碑意义的保护，分别是"对受抚养子女的援助""妇幼保健""残疾儿童服务"，以及"儿童福利服务"。[15] 大概在 1930 年，全职受雇就业的最低年龄提升至 16 岁，14~15 岁的青少年仅可在学校不上课期间在外工作。[16]

因此，不足为奇的是，儿童发展学科在20年和30年代的蓬勃发展，为日常语言引入了很多新词汇并得到广泛使用，例如"同胞竞争""恐惧症""失调""自卑"和"俄狄浦斯情结"等。同时，它的发展还为人们提供了重要的视角，让人们了解到不同的育儿方式，例如育儿方式的"苛刻程度"和"宽容程度"，以及儿童发展的不同阶段和重要节点，以及他们在特定年龄的特点，例如"糟糕的两岁"。通过其中一些阶段的界定，我们可以看到西格蒙德·弗洛伊德（Sigmund Freud）的观点，在他于1939年去世之后的二十年里，如何持续激发着公众的想象力。

尤其多的中产阶级母亲开始寻求心理学家的帮助解决一系列问题，并且成为育儿信息的消费者。[17] 报刊专栏和杂志文章给出建议，强调满足儿童情感需求的必要性，强调育儿是一门需要学习的技能，而育儿不当会给儿童造成灾难性的后果。[18] 父母也开始为情感支付附加费用：关注为孩子做正确的事情，加剧了父母的焦虑。在几十年的时间里，以前被认为对父母具有经济价值的儿童，变成"经济上无用"，而"情感上无价"。[19]

我们在第10章和第11章提到，20世纪40年代战争动员时期，女性参加工作刺激了对实惠高质日托服务的需求。因为儿童局强调母亲的陪伴对保障儿童福祉的作用，因此它对此采取的是防御性姿态，进一步强调女性应该保卫她们作为母亲的角色。儿童局建议，日托服务仅在有母亲迫于经济需要出外工作的社区开设，而且只面向2岁以上的儿童。它还建议推行"寄养家庭"式日托服务，即由其他待在家里的母亲提供家庭保育服务。对于3岁以下的儿童来说，这种方式被认为优于集体保育。[20] 在动员高峰期的1942—1943年，儿童局还发布了广播剧《战时儿童》，并且针对战时儿童身心需要，发起了一系列杂志、报纸宣传，制作了一系列手册和宣传册。战后，联邦和地方政府不再提供儿童保育支持，鼓励在职女性重新履行她们作为全职母亲的主要职责。

育儿的代际变化

战后不久，本杰明·麦克莱恩·斯波克（Benjamin McLane Spock），也称斯波克博士在1946年发布的畅销书《婴幼儿保育常识书》（*The Common Sense Book of Baby and Child Care*）成为几十年以来以科学实证和临床技术为基础的育儿建议的集大成者。[21] 1946年以前，伯克利指导研究已经完成了一系列访谈，00一代亲眼见证了这门学科知识的发展。在对比自己与自己母亲的经历时，一位伯克利00一代女性说道："现在的父母有了更多的培训，更多的知识。联邦（儿童局）的那些公告很有用，我对于儿童成长以及他们在各阶段的问题都比我的母亲了解得更多，想到这些，我就明白了，尽管现在的问题更复杂，但现代父母应对这些问题的能力更强了。"

另一名父亲也做了类似的解释："不仅孩子们的饮食比他们父母在一个世纪之前的饮食更好，而且现在越来越多的父母也都读过、思考过、听说过心理学。在父母与子女相处的短暂时光，父母能够能理解他们，更有能力帮助他们。"

按照大学教育培训以及流行期刊的说法，父母知识水平的提高，推动育儿方式从我们或许可以称为"自然"的模式——小孩就这么长大——向更加"科学"的模式转变。伯克利00一代似乎是最早身体力行社会学家安妮特·拉鲁（Annette Lareau）所称的"协作培养"模式的父母，这种模式下，父母通过有组织的活动有意培养儿童的天赋、成就和个性。[22] 对于00一代来说，这些育儿策略与他们自己父母所使用的策略大相径庭。儿童走向家庭生活舞台的中心。用一位父亲的话说："以前的父母养孩子更轻松，他们不需要给小孩太多的关注，让他们长大就好。他们没有现在这些条条框框，一定要让小孩上幼儿园，给他们安排各种特殊课程，担心他们的适应情况，等等。我们的孩子被这样或那样的事情拴住了——比如幼儿园，这项研究，或类似的东西——从他们一生下来就这样。所有这些事情都要占用父母的时间。"另一位父亲更加直言不讳："在我父母那一代，小孩只需要被看见，而不需要被听见。一家人不会像现在这样，围着小孩转。"

父母们反复提到他们给小孩创造的，但自己小时候没有享受过的一系列机会：音乐、艺术、舞蹈课；衣服、玩具和其他物质；丰盛的食物；更好的教育和医疗保健；父母更加投入，家庭关系更好，经济安全程度更高的"好家庭"。一些父母表示，他们这一辈有人主动选择比自己父母一辈生的更少，就是为了能够把更多的投资倾注在孩子身上。一位父亲对这种观点做了简明扼要的总结："我们必须控制家庭规模，这样才能确保每个孩子获得他需要的帮助。"

尽管"科学"育儿有诸多优点，但它也有不好的一面。随着父母对儿童心理了解得更多，这些知识也带来了压力、焦虑和一种无能感。一位中产阶级母亲辛酸地描述了这种痛苦："有关父母的宣传实在太多了，它们指出父母要对小孩的心理负责，说我们总是过于焦虑，担心我们会造成某些固着（fixation）。以前，父母就只是让小孩长大，然后希望他们能长好。如果没长好，那是因为小孩任性。但我们这一代的父母则总是担心，我们自己是不是哪里做错了。"

但是，我们不要忘记，伯克利00一代与他们的子女一同参与的那项研究——伯克利指导研究恰恰是为了通过儿童心理研究，向他们提供育儿信息，这也可能是为什么中产阶级父母和工人阶级父母在有关育儿方式代际变化的描述上，没有重大差异。中产阶级父母可能通过其他方式成为育儿信息的主要消费群体，但是工人阶级父母，受益于伯克利指导研究，在挑选这方面的资料时，比同阶级其他父母更懂得精挑细选。

在有了这方面的科学知识储备之后，00一代意识到，现今的育儿方式已经不像他们自己父母那一辈人所想的那么明确、那么统一。他们发现，父母的角色必然具有模糊性和不明确性，因为即使是那个年代的美国生活，也需要比过去更多地接触不同的人和观点。他们说，以前的人很明确什么样的做法是"正确的"，因此很早就把年轻人训练成符合父母要求的样子。这对于儿童的发展可能不是一件好事情，但是对大人来说更简单，从某种程度上来说，对小孩也更简单。用一位母亲的话说："因为知道界限在哪里，每个人心里都更安定，但是现在（1946年），不管是父母还是小孩，都不知道界限在哪里。"但是，也有一位母亲承认："（对于我父母那一辈人的人来说）做'正确的事情'一定很痛苦，完全按照父母的意志做选择，挺荒谬的。"到头来，00一代陷入了一种矛盾状态，一方面他们有了远远更多育儿知识，但另一方面他们又觉得自己知道的东西更少，因为标准变得不再那么明确，导致育儿方式不一致。

性别观念的变迁

各代人之间，不仅育儿观念在改变，性别观念也在改变，这影响着做一名男性、丈夫、父亲或女性、妻子和母亲的含义。我们即将看到，伯克利指导研究档案资料所记录的有关现代男女的优缺点，以及父母对子女期望等方面的讨论，鲜明地反映了性别观念的变迁。

人们当时普遍对男性抱有积极期待，用一些伯克利00一代妻子的话说，希望男性可以对妻子"少一些限制"，对孩子"少一些专断"，总体上"少一些传统"。在另一位母亲看来，现代男性的优点在于："他不再按照传统父权主义要求妻儿服从，变得更融通，受教育程度更高，兴趣也更加广泛，生活不再是只有起早贪黑的工作，而没有精力花在别的事情上。"

同时，如我们在第10章所见，战争时期和战后年代始终存在一个主旋律，即在经济压力之下，男性即便想在丈夫和父亲角色上有所改变，改变也并不容易。工作压力和经济责任不断增加，长时间的工作意味着他们陪伴家人的时间更少。如一位母亲观察所见："现代男性的问题是，随着物价的上涨，他们需要背负沉重的经济负担。很多男性坚守在他们并不喜欢的一些枯燥无聊的岗位上，因为他们背负着经济责任，他们不敢辞掉工作，去找可能更好的工作。"这种趋势让很多在大萧条时期经历了漫长失业期的男性，内心变得更加痛苦。经济不论繁荣还是萧条，养家人这个角色本身，就给男性生活带来了压力和痛苦。

尽管如此，由于对家庭父权主导地位的期待降低，加上对女性接受教育和参加工作的期待更高，更加平等的婚姻成为可能。父母们不断强调，婚姻应该被视为一种伙伴关系，以相互妥协和更多的表达与陪伴为特点。财务处理方式尤其可以反映婚姻平等程度——女性不仅对家庭财务状况更加了解，她们还能够帮助决策家庭的支出或储蓄。

需要记住，我们所援用的访谈记录大多在1946年完成收集，也就是在战后不久。这是一个重要的历史时期，其间，因为女性进入劳动力市场，儿童保育和家务管理上发生了重大变化——这些角色变化在战后仍然有人争取。但在很大程度上，"二战"时期女性在外工作只是被定义成一个为了帮助国家而暂时发生，一旦战争结束便不再继续的现象。[23]

因此,我们听到 00 一代在对女儿未来的期望上发生矛盾也不足为奇。新的道路在向女儿们敞开,用一名父亲总结的话说,她们"受教育程度更好,工作经验更加丰富,能够为孩子提供更好的照顾,也比以前更聪明"。很多父母认为他们的女儿不应该把成为"职业女性"作为教育和工作投入的目标,这样会影响她们担任妻子和母亲的角色。这种担心似乎部分源于父母认为,女性无法同时完成成家和投入长期事业这两件事。他们的女儿分成经济学家克劳迪娅·戈尔丁(Claudia Goldin)所说的"先工作后成家"或"先成家后工作"的两类人。这两类人都把结婚生育放在比发展事业更重要的位置,要么仅在生育之前工作,要么等到小孩长大以后再工作。[24] 尽管女性接受教育和参加工作受到肯定,但当时女性同时发展家庭和事业的做法,仍然缺少社会支持。

父母对女儿成为"职业女性"的担心,似乎源于新兴"现代女性"正在挑战性别传统的这一看法。这种看法始于 20 世纪 20 年代,反映在有关女性行为的公众争议当中,如抽烟、饮酒、进入爵士俱乐部跳舞,以及推崇中性或男性化发型和服装的女性潮流。它也反映在女性政治俱乐部和公民俱乐部——这些俱乐部一开始是应禁酒令和女性选举权运动而兴起——和与文学、艺术、儿童教育等相关的社交俱乐部的快速崛起上。伯克利有基督教女青年会(Young Women's Christian Association)和女性选民联盟的分会,但湾区最重要的女性俱乐部是伯克利女性城市俱乐部(Berkeley Women's City Club)[现在是伯克利城市俱乐部(Berkeley City Club)]。伯克利女性城市俱乐部设计并建造了供教育、娱乐接待和聚会使用的俱乐部会所和酒店,供跳舞和表演使用的舞厅,公共和私人餐厅,一个图书馆,游泳池,美容沙龙和茶舍。用现在的眼光来看,这类俱乐部的兴起似乎无关痛痒,但在女性社会史上，它们的地位举足轻重。它们引起有关现代女性"缺点"的争议，因为它们对长期以来的性别观念构成了威胁，为女性创造了聚会和参与家庭事务以外，与工作无关事项的场所。

作为这些变化的见证人，00一代似乎希望女性更多地走出家庭。但同时，它们又认为，眼光向外的或以工作为重心的母亲过于远离家庭，对自己的丈夫期望过高，既物质又自私，"受到（她们）新获自由的过度刺激"。这种现象尤其可能发生在中产阶级和上层中产阶级。用一位母亲的话说，年轻女性"现在想要平等，但如果没有得到足够的体贴照顾时，她们又不满意，发脾气。她们既想要平等的权利，又想获得特殊对待和溺爱"。另一位母亲表示，年轻女性"说她们想要独立，但这仅仅意味着她们一方面想要人照顾她们，另一方面又不想被问问题。她们想要的东西太多了。她们对待丈夫的方式，不像话"。一名父亲表示担忧，"因为女性在俱乐部和社交互动上花费的时间太多了，牺牲掉的是和小孩相处的时间"。

教养新世界的年轻人

可能父母最大的压力来自年轻人的世界里出现的各种新"诱惑"：汽车和有轨电车、酒精、性、广播和电影的影响等。"诱惑"这个词出现的频率很高，让人看上去像是照稿子念出来的一样。年轻人本就有更多机会走入歧途，而战争动员之下的湾区更是增加了这种可能。

与此同时，用一位中产阶级母亲的话说，年轻人"有更多机会获得各个方面的更多信息"。用另一位母亲的话说，他们变得"更聪明，但也更容易受到刺激"。他们接触新事物的速度也很快，一位中产阶级母亲注意到:"青少年现在面临应接不暇的新事物,快得他们都来不及消化。"另一位母亲说,"当你不知道什么东西的时候",例如以前的孩子,"你就没有那么多需要担心的事情。"

随着年轻人的活动范围越来越大,管教他们的难度也更大。父母不大知道自己的孩子在哪里,和谁在一起,在做些什么。大型高中开设了很多社会俱乐部和活动,创造了更多的参照群体,它们在年轻人的社会化过程中变得更加重要。正如罗伯特·林德和海伦·林德在20世纪20年代的中镇研究中所指出,而后经过其他社会科学学家更为完整地描绘所言,美国高中的规模和构造上发展得如此之快,以至于它们一个个成为"近乎完整的小社会——一个城中之城"。[25] 随着学校逐渐成为年轻人活动和同龄人交往的中心,父母面临来自学校和其他"社会化机构"的竞争,对子女的影响力减弱。

因为世界的经济竞争压力逐渐增大,父母更加重视对子女的投资。但是,父母也清楚地认识到,他们无法掌控子女的选择,子女有更多机会反对父母对他们在行为、教育、工作和伴侣上的期许。父母害怕子女走错路。一位母亲说,"孩子们有这个坏毛病,喜欢自己做决定。我觉得不应该让他们承担做决定的压力。"

但也正如另一位母亲所指出的,"当年轻人有更多选择的时候,他们也面临更多的压力——但他们也可能因为这样,获得更多力量。"另一位中产阶级母亲也抱着这种积极的看法,她对年轻人独立的问题有着独到的见解:"现代父母的问题,是他们对小孩说了太多的'不'字。我觉得这是因为现在小孩一般都比父母更厉害。这是一个加速的时代,而父母总是想要在他们子女身上踩刹车。我非常相信现代的年轻人。他们知道自己要什么,然后奋力向前去追寻自己的理想。这和我自己长大的方式不一样。我觉得现在的青少年的问题比他们父母的问题少,因为他们更自由，也更早熟。"

在有人感到年轻人更早熟的同时，也有人感到年轻人参与成年人的活动更少，不需要承担太多"真正的"责任。造成这种现象的一个原因是节省劳动力的仪器设备取代了子女（以及女性）的家务劳动。同样，从农村生活向城市生活的转变，把子女从繁重的农活当中解放出来。他们压力变小的最主要的原因是家庭经济条件更好了。父母能够为子女提供的东西更多，但也因此担心他们让子女失去了动力，变得懒惰。一位母亲这样解释道："我女儿比我们两夫妻能享受到更好的物质条件。因为她生活的时代更好，我们虽然经历过收入低和焦虑的时期，但她从来没有经历过特别贫困的生活，但我们俩长大的过程中都经历过。有意思的是，当时我并不觉得自己很穷。但当我回头过去看，想到和我们的女儿比起来，我们当时的物质条件有多匮乏，我才意识到当时我们有多穷。这可能也是一种财富，谁知道呢？但我活着，需要依靠内在资源，而不是外在资源。"

不仅历史时期不同，地点也发生了改变。很多伯克利00一代都在农村长大，而他们子女所游走的城市地区和他们年轻时经历的小社区完全不同。父母们为在城市养育子女所缺失的一些重要东西而感到惋惜——归属感，亲近大自然的机会，干农活和对节奏更慢、更纯粹、受到更多保护的生活的向往。在城市里养小孩很难，小孩在这里长大，也很危险。

父母子女关系的性质，也随着"代沟"缩小而发生改变。现代父母被认为专制性更弱，"权威性"更大。几十年前，这种观念都被视为最佳育儿观念，从某种程度上来说，其实建立在对伯克利00一代及其子女的早期研究基础之上。[26]父母对子女更加尊重，对他们的生活更加感兴趣，父母和子女都对彼此更加开放，分享意愿更高。测量伯克利00一代与其子女在儿童早期到青少年晚期阶段的关系量表得分显示，父母尤其是母亲，在对子女情感和父母参与度上的得分高，这直接促成子女与父母的关系，尤其是父亲和女儿之间的关系密切。[27]

如一位母亲所言："（孩子）和我们之间的交流很顺畅，我们俩和我们自己的父母之间没有过这种交流。"另一位母亲说："更坦诚，更愿意相互理解，即使是在以前无法搬上台面讨论的一些话题上。"一位父亲表示，与他自己的成长经历相比："我们的家庭关系更为紧密。有时候孩子说我对他们太粗暴了，但他们不知道，他们和我之间的交流，比我和我父亲之间的交流，要自由五倍。"

在很多方面上，采用这种育儿方式的愿望，源于之前提到的育儿知识的广泛普及。如一位母亲所言："是现代父母教育，让父母们变得更通情达理。他们可以和子女交流老一辈人不允许讨论的话题，这也归功于女性，尤其是女性受到了更好的育儿教育。"当然，父母子女关系变得更加平等，这也带来了诸多新挑战，主要表现在子女对父母更挑剔，而且可能变得过于自信而不那么顺从。但是，也正如一位家长所说，尽管这对于父母来说很难，但它对于子女来说也可能是件好事："现在的孩子或许可以公开批评他们的父母，但这样一来，他们的怨恨不会堆积起来。"

对子女的期望

父母对儿子的期望与儿子的成就

考虑到 00 一代的早年生活条件更加不稳定，作为父母的他们更加看重经济稳定也就不足为奇。[28] 没有一个家长在谈到他们对儿子的期望时，把结婚成家作为他们的主要期望。他们把儿子成家视为理所当然的事情。用一位母亲的话说，对他们来说，最重要的是"我儿子将来有出息",成为一个好男人、好丈夫、好父亲。父母们希望儿子找到薪资体面的工作,而对于很多人来说,这份期待包含了上大学或高中后接受培训。这些成就能够确保他们的儿子有能力养家,实现经济稳定,提升社会地位。事实上,在战后机遇的助推之下,超过80%的伯克利00一代男性后辈们的受教育程度或职业级别都远远超过他们的父亲。

父母们主要希望他们的儿子接受培训,进入成熟的男性主导行业,例如医药、科学、工程、农业和贸易。中产阶级父母大多认为他们的儿子会上大学,然后成为专业技术人员。伯克利00一代工人阶级父母在其期望和鼓励子女追求教育成就上的得分,远比中产阶级父母低。[29]尽管如此,工人阶级父母,尤其是从事重体力活的父亲,仍然希望他们的儿子能够找到比他们自己更轻松、薪水更高的工作。一位父亲说:"对于成年人来说,辛苦的工作没有什么坏处,只要有一点时间可以娱乐,但孩子不行。我这一辈子都在辛苦工作,做很累的苦力活儿,我不喜欢。我不希望我儿子也做这种工作。我觉得他在校期间应该做一些工作,这样他可以珍惜学校生活。但我希望他接受教育,这样他能够找到更好的工作,不用像我那样,一天干很长时间的苦力活儿。我曾经有机会接受教育,但我让机会从我的指尖溜走了。我不想我儿子也在这上面吃亏。"

尽管早早结婚和参加工作,是除接受高等教育外,过渡到成年时期的普遍选择,但在加利福尼亚州,高等教育能够普及经济条件差的群体。该州的高中毕业生入学众多四年制大学和大专院校时,可享受免学费政策。大多数伯克利00一代男性后辈们——79%——都接受了高等教育,其中75%的人进入四年制大学学习(约33%的人进入加利福尼亚大学伯克利分校)。接近30%的人完成了一年至三年的高等教育,29%的人止步于本科学历,而9%的人本科

第 12 章
一代又一代

后继续某种研究生阶段的学历，并通常获得硕士学历。

尽管有资质的年轻人可以花最小的成本进入一所州立院校或大学，但是，对于家庭经济窘迫、经济支持不足的人来说，完成四年制的全日制教育是一种挑战。我们的证据显示，经济受到重创的家庭中的男性后辈在智力测试上的结果与非贫困家庭的男性后辈不相上下，但很多来自贫困家庭的男性后辈只上完了高中或专科，其中，56% 的工人阶级的男性后辈属于这种情况，而中产阶级的这一比例仅为 8%。（上专科院校的人全部来自工人阶级家庭，他们没有一个人后来转入了四年制的学院或大学。）只接受过一点大学教育或没有接受过大学教育的男性后辈，在完成学业或参加工作之前结婚的概率也更大。

尽管父母似乎不期待儿子参军，但很多 00 一代家庭的男性后辈最后还是被征召入伍了。73% 的伯克利 00 一代男性后辈最终都服过现役。但因为"二战"结束的时候，伯克利 00 一代的男性后辈还只有十几岁，所以他们大多数人都是在"二战"之后的朝鲜战争时期服役，平均服役年龄为 22.3 岁。但是，对于伯克利 00 一代家庭来说，送儿子上战场或者有儿子在战场牺牲并不是件新鲜事，家里年龄大一点的儿子和他们的朋友在"二战"期间都处在服兵役的年龄。

战争在伯克利 00 一代男性后辈的成年早期的生活中刻下了印记。在战争动员时期，他们还处在青少年早期，等到他们开始走向成年，战争已经结束，经济繁荣发展，在战争期间服役的士兵基于《退伍军人权利法》享受到丰厚的福利。这种环境造就了一条快速走向成年生活的通道，而这也成为美国战后时期的一大特征。伯克利 00 一代男性后辈完成学业的平均年龄为 21.6 岁，开始全职受雇就业的平均年龄为 21.1 岁，平均初婚年龄为 22.2 岁，平均生育年龄则是 24.6 岁。

父母对女儿的期望及女儿的成就

很多父母表示,他们希望女儿接受高中学历以上的教育,但他们对女儿的期望,与儿子完全不同。[30] 父母希望他们的女儿接受培训,进入传统女性行业,如教育、秘书、服装设计和艺术。也有父母接受女儿打破传统,追求其他事业,例如,一位父亲曾表示:"我觉得她去实验室工作或做一名物理学家也行,但我实际上没有指望她做任何工作……我期待她结婚。"

让女儿接受教育的原因之一是希望女儿在婚前,或者最晚在生育之前获得一些工作经验。很多父母都提到,接受培训和参加工作可以增加女孩的自信,让她们学会珍惜财富和管理财富。如一位母亲所说,女孩"应该有机会自己去尝试着做点什么,这样可以让她获得自信"。另一位母亲说:"工作相当于一份保险,防止她为了获得免费餐票而随便找个人嫁了。"

接受一些教育并获得一些工作经历,同样也是"给未来买保险",用另一位母亲的话说。这说的是,女孩需要有一个"后备"方案,"做好入一行工作的准备,这样一旦生活出了什么岔子,她还可以自给自足"。教育和工作经历被视为一种保护措施,以防她们遇到生活上的意外转折,例如离婚、丧夫、丈夫失业或需要妻子参加工作维持家庭生活的经济萧条期等。需要记住,这些访谈发生在 20 世纪 40 年代,当时经济重新走向繁荣,而美国的离婚率大幅上升,这些现象很可能促使父母对这些风险变得敏感。[31] 我们还需要记住,00 一代在大萧条经济困难时期亲身体会过女性参加工作是何等重要。

与母亲对女儿的期待不同,父亲大多强调,高等教育能够让女儿做好管理家庭的准备。持有这种观点的不只是父亲,母亲也认为教育具有这方面的价值。人们认为,大学教育能够让女性

第 12 章
一代又一代

后辈成为更聪明的妻子和母亲。用一位母亲的话说，女儿"有了更多的教育、阅读和更多讨论育儿问题的机会，因此她们可以让家庭生活变得更加有趣。她们可以把孩子养好，因为她们懂的更多。另外，她们也可以更好地陪伴丈夫，因为她们更加有趣了"。

父母也把大学看成开展"合适"的社会交往的地方，为此，上大学，可以提高女儿找到好丈夫的概率。从一位母亲对女儿"上大学，受欢迎，早点结婚"的期待中，我们可以看到这一点。另一位母亲说："我希望她获得好的教育，找一份好工作，然后（把重心放在）自己组建的家庭上。"这是父母默认女儿会走的人生道路，而女性后辈走向成年早期的真实路径，也确实反映了这样一种路径。

在短短几年内——24~25 岁——大多数女性后辈都完成了学业，进入劳动力市场，结婚，然后生下第一个小孩。64% 的女性后辈接受了高等教育，大多在州立学院或大学。大约 28% 的女性后辈完成了一年至三年的高等教育，同比例人群止步于本科学历，9% 的人继续追求某种研究生阶段的学历。一半的女性后辈在 21 岁离开学校，开始工作。大多数女性后辈在完成学业或参加工作后一年内结婚（平均年龄 22.2 岁），并在两年后生下第一个小孩（平均年龄 24.6 岁）。尽管她们在高等教育上的成就更加突出，但是她们在生命历程的大框架上，与全国范围内 1925—1929 年的女性出生队列的情况大致相似。[32]

尽管父母希望女儿追求高中以上的学历，但他们认为，持续就业并不是女孩的生活重心。在教育阶梯上每攀登一级，女性后辈在专业技术岗位、管理岗位或底层行政岗位上就业，并在生育年龄阶段获得职业晋升的概率就多一点。但是，在教育阶梯上每攀登一级都意味着，决定女性是否参加工作的核心因素，不再是经济上的需要。嫁得好（以丈夫社会经济地位为准）的女性，在生育之后进入劳动力市场的概率最低，而地位高的女性同时在平均生育数量上也超过地位低的女性（3.2 孩比 2.6 孩）。60% 的女性后辈在中年以前参加过有偿工作，但只有 20% 的人工作模式稳定，没有因为履行母职而受到过多干扰。

与伯克利男性后辈一样，这些女性后辈在经济迅速走向繁荣的战后时期走向成年，这段经历在她们的生活中留下了不可磨灭的印记：这些女性后辈比她们的母亲更快进入家庭角色。结婚，对于每个人来说，都更多地变成了一种指令。她们更快地结婚生育。因此，战后的经济繁荣与一系列观念（例如女性受教育程度更加重要，女性参加工作的选择被更多地接纳）碰撞在一起，这些观念原本应该减缓女性为家庭放弃工作发展的剧本，促进教育，保障女性对劳动力市场的黏性。

结语

随着 00 一代人生往前推进，父母能够获知的育儿信息的数量和质量经历了革命性的进步。截至 20 世纪 20 年代，伯克利 00 一代夫妇开始组建家庭，有关儿童的科学研究和育儿专家的职业化走向成熟。此外，他们子女所参加的伯克利指导研究本身也是为了向家庭提供信息，促进儿童发展与家庭发展。发起这项研究的加利福尼亚大学伯克利分校儿童福利研究所也开展了多项与这方面相关的科学研究。

这一代的父母是认识到育儿是一门需要学习的技能的第一代人。他们是能够运用日益庞大的信息库来帮助他们育儿的第一代人，他们可以通过政府报告、公共健康干预项目、报纸专栏、杂志、广播电视节目以及新组建的专业机构所组织的各项活动中获知这些信息。他们是见证儿童观念发生巨大变化的第一代人。他们认识到，儿童需要获得精心照顾和有意栽培，儿童在情感上无价，儿童将走向家庭生活舞台的中心。他们也是相比前几代人，生活水平显著提高的第一代人。父母有能力提供更丰富的物质，而儿童可以有更多的机会和选择。

这一代的父母，也将成为感受到掌握更多育儿科学知识的弊端的第一代人，知识给他们带来了新的担忧、焦虑，甚至无能感。同样，知识也让他们意识到，育儿方式不再像他们父母以及之前几代人育儿时那样清楚明了、整齐划一。以前，人们很清楚地知道什么是"正确的"事情，但现在，育儿似乎不再明确，界限变得模糊，随着人口和观念的多样性越来越丰富，这种感觉更加明显。实际上，随着社会、种族和法律问题导致美国人在家庭结构、育儿实践、资源和儿童成就上呈现多元化的今天，失去决断力是造成冲突的主要原因。

这一代的父母，似乎是与传统性别观念发生对抗的第一代人。我们很容易看到，在女性机遇、婚姻平等、男性困境、男性力量及其在社会和社会关系中的权利等问题上，存在不同的观点。何为男性、女性，何为丈夫、妻子，何为父亲、母亲，这些观念都在以新的方式被挑战、被修改。这些变化影响他们养育子女的方式，以及他们对子女的期待。直到今天，人们还在试图解答这些问题。

人们普遍希望男性在情感上变得更具有表现力，更温柔体贴，对妻子少一些约束，对子女少一些专断，多一些扶持。妻子在推动这些变化上发挥着尤其重要的作用，因为她们提出了新要求，并且为丈夫提供辅导。但是，无论在经济繁荣还是萧条时期，人们始终感觉到，男性作为养家之人的期待和压力，影响了男性扮演好丈夫和好父亲的能力。

这一代女性开始更多地参与家庭以外的生活，但不一定是参加工作，除非是家庭经济需要，或者因战时国家需要。父母看到女性在教育和工作上拥有更多的新选择，这些选择有助于提高她们女性后辈的自信心，提升她们的经历，帮助其在履行妻子和母亲角色时取得成功。但也有很多人认为，女性后辈专注发展事业的做法不利于她们扮演这些角色。这些女性似乎对她们自己和她们女性后辈的期望更高，但又担心，过于偏离传统女性角色有损于她们的生活。

这一代的父母，在教养青少年的问题上，也面临着诸多挑战，因为世界充满了各种新鲜"诱惑"——相比来自农村或小镇上的诱惑，现在是来自城市的诱惑，以及来自汽车、电影、电视广播的诱惑，以及来自追求生产节奏，有丰富社交生活和军人乘坐军舰或火车定期来来往往的战时动员城市的各种诱惑。年轻人有更多机会误入歧途，甚至可能犯下成年人才能够处理的错误，从而改变了自己的人生。这一代年轻人是美国第一代在大型高中就读的队列群体，大型高中创造了更多的参照群体，并且在年轻人的社会化上发挥着更重要的作用。这些情况削弱了父母对子女的影响力。或许最重要的是，这是经历父母子女关系性质发生重大变化的第一代人。他们变得没那么专断，而更加权威。他们对子女更加尊重，也更加关注。父母和子女都对彼此更加开放，分享意愿更强。他们之所以希望采用这些育儿方式，大多是因为儿童发展与育儿科学方面的信息在他们组建家庭和养育子女的同时，也在同步发展。伯克利00一代践行了——并且在不知不觉间捍卫了——育儿方式上的更大变化，这些变化打破了他们前几代父母的做法，同时，也为我们今天所知道的很多育儿方式奠定了基础。

第五部分

巨变的时代与人生

PART 5

老年时期，伯克利 00 一代的人经常谈到过去，尤其是 20 世纪 30 年代。前后连接两个经济繁荣期，大萧条时期动摇了 00 一代男性、女性及他们子女生活的根基。四十年后，一位来自下层中产阶级的 00 一代女性在回顾自己的人生时，对当时家庭收入大幅减少的灾难性经历仍然记忆犹新：

> 我对大萧条的记忆是耻辱和不安。一切都开始于 1931 年，我丈夫刚顺利出完差回到家，就收到一封电报，告诉他，他失业了——连解释都没有。
>
> 我们有两个小孩，最小的才几个月大。很快，我们的积蓄就用完了。我还记得我们把架子上最后一瓶罐头吃完的那天，还剩最后一点面粉——做饼干……母亲每周都给我们钱，直到我从公共事业振兴署得到一份打字员的工作。我丈夫一直都没怎么工作，直到后来他进了船厂……这段经历让我感到自己特别渺小。

自力更生的决心，成为她获得经济安全感的动力，并且让她一生都获得了成就感。这样或那样的重大转折点，是 00 一代人生的鲜明特点。这些经历，对走进老年时期个体的连续性和变化，有怎样的影响？在 00 一代看来，哪个年代是最好的年代？哪个年代是最坏的年代？他们有哪些人生感悟？

第 13 章

老年的回忆

过去从未逝去,甚至从未过去。

——威廉·福克纳(William Faulkner)[1]

我们已经追随伯克利00一代的人生脚步,从他们在欧洲或美国的社会出身开始,走过20世纪上半叶的动荡,在战后的加利福尼亚州进入中年。在这个时点上,他们的子女都已经离开家庭,外出求学、工作并组建家庭。"二战"结束后,大一点的男性后辈在军队服役,而后在20世纪50年代,美国军队又加入了朝鲜战争。作为退伍军人,这些后辈可以根据《退伍军人权利法》获得就业培训、高等教育甚至房贷等方面的经济支持。很多家庭的女性后辈不顾父母尤其是父亲的质疑,都上了大学或专业技术学校,例如护理培训。父亲希望她们"直接结婚",一些女儿确实照做了,上大学一年左右之后便退学结婚。

00一代的人生经历了绝无仅有的尤为动荡的一系列社会变化,从20世纪20年代城市的迅速繁荣,到30年代经济史无前例的大衰退,到"二战"时期为了美国和同盟国的军备建设而展开大规模的再工业化,再到战后二十年的经济繁荣。这一处在不断变化之中的不同寻常的时代,在00一代的生活中留下了怎样的历史印记?为了找到答案,我们一步一个脚印,追寻他们的人生旅程。

从20世纪20年代的眼光来看,00一代不可能预料到他们接下来的人生会是什么样子，他们的人生绝非一段司空见惯，有着熟悉路标指引前路的旅程。前几章中，我们叙述了这种动荡如何影响他们在婚姻、父母子女关系和职业生涯中成为什么样的人。但是在20世纪20年代，没有人可以想象到，他们会经历经济大萧条，会在这样一个时期养育子女，也没有人可以想象到，他们会经历日本袭击珍珠港事件带给他们的心理冲击。最终，"二战"时期的动员为战后几十年的繁荣奠定了基础，而这一时期，他们正处在老年。

在这最后一章，我们关注伯克利00一代男性和女性在进入老年时期的健康和幸福状况，而这种状况，深受他们个人过往历史和不可避免的失去家人朋友的经历的影响。有关他们老年情况的资料，来自1969—1970年开展的跟进访谈和20世纪80年代的新一轮数据收集。哲学家索伦·克尔恺郭尔（Søren Kierkegaard）曾经说过，我们迎面朝前地生活着，从童年走向老年，但只有回过头去看，我们才能理解生活。怀着这种想法，我们接下来看看伯克利00一代如何回顾他们的一生。

当他们还在30岁末至50岁的时候，男性在工作方面有何感悟？女性认识到了有必要接受更多教育，并且花时间去追求一份迟来的事业吗？当他们到了60岁和70岁的时候，回忆大萧条和"二战"时期的经历，他们会认为哪一阶段的生活最好，哪一阶段的生活最不好？对于那些让他们获得更多人生意义的转折点，他们有何感悟？如果有机会重来，他们会做出哪些改变？

最后，在一个不断变化的世界里，00一代与其他年代的人有何不同，又可能存在哪些相同点？在第1章中，我们把00一代的一生放在罗伯特·戈登所主张的百年框架之中，他认为，从1870年至1970年的一百年，是美国经济发生史无前例的革命性增长并带来生活水平提高的一百年。[2] 伯克利00一代中年龄最大的一批生于 19 世纪 80 年代,而最年轻的一批生于变化更为迅猛的 20 世纪的头十年间。因此,这一代人成为连接两大截然不同的历史时期的铰链,他们的生活具有全新生命历程的特点,透过他们的生命历程,我们可以清楚地看到,在一个巨变的世界里,个体的生命如何被时间、地点和社会关系等因素塑造。

人生进入巨变后的世界

00 一代男性和女性的一生横跨了大半个 20 世纪,经历了动荡的周期性经济变化,从 20 世纪 20 年代的城市繁荣,到 30 年代的大萧条,再到"二战"时期经济的突然迅速发展及其带来的 00 一代在老年时期所见证的战后经济的持续繁荣。但是,良好的经济局势所带来的健康福利,是否因为经历了美国史上最严重的十年经济大萧条期间的巨大压力而受到影响?为了解答这个问题,我们把大萧条期间失业和严重收入损失视为一个长达十年的压力源,在这十年前后,分别都是经济繁荣期,尽管经济走向繁荣的原因不一样,一个是 20 世纪 20 年代,另一个是 20 世纪 40 年代的战争动员时期。

伯克利 00 一代男性及其家庭的阶层地位,是影响其大萧条期间富裕或贫困程度的最直接因素。社会地位优越的男性,指通过教育和就业,在 20 世纪 30 年代经济崩盘之前进入中产阶级的男性。这一阶层经历失业和严重收入损失的概率小于蓝领工人以及半技术或非技术工人。但是,也正因为中产阶级男性在社区享有更高的社会经济地位,大萧条期间他们一旦遭受了严重的收入损失,则变得尤为脆弱。

在 20 世纪 40 年代中叶之前,00 一代可能因为大萧条时期的经济困难或战争时期的经历,身体健康状况下降。对于男性而言，高血压等健康问题，因为生产任务紧，需要长时间工作的压力而变得更加严重。相比之下，在战时参加工作的女性，她们对国防事业的贡献获得了全国民众的认可，因而尽管受到男性工人的一些性别歧视，但也更可能收获一种成就感。[3] 这段经历让她们从 20 世纪 20 年代婚前工作期间，以及 30 年代经营受到经济重创的家庭期间而获得的能力得到进一步提高。

现在，我们聚焦伯克利 00 一代夫妇从 20 世纪 20 年代到 40 年代这三十年的生活情况，关注能够帮助我们了解大萧条时期对 00 一代在 20 世纪 70 年代末的健康幸福状况有何深远影响的经历。

从繁荣的 20 世纪 20 年代到经济大萧条

尽管 1929 年发生了股票市场崩盘，20 世纪 20 年代的经济繁荣，对于在 20 世纪 20 年代末已经跻身中产阶级的夫妇来说最为有利。经济的繁荣在较早出生队列的夫妇身上体现得尤为明显。这些夫妇大都实现了住房自有，且丈夫在事业上也都一帆风顺。较晚出生队列的夫妇在 20 世纪 20 年代末大都和父母同住。工人阶级家庭的一家之主则无论年龄大小，在整个 20 世纪 30 年代都将面临更多的工作变动、混乱，以及更长的失业和不充分就业期。

家庭从 20 世纪 20 年代的繁荣期向 30 年代的萧条期的转变，大都发生在从 1929 年到 1933 年大萧条谷底期的几年间。罗斯福总统上任的 1933 年，加利福尼亚州的经济跌至谷底，而大多数工人阶级家庭自此一直无法恢复到大萧条之前的生活水平，直到 20 世纪 40 年代中期 "二战" 结束。

随着经济在 20 世纪 30 年代早期跌入谷底，中产阶级因为地位下降而遭受的心理打击尤为严重，和社会地位比自己低的男性结婚的女性——推测公众将其定性为走了下坡路的女儿——的生活变得尤为艰难。父母期待着新女婿可以让他们的女儿过上和以前一样的生活。如果女婿没有达到这种预期,那么一些女方父母则会做出伤害他自尊以及婚姻本身的一些行为,例如给女儿钱,或者帮他们支付一段时间的房租。[4]

即使是来自上层中产阶级的年轻丈夫,也因为事业刚起步,工资不高,在20世纪30年代也因为妻子过去习惯了高水准的生活而在经济上感到焦虑。但是,如第7章所述,在下层中产阶级中,约33%的妻子的生活标准都比她们丈夫的高。她们向往上层中产阶级的生活方式,但却不幸地嫁入了经济水平较低的家庭。这一女性群体中,有70%的人恪守自己的高水准生活,而这种态度也导致家庭在面临严重收入损失时夫妻关系的不和谐和紧张。她们中有一些人公开贬低自己的丈夫,认为他们比不上自己的父亲。

除了社会阶层,伯克利00一代夫妇还把其他方面的差异(例如年龄和国外出生的背景)也带进了婚姻,成为大萧条期间婚姻矛盾的根源,也导致夫妻之间缺乏共同的活动和兴趣爱好(第5章)。例如,在社会活动上,年龄大很多的丈夫有着与妻子截然不同的喜好。有一些这类夫妇在二人之间,没有一个共同的朋友或活动。文化差异也会造成夫妇不和,例如,某个出生在美国、有着现代的价值观的妻子在惹恼了来自希腊裔中产阶级家庭的移民丈夫时,就是这种情况。

年龄差异带来了压力和冲突,而与来自东欧农村的年老父母之间巨大的代际差异,使得压力和冲突加剧。当经济触底时,一些夫妇无力支付房租或房贷,然后搬去和岳父母或公婆同住。双方关系恶化的情况很常见。等到20世纪30年代末,伯克利00一代家庭需要把某个容易发脾气的老母亲接进来一起住的时候,代际差异就成了更大的问题。年老的母亲们总是试着用无法让人接受的方式体罚孩子,或者直接变得阴晴不定,思绪混乱。[5]

大萧条时期收入损失和失业经历的负面影响，在1930年情绪健康程度低于平均水平的男性身上体现得最为明显（第7章）。工人阶级男性以及婚姻不和谐的男性，受到经济和社会压力影响的概率大幅上升。稳固的婚姻关系，有助于提升起初情绪健康状况良好的男性和女性的情绪健康程度。即使在1930年情绪健康程度低于平均水平的经济受到重创的家庭中的妻子，因为夫妻间相互扶持，情绪健康程度也没有下降。[6]相反，因为她们需要在家庭里扮演更突出的管理角色，这种角色与她们在外参加的带薪工作增加了她们调适过程中的韧性。

但是，在所有的社会因素中，对20世纪30年代和大萧条期间的经济困难程度具有最强预测力的，是1929年的阶层身份，即是否属于工人阶级。工人阶级的地位，通常预示着他们将在大萧条期间经历工作的不稳定、失业、收入低以及收入损失等状况，直到20世纪40年代国家为了"二战"而匆忙动员民众参与建设。经济受到重创的工人阶级家庭大多只能采取最后的手段——申请社区和政府救济。而对于中产阶级来说，经济创伤更严重的家庭需要面对生活方式的改变，对邻居们对自己的看法变得特别敏感。如此一来，在朋友和邻居眼里的地位下降而带来的压力，影响了婚姻关系，也损害了这个阶层男性的心理健康。

经济窘迫的中产阶级和工人阶级家庭中的很多女性，在20世纪30年代末加入了劳动力市场，那时候，她们的子女已经到了可以照顾自己和处理一些核心家务的年龄。而她们的丈夫大多成为经济萧条的牺牲品，尤其是如果他们在进入20世纪30年代的时候已经出现了健康问题。

从经济大萧条到"二战"的经济繁荣

20世纪30年代末的最后几个月，战争在欧洲的爆发，英国对军事物资和民用物品的需求，刺激经济走向复苏。截至这个时间，美国资本投资和新建房屋的规模超过了1929—1930年的水平。军工业的发展，促进了本地就业，珍珠港事件之后，本地就业率更是急剧上升。

旧金山湾周围各地新建的造船厂疯狂地招聘技术工人和半技术工人，当地各大军事基地和工厂也大量招聘他们从事文职工作。为了满足大西洋和太平洋两线的军备需求，生产节奏加快，导致男性每日和每周的工作时间变长，年龄大一点的男性更是被迫工作到退休之后。这种压力也传导至部分伯克利00一代男性的身上。因此，四十至六十多岁的男性出现健康问题和死亡的比例大幅上升。在船厂和其他军工业因公死亡的人数也大幅增加，在1942—1943年间，国内后方平民劳动者死亡人数甚至超过了军队死亡人数。[7]

1942年，《伯克利报》报道了湾区已婚女性大量进入劳动力市场的现象，称为"这场战争期间最引人注目的运动之一，能预料到这种发展趋势的人，只怕是百里挑一……已经有好几千名女工在工厂工作，而这些工厂在以前都只招男工"。[8] 我们在第11章提到，大约有一半伯克利00一代女性在"二战"时期参加工作，但是，她们当中大多数人在大萧条期间以及在20世纪20年代结婚生育之前都有过工作经历。

在20世纪30年代没有过工作经历，而在战时才参加工作的女性大多来自在大萧条期间没有怎么受到影响的中产阶级家庭。相比大萧条期间，因为大量男性失业，女性"不得不"出去工作的耻辱经历相比，战时受雇就业的经历一般被女性赋予特别的意义。在 20 世纪 30 年代参加过工作的一名女性表示，当时，女性只是为了养家才出去工作，而社会却批评女性把失业男性的工作机会抢走了，这段回忆让人很不愉快。但对于"二战"的紧张时期，她们能够和其他女性一起参加工作的经历，她们觉得弥足珍贵，并且为自己能够为国家的战事贡献一份力量而感到自豪。

伯克利 00 一代家庭里大一点的男性后辈大都在珍珠港事件之后入伍，在太平洋的海军陆战队、海军和陆军等部队服役。本就在大萧条时期经历了经济损失和压力带来的痛苦，现在他们又需要担心在险境中奋战的儿子和好朋友家的儿子的安危，这无疑加剧了他们的痛苦。根据一名伯克利指导研究家访员的记录，一位儿子上了战场的 00 一代女性，扬了扬下巴，指向坐在客厅里的丈夫，说他始终没有"从失业的屈辱"中走出来，现在又为儿子服役的危险而犯愁。有一位在 20 世纪 30 年代经历过失业的父亲，在大儿子牺牲在南太平洋之后，在绝望中结束了自己的生命。

战争的结束，减轻了伯克利 00 一代家庭的痛苦，并且提高了中产阶级和工人阶级家庭的生活水平。旧金山地区的家庭收入上升了 2 倍。工厂刚开始转向和平时期的生产，制造汽车、各种家庭用品和食物，因此消费品仍然短缺。再过几年，战争将再次来临，这一次是在朝鲜半岛，年龄小一点的伯克利 00 一代的男性后辈参军入伍，但是这次的战争会再一次造就几十年的经济繁荣。

随着我们紧跟伯克利 00 一代女性和男性的脚步走进老年，与大萧条时期的困难生活和调适过程有关的线索变得越来越多，这告诉我们，女性熬过这一段富有挑战的时期的方式，以及他们丈夫在此期间在健康和寿命上付出的巨大代价，对他们的生命历程具有重大影响。

第 13 章
老年的回忆

大萧条对老年生活的影响

"二战"结束后不久,伯克利 00 一代的男性和女性接受了有关其生活和家庭情况的访谈。十五年之后,他们再次被邀请参加一次大型的跟进访谈(1969—1970 年),访谈主题是老年生活、健康和社会关系。[9] 共有 82 位 00 一代女性同时参加了 1929—1930 年以及 1969—1970 年的访谈,后一次访谈时,她们的平均年龄在 70 岁。相比之下,只有 39 名男性参加了 1969—1970 年的访谈和一般性数据收集工作,当时,这些男性还都与伯克利 00 一代女性在婚。(伯克利女性 70 多岁时的存活率高于男性。)[10] 一些遗孀和离婚女性也参加了跟进访谈,但人数太少,不便分析。大萧条时期家庭的经济困难对男性造成的负面影响比对他们妻子的更大(见第 7 章)。

跟进访谈进行时,伯克利 00 一代女性至少有两位子女和几位住在附近的孙辈为她们提供社会支持,除此之外,还有一些好朋友。近一半的人报告称她们每个月至少和子女当中的一位见面。家庭成员和好朋友对于在大萧条时期经历过困难生活的女性来说尤为重要。伯克利 00 一代的子女已经成家立业,并且与他们自己的孩子一起参加了研究所开展的另一次跟进访谈(在 1970—1972 年),孙辈大都住得不远,作为祖辈的 00 一代偶尔可以去看看他们。

追踪伯克利 00 一代的生活至 20 世纪 70 年代之后,我们发现,没有哪一个时代比遭遇了经济大萧条的 20 世纪 30 年代对他们及他们家庭的健康幸福程度的影响更大。尽管大萧条期间,并不是所有家庭都陷入困难处境,但大萧条的影响似乎极为深远,尤其是对工人阶级而言。随着 00 一代走过 20 世纪 20 年代,走进大萧条,然后走进"二战",他们的生命历程中始终存在一个主题,那就是他们自己和他们的另一半曾经都普遍体会过何为失去。[11]我们认为，站在1969—1970年往回看，他们老年的幸福，部分程度上取决于他们在20世纪30年代面临沉重的人员和物质损失时所做的调适。而他们如何调适以适应损失，又取决于他们从20世纪20年代带进大萧条时期的社会资源和心理调适能力。尽管中产阶级有着远远更多的个人资源和社会资源，但经济重创仍然会让他们面临社会地位的下降。

考虑到样本的限制，我们从伯克利00一代女性的经济水平及她们的住房入手，然后进一步探究大萧条经历的持久影响。当被问及她们经济上是否还有困难时，中产阶级女性表示有困难的比例小于工人阶级（分别为29%、50%）。中产阶级的优越地位，反映出她们在大萧条时期的社会地位和经济资源的情况，以及她们的就业情况。收入大幅减少之后，自力更生成为必要，因为她们还可能因为丈夫死亡、生病或离婚而失去丈夫的支持——1969—1970年时，75%的女性经历了这种情况。

20世纪30年代末，当孩子长大了一点之后，40%经济受到重创的中产阶级家庭中的女性参加了有偿工作，相比之下，经济未受重创的中产阶级家庭中的这一比例只有10%。同等比例的工人阶级家庭女性参加了有偿工作，不论其家庭是否在经济上受到重创。这段时间，她们的工作性质大都是兼职。到了1970年接受跟进访谈时，有75%曾在大萧条期间经济受到重创的中产阶级女性在职，自谋生计。她们当中，超过一半的人从战后开始到1970年都一直在职。相比之下，处境优越的中产阶级女性（未曾遭受经济重创）大都婚姻完整，这些年来一直都是家庭主妇。她们缺乏参加工作的经济动力，但也有一些人因为其他原因在职。工人阶级女性大都对自己的经济状况感到不满意，战后有40%的人在职，但薪水都很少。

第 13 章
老年的回忆

到了 1969—1970 年，中产阶级女性，以及稍少一点的工人阶级女性，大都不住在自己的家里。而仍然住在自己家里的女性，对住房的满意度也不如以前。对于很多人来说，家变成了储藏她们不愿记起的，大萧条时期需要依靠他人生活的回忆的地方。材料显示，她们之所以不满意，很大程度上与她们"独立"和掌控生活的愿望有关。一位在大萧条时期经历过贫困生活的中产阶级女性强调了这种独立性，她说："我再也不想依靠任何人生活，这或许也是为什么我现在 75 岁了，还在全职工作，还每天花三个小时的时间在路上。"

一些女性，尤其是中产阶级女性，因为把丈夫在失业或经济重创之后而无法履行的一些职责承接下来，而获得了内在力量。男性失业、收入下降以及人生失去意义之后，他们的妻子开始承担更多的义务和任务，从家庭生产、家庭管理，到照顾亲属和小孩，甚至成为养家人和一家之主。生存的需要把女性推向要求更高的管理角色，例如做出向银行和亲属借钱的决定。虽然资源匮乏，但她们通过把家庭采购需求降至最低，以及在不顾公众谴责她们从失业男性手中抢走工作机会的情况参加工作，她们让生活得以勉强维持下去。绝境能够激发毅力。

她们在面对家庭贫困时所做的这些调适，让我们注意到生活勤恳、有计划、自律的女性身上的个人品质。多项研究表明，这种生活模式与人生各阶段的良好健康程度有关，甚至包括老年阶段。[12] 这些女性面临的挑战考验了她们处理问题的能力。相比之下，在成年时期一帆风顺，正如经济未受重创的中产阶级女性所经历的那样，则无法激发这种个人成长。

与其受教育程度和经济水平相配，中产阶级女性带着比工人阶级女性更多的应对资源走进了 20 世纪 30 年代。[13] 在大萧条之前的访谈过程中，访谈员对中产阶级女性的聪明程度和表达能力，以及情绪健康稳定程度所给出的评分更高。因为之前遭遇贫困的情况更少，同时在教育和其他方面的条件更加优越，中产阶级女性在应对经济困难上，有更为充足的资源。此外，中产阶级和工人阶级女性在大萧条之前体现出来的个人特点，也并没有因为其后的经济困境而有所改变。

对了评估大萧条时期的经济困难对女性老年情绪健康的持续影响，我们借用访谈员对她们的自信程度、快乐程度和焦虑程度的评分，建立了一个三维模型，以反映她们在1929—1930年以及1969—1970年的健康状况。其他分析变量包括经济重创，以及反映各社会阶层社会经济地位变化的指标。分析结果显示，大萧条时期的经济贫困对老年女性（1969年）的情绪健康具有积极和消极两方面的持续影响。[14]

中产阶级的女性，先不论其后是否在经济上受到重创，她们在走进20世纪30年代时拥有的资源水平都差不多。但是，经济受到重创的男性的妻子，在老年变得更加自信和快乐的概率要比经济未受重创的妻子更大。她们为生活局限和生活需要所困的概率更小。令人惊讶的是，大萧条并没有让她们的资源变得更加匮乏，让她们在面临老年生活所不可避免的那些问题和打击时变得更加脆弱，相反，大萧条留给她们的东西更多。值得注意的是，这些女性在成年早期的经济资源和情绪健康情况，对她们在老年时期的生命力和自信程度的影响，远不如大萧条时期经济困难的经历影响大。

相比之下，工人阶级女性因为家庭经济困难而获得个人成长的经历并不明显。结合所有的因素来看，经济损失给她们的身体健康带来的影响不大，但是，它们对这些女性的心理健康产生了长期的负面影响。因为收入下降，工人阶级女性的自尊心受挫，生活更加缺乏安全感，对生活更加不满意。但是，只有贫困的工

人阶级女性才在老年时期丧失了思维敏锐度❶，这一发现与规模更大的一项研究的研究结果一致。¹⁵

另一个考虑损失与健康之间关系的角度，是观察果敢力（assertiveness）和无助感（helplessness）之间的关联。理论上，高水平的自我肯定，会减少无助感，而提升果敢力。¹⁶ 我们使用1969—1970年跟进访谈时所使用的量表测量了她们的果敢力、掌控力和无助感之后发现，大萧条时期的经济困难增强了经济受到重创的中产阶级女性在老年时期的果敢力和掌控力，然而，经济受到重创的工人阶级女性在老年时期则表现出更多的被动性和无助感。被动性反映了个人因脆弱、对自我不足的担心和焦虑而缺乏自我效能和自信。这种心态明显根源于工人阶级生活的艰辛。

互为夫妇的伯克利00一代男性和女性，在大萧条时期经历了相同程度的经济困难，但是，作为"养家人"的男性被认为需要对这段不幸遭遇负责。这种区别造成的心理影响，可以从参加1969—1970年跟进访谈的39对00一代夫妇的情况明显地看出来。¹⁷ 遭受过严重经济损失的夫妇在果敢力的评分上，反映出"女性坚强/男性挫败"的模式。果敢力的评分，是基于三个指标的测量结果：人际交往时表现果敢，不会在遇到困难时轻易放弃和退缩，以及不会拖延或逃避行动。在大萧条结束近二十五年之后，这些在大萧条期间经济受到重创的家庭中的女性，在能动性上明显强于她们的丈夫。

随着这些女性走进20世纪70年代和80年代，她们生活上的总体情况如何？我们没有找到能够反映她们80年代的生活与早年在大萧条和"二战"期间的经历相关联的生活记录，但是，

---

❶ 思维敏锐度的决定因素包括记忆力、聚焦能力、专注力和理解能力。患有阿尔茨海默病的老年人的思维敏锐度会逐渐降低。——译者注

在 1982—1983 年同样针对 00 一代开展的一项"老一代研究"（Older Generation Study）为我们理解她们的衰老过程提供了一定的视角。[18] 老一代研究项目对女性开展了 53 组访谈，这些女性一部分来自作为本研究基础的伯克利指导研究，一部分来自针对同一出生队列所开展的伯克利成长研究（Berkeley Growth Study）。[19] 尽管样本数量不多，但是访谈数据包含大量与这些女性在老年时期的健康状况及其与家人、朋友和看护人之间的社会关系的信息。1982 年的跟进访谈期间，她们大都处在 80 岁至 90 多岁的年龄段。

为了确定哪些女性受到了家人悉心的照顾，调查员结合多个方面综合测量了她们在老年时期的健康状况：自己报告的健康状况、访谈评分员判断的健康状况、过去一年医生问诊的频率、照顾自己的困难程度，以及访谈员对她们依赖他人帮助的判断。[20] 问诊频率与自己报告的健康状况最能反映她们在 1969 年和 1983 年的健康状况，主要是生理健康水平。研究发现，在跟进访谈期间，健康不良的女性接受家人的支持和帮助最多。但是，这在可靠地报告了自己健康状况下降的女性当中也只占三分之一。大部分伯克利 00 一代女性在 80 多岁和 90 多岁的时候，仍然独自居住。

在 20 世纪 60 年代期间，子女和孙辈不论距离远近，都成为伯克利 00 一代女性生活中的重要部分。到了 80 多岁的时候，她们与成年子女之间的情感纽带仍然没有减弱。[21] 实际上，尽管随着时间的推移，她们与子女的实际接触有一点变化，但她们与子女的关系越来越紧密。但是，随着丈夫和年老的兄弟姐妹一个个离去，她们的家庭圈子变得越来越小。与孙辈的接触也随着他们逐渐外出求学、工作和结婚而变得更少，但她们内心的亲密感没有变化。在家庭圈子缩小的同时，友谊依旧牢固。她们保持联系的大部分朋友都是她们称为"老朋友"的人，但也有差不多数量的女性表示她们在过去十几年里交到了新朋友,这些新的友谊对遗孀来说尤为重要。[22]

著名的精神分析学家埃里克·埃里克松(Erik Erikson)在20世纪80年代早期曾经到访人类发展研究所,与他的妻子琼(Joan)和临床医生海伦·基夫尼克(Helen Kivnick)一起研究伯克利00一代衰老的过程。[23]埃里克松在20世纪40年代早期还曾在研究所研究过一小部分伯克利00一代的子女的情况。而在20世纪80年代回访期间,他和他的搭档们所面对的家庭单元包括三代人:00一代(当时已经是祖父母甚至曾祖父母),他们的中年子女,以及他们的孙辈(当时到了30多岁)。

令他们感到欣慰的是,00一代作为"被研究"和"被指导"过的父母,他们对自己的孙辈和曾孙辈感到非常自豪。照看孙辈成为他们生活意义的重要来源——基于此,埃里克松称为他们在80多岁到90多岁时期的"重要参与事项"。他们认为,参与照看孙辈对于创造代际延续性至关重要,尤其是在一个家庭可以为了新机遇而举家搬迁,离婚等事件导致家庭破裂的世界里。

回望人生

在一个不断变化的世界里,随着伯克利00一代离开家庭、上大学、参加工作、组建家庭,他们开始越来越了解人生。这一代人在结婚和组建家庭之后,迎来了带来巨大破坏和经济困难的大萧条,随后进入"二战"动员时期。[24]在"二战"快要结束的时候或者"二战"结束后不久,他们和访谈员聊起了他们的人生和这些历史经历。一些人担心大萧条会在战后再次来临,就像"一战"之后也发生了经济衰退。国内大后方的动员运动带来的经济繁荣,也让他们回想起20世纪20年代的经济繁荣和30年代陡然间的繁荣不再。

因为在大萧条的困难期间经历过生活的考验甚至是生活的四分五裂，一些伯克利00一代男性对新的青少年颇有微词。"二战"的最后一年里，这些青少年拿着高工资，行为上肆无忌惮。如果大萧条再次来临，他们能渡过难关吗？中产阶级的男性谈到他们在国内大后方每天因为长时间的劳动和紧张的战时生产节奏而面临的压力。他们知道，上层和下层里都有人没有熬过这场持续的高压，因此也发誓，在未来的日子里，要过一种更加平衡的生活。

衰老也是一大问题。一名牙医谈到年龄的增长对他的事业的影响。他表示，"二战"结束之前，没有哪个转折点曾经让他想到过转行，但是在三十五六岁的时候，他已经能够预知自己的工作不会有什么"大成就"。但是，他还是"因为工作稳定和走上正轨而感到很满意。我知道，未来很长一段时间里，我还是能够有所作为"。

伯克利00一代女性提到，随着她们走进老年，她们逐渐认识到真正重要的是什么。她们见证了高质量的学校和获得高等教育的机会成为伯克利市的吸引力之所在，中产阶级女性有可能获得了学位。而那些没有上过大学或在高中之后没有接受过其他培训的女性，大多是因为结婚、生育和家庭的迫切需求而放弃了这个选择。没有上过大学的中产阶级女性大多是这种情况。生活在大学城里的她们对这种损失的体会尤为深切。当被问到她们想要改变自己人生当中的哪一部分时，她们大多提到"上大学"或"待在学校"。

访谈过程中，伯克利00一代女性还提到两项对她们具有重要意义的主题：继续追求当初为了生育和照顾子女而搁置的创作兴趣，以及花更多时间培养关系和生活的日常乐趣。一位00一代女性在大萧条期间结婚和生育子女后，放弃了教艺术的工作。

但是后来时代不同了。"二战"期间,她的丈夫在海军任军官,等到子女长大之后,她可以重新开始教艺术了。很快,她就成为当地女子学校艺术学院院长。"我觉得学校里很多孩子的艺术兴趣都被一些没有天赋、采用强制教学的人给扼杀了,所以那段经历对我来说很美好。"另一位女性一直都希望和丈夫一起旅行,但在大萧条的困难期间,这个计划因为费用问题和子女年龄还小而暂时搁置。之后"二战"期间又经历了定额配给。所以等到子女一个个都开始有了自己的事业之后,她迫不及待地分配出了一部分的时间用于旅行。

女性的终身教育也拓宽了她们的兴趣范围。一位女性发现:"我的观点在这一生当中一直在变化。上大学之后,随着视野的拓宽和接触到更多的价值观,我对很多事情的态度都有了变化。"到了20世纪50年代,不再依赖原生家庭的财富,也不用再担心丈夫过于看重邻居们的看法之后,她的世界变得大不一样。随着时间的推移,她"越来越多地关注如何做一个聪明善良、乐于助人、关注他人需求的人"。另一位女性因为婚姻生活也发生了类似的变化,她发现生活里重要的事情是"每一天的经历"。她说:"相比紧张地担心一些遥远的目标,日常现实的浪漫对我和我丈夫来说更有意义。"

最满意和最不满意的年代

有人可能预测到了,在00一代回顾一生时,大萧条无疑是他们"一生之中最坏的年代"。但是,在这个年代,他们同时也在组建家庭,并从中获得了欢乐。任何时代的经历不可避免地都让人想起经历的双重性质,正如查尔斯·狄更斯(Charles Dickens)在《双城记》(*A Tale of Two Cities*)中所感叹的:"这是最好的时代，也是最坏的时代。"罗伯特·林德和海伦·林德在研究大萧条时期的印第安纳州"中镇"时也曾经记录下这种双重性。困难时期既让家庭团结，也导致家庭分裂。

伯克利00一代男性和女性的回忆也反映了这种双重性。1969—1970年和1982—1983年的访谈过程中，在回答了一系列回顾人生相关的问题之后，00一代被问到一些开放性问题，有关他们最满意和最不满意的年代。[25]他们可以选择一个或两个最好和最坏的时期，这些时期与具体的年代相对应，例如20世纪20年代和30年代。对这些数据进行分析的伯克利指导研究员多萝西·菲尔德（Dorothy Field）当时并没有把00一代对这些年代的生活满意度的回答与他们具体的历史经历，例如大萧条时期的生活困难或战时的受雇就业，以及具体的家庭事件，例如生育小孩等联系起来。我们重点关注第一次跟进访谈（1969—1970年）的数据，因为这次访谈的男性样本数量更多，便于我们比较女性和男性的情况。我们推断，他们所报告的最满意和最不满意的人生阶段，反映了个人最值得回忆或最受社会重视的阶段。[26]

20世纪20年代到60年代的各个年代被不同的00一代男性和女性列为他们一生中最满意的年代，比例从14%~18%不等。其他年代的比例都在12%以下。正如可以预料到的那样，女性把"生育子女"作为某个年代成为她们最满意的年代的原因的概率是男性的3倍（38%比12%）。女性对育儿过程感到最满意的时期是子女年龄还小，母亲在子女的生活中扮演主要角色的时期，而男性更多地因为见证了子女完成学业、结婚和走上满意的工作岗位而感到满足。这种差异明显地反映了00一代所处的社会历史情境，当时的性别观念尤其强调男性是养家人，而女性的重心应该放在家庭责任上。这种严格的性别分工，在大萧条时期和"二战"时期发生了巨大变化。

第 13 章
老年的回忆

大多数伯克利00一代女性都曾在某个时间点参加过工作，要么是婚前，要么是大萧条期间，或"二战"国内成为战争大后方的时期。但是，只有5%的女性把工作时期视为她们一生中最满意的时期。很多女性在20世纪30年代的严峻情势下能够成功地找到工作，可谓是一大壮举，但是大萧条通常却是她们不愿记起或视为满意的一段时期，因为她们被谴责抢走了失业男性的工作机会。同样，"二战"期间女性参加工作也发挥了关键作用，她们也认可这一点，但几乎没有人把这一时期作为最满意的时期。尽管这样，我们可以通过访谈记录看到，战争时期的工作经历对于她们来说有着特殊的意义，因为她们和其他女性一起，为国家的战争胜利做出了贡献。值得注意的是，只有20%的男性把他们的职业生涯列为最满意的时期，近30%的人认为这是他们一生当中最不满意的回忆。如一位男性所说，这一代的男性，要么没有什么工作，如20世纪30年代的情况；要么工作太多，如量产节奏加快之压力下的"二战"时期。

还有一类对人生最好时代的描述也引人深思，其与婚姻相关。伯克利00一代夫妇大多在"一战"之后走进婚姻，当时距离20世纪30年代的经济崩盘还有很长一段时间。不足为奇的是，不论对于妻子还是对于丈夫来说，20世纪20年代都成为他们婚姻满意度最高的时期，而不满意度大多在充满压力的20世纪30年代和40年代到达顶峰。[27]在第5章，我们描述过当时有一些人的婚姻因为丈夫不愿意分享他每天的工作经历，或者不愿意和妻子讨论他的观点，以及双方长年累月地在财务和育儿问题上意见不一致而陷入困境。大萧条时期的经济压力以及子女的出生加剧了婚姻矛盾。另外，珍珠港事件之后，随着国家战争动员运动的推进，快节奏的生活和工作时间变长让婚姻关系变得更加紧张。

如第7章所述，在早年的大萧条困难时期及"二战"时期，

299

婚姻关系明显是决定伯克利 00 一代家庭成员健康状况和韧性的重要因素。如果婚姻关系因为冲突和暴力而瓦解，那么原本就困难的时期对父母和子女来说变得更加糟心。尽管只有不到 5% 的婚姻以离婚散场，但很多冲突型婚姻只是靠着一种各过各的、互不干扰的心态才得以维系。只有 12% 的伯克利 00 一代妻子和丈夫把他们的婚姻和配偶视为生命中最满意的事和人，但把孩子视为最满意的人的比例最高，达到 30%。

本研究试图解答，伯克利 00 一代男性和女性"生命中最满意的"人和事是哪些，也同样尝试回答，哪些人和事是他们"生活满意度的重要来源"。子女便是一个很好的例子。不到 33% 的人认为子女是他们生命中最满意的人，但如果仅仅关注，子女是否是他们生活满意度的重要来源，这个比例应该会高得多。同样，只有 3% 的伯克利 00 一代提到孙辈是他们生命中最满意的人，但我们从埃里克松对伯克利 00 一代家庭成员的访谈结果可以看到，老年时期的他们十分珍爱自己的孙辈。[28]

一代人的主旋律

我们之所以能够详尽地了解 00 一代大部分人生阶段的经历，归功于麦克法兰的创造力。她是伯克利指导研究最初的缔造者和主持人。在那个有关人的社会学调查还大多仅限于某一个单独时点的时期，麦克法兰先是在伯克利市招募 1928—1929 年出生的新生儿父母进入项目，观察子女处于依赖期时父母子女关系的情况。之外，项目定期向父母及被研究子女收集数据。1930—1931 年，麦克法兰开始向这些父母询问他们自己的家庭背景，从而进一步拓宽研究的代际框架。因为专注用"纵向望远镜"来观察家庭及个人，伯克利指导研究成为科学研究方面的先锋之作，当时人类发展研究领域无出其右。[29] 多年以来，伯克利人类发展研究所因为所内无论男女的研究人员的杰出成就而在国际上享负盛名，这些研究人员因为开展了多项关注儿童、青少年、成年直至老年的纵向研究而开辟出了新天地。

在没有联邦资助的情况下，研究人员在确定样本规模和数据收集范围时，必须考虑规模效应。实际上，位于马里兰州贝塞斯达的作为美国生物医药和公共健康领域主要研究机构的国家健康研究所（National Institutes of Health）直到1948年，也就是在马萨诸塞州启动Framingham心血管研究（Framingham Cardiovascular Study）之前，都没有开展过任何纵向研究，而当时已经是将近二十年之后了。[30] 从全球范围来看，首例全国性的纵向队列研究始于英国，发起时间是1946年。[31]

从20世纪70年代早期开始，埃尔德启动对伯克利项目档案的研究工作，从将近211对夫妇、其亲代和子代的极为详尽的生活记录中提取信息。这些档案资料也是本书根基所在，它囊括了多年的大量开放式访谈记录，从这些记录当中，我们挖掘出了宝贵的启示，从而认识这些参与研究的对象所身处的不断变化的世界如何影响了他们的生活，不论这些影响是好是坏。得益于这些资料，我们能够通过他们自己的语言，捕捉到他们的观点，然后把读者传送回过去几十年的那个不断变化的世界。我们对社会变化的研究，通过00一代的生活图景反映出来。他们的生活，因为被嵌入在特定的时点和地点，具有与其前后各代人不同的独特之处，也有共同之处。接下来，我们开始论述伯克利00一代的男性和女性生活中的这些主题。他们的父母生于19世纪，子女生于繁荣的20世纪20年代和萧条的20世纪30年代，而孙辈在成年时，战后的繁荣逐渐消解为经济停滞和21世纪不断加剧的不平等。[32]

00 一代的独特之处

让 00 一代有别于其他各代人的主旋律之一，是他们在人生关键时刻遇上了一系列的历史兴衰——青少年时期或成年早期遇上了"一战"；子女尚小时遇上了大萧条；工作上最年富力强时遇上了"二战"；需要引导青少年或青年后辈走进成年时，遇上了社区的战争动员。更广泛的讲，他们还经历了美国从 1870—1970 年百年间生活水平的巨幅提升；他们的出行方式发生了不可想象的进步，从铁路发展到福特"T"型车，再发展到大众航空旅行；营养学、公共健康以及医学有了革命性突破，如死亡率和患病率大幅下降，小儿麻痹症和天花等疾病绝迹。这些方面的发展形象地体现出，伯克利 00 一代的一生经历了科学技术的飞速发展。对此，某位 00 一代的后辈总结道："再也没有哪一个时代的变化速度能与这个时代相比，这是从大篷马车到登陆月球的速度。"

与早期定居加利福尼亚州的人一样，00 一代大都来自美国其他各州，或者美国之外的遥远世界。这种背景，也是他们重要的独特之处。基于我们对他们的了解，他们的家人之所以被吸引进入加利福尼亚州和伯克利市，是受到一系列因素的影响。他们通常有人结伴同行，一同来到加利福尼亚州寻求更大的机遇，或者按照连锁移民的模式，来投奔在加利福尼亚州定居的亲属。大多数情况下，他们在老家还有亲属留守。我们认为，这些移民富有冒险精神和自由精神，他们的目的是在健康的环境里追求更好的生活，他们都有机会获得高等教育（无论男女）以及有利的经济机会。

加利福尼亚州的几大移民潮，包括伯克利 00 一代的移民，以及大萧条时期从中西部干旱尘暴区迁入的移民，以及"二战"时期从贫困的南方地区迁入的移民等，无疑这都体现了这些移民

第 13 章

老年的回忆

的选择性，他们感受到了西部地区的诱惑，从而踏上了旅程。除此之外，还有一些因素成为推动他们向西迁移的动力——家长或监护人的去世，或因为大火失去家庭、家族生意或工作场地。

随着加利福尼亚大学伯克利分校在 1868 年建立，加利福尼亚州为高中毕业的年轻人提供了绝佳的教育机会，几年之后，该校向年轻女性敞开大门，相比东海岸大多数州立大学，它的这项举措领先了好几十年。20 世纪 20 年代初期，所有加利福尼亚州的学生可以享受免学费政策，教育机会再一次增加。麦克法兰本人也是 00 一代，出生在加利福尼亚州的农村地区。她便是充分利用了该州的教育机会，在 1922 年成为伯克利分校心理学系第一批取得临床心理学博士学位的女性之一。

伯克利指导研究展现了女性在地位获得上的独特的人生经历——经济窘迫的中产阶级女性突破了自己人生的限制。按照 20 世纪 20 年代的性别规范，女性不论受教育程度如何，其天地在于家庭，但是，大多数伯克利 00 一代女性都承担了某种社区角色，要么是参加有偿工作，要么是担任志愿者。她们在促进夫妻交流上十分活跃，通常情况下也很成功，甚至是在最经济不佳的情况下。在匮乏的 20 世纪 30 年代和紧张的"二战"之前，男性在决定家庭成就上占据上风。但是，这种局面在经济受到重创的中产积极家庭中发生了很大改变，妻子凭借自己的收入以及在照顾家庭和家务管理上的角色而开始占据主导地位。当我们再次关注她们在老年的情况时，我们发现，她们成为伯克利 00 一代中最健康、韧性最强的一个群体。

大萧条十年结束之前，这些女性的丈夫已经熬过了最糟糕的一些年，开始遇上经济的大幅回升。"二战"时期的再工业化成就了历史上一段独特的繁荣时期和工作稳定期，一直持续到 20 世纪 70 年代。[33] 这段时期内，年轻的后辈男性获得了发展，包括有几百万退伍老兵通过《退伍军人权利法》获益。这些人当中，就包括服役于朝鲜战争时期的伯克利 00 一代的儿子和女婿。但是，这一段在就业上极为有利的时期来得太晚，对 00 一代男性的事业没有产生显著影响，尽管如此，它还是提升了他们老年生活的幸福程度。

作为通往未来之桥梁的一代人

00 一代的人生体现出诸多与以往各代人的重大不同之处，但同时，我们也把他们看成伦纳德·凯恩所说的"铰链"一代，连接着过去与未来。[34] 这一代人的生命历程开始于巨变之际，而这种变化状态在整个 20 世纪都在不断加剧，并且一直持续到了今天。实际上，我们经常因为看到 00 一代的心声与今天在新世纪的人的心声是何等的相似而感到吃惊。

意义最为重大的一些方面包括男性和女性协调家庭和工作领域性别分工期待的方式。00 一代男性和在其后出生队列的男性有很多共同点。为了确立自己的经济地位，他们专注于在发展型城市找一份好工作，然后往返两地上下班。对于很多人来说，这种选择能够实现，因为他们的家人之所以离开他们长大的地方，搬来加利福尼亚州的城市地区，就是为了寻求机遇。

这些男性与在其后出生队列的男性还有一个共同点，他们都高度重视教育。本科学历或某种形式的高等教育是一扇大门，凭借于此，他们可以找到有价值的工作，并且在成为丈夫和父亲之后，实现家庭经济稳定。随着养家人的角色负担和提高家庭生活水平的负担越来越重，这些男性深刻地意识到，他们陪伴妻子和子女的时间太少。因此，失业对于他们来说特别痛苦，尤其是大萧条期间，他们失去的不只是物质上的收入，还有这背后象征着的他们作为养家人的角色。他们所面临的压力,也可能发生在今天失业了的或在职的父亲身上。

这一代的女性也与其后出生队列的女性有很多共同点。与她们自己的母亲不同,她们当中的很多人都接受过高等教育,并且在婚前参加过工作。但是,一旦遇到了伴侣,她们大都退学或辞掉工作而结婚,而一旦结婚或生下一孩之后,她们几乎全部暂停,甚至彻底不再考虑事业——并且在当时,对此几乎没有遗憾。虽然持有这种价值观的人在其后的各代人中明显减少,但是,社会对女性生活的期待仍然对女性的人生转变和角色产生着重要影响。很多00一代女性在"二战"期间重新回到劳动力市场,尤其是当她们的丈夫找不到工作或薪水无法应付一家人的支出时。而"二战"期间,在国家对劳动力的需求陡然增加的背景下,她们再次走上工作岗位。

无论是这两个时期的哪一种情况,女性参加工作都放在要么"为了家庭",要么"为了国家"的框架下叙述。这种叙事框架反映出,那个时代人们默认女性参加工作或持续工作有违规范。自那之后,女性的工作模式发生了很大变化,但是我们在近几代女性的身上也明显地看到了这种叙事框架,她们仍然把满足家庭需求,而不是实现自我描述为她们参加工作的目的。[35] 尽管如此,00一代女性的故事表明,女性远在经常被冠以女性参与劳动力市场之转折点的"二战"开始之前就有过受雇就业的经历,而且在家庭经济中发挥过重要作用。00一代女性告诉我们,大萧条也是那方面历史当中应该被重点标记的非常重要的时期。

这一代女性的社会剧本在不断变化,而其中的中产阶级女性正在悄悄地改写这一剧本。她们在高中毕业之后获得了一些教育,尽管通常是在教书或护理等领域,然后在婚前参加了工作。她们要求在家庭以外,通常是社会和公民事业领域扮演一些重要角色，这通常使她们的自我实现程度和社区融合度更高。她们希望获得友伴性更高，通常以夫妻交流更多、角色更平等为特点的婚姻。在所有这些方面，00一代女性的行为和选择都预示着这一世纪后女性生活的模样——当然，是对于中产阶级来说。

或许更为深远的影响是，00一代中产阶级男性和女性的故事预示了，或许可以说引领了育儿理念和方法上的深刻的文化变迁。从这些家庭当中，我们可以看到我们今天所知晓的精细化育儿的根基。他们是见证育儿信息的数量和质量出现革命性提升的第一代父母。他们认识到，育儿是一项有待掌握的技能。他们掌握了更丰富的知识，这也意味着，他们更担心子女的未来。他们认识到父亲在儿童发展过程中的重要作用，认识到为子女建立亲密关系和性别角色模范的重要意义。他们在一个全新的世界里努力地教养子女，这个世界里，子女的活动范围在扩大，外在诱惑变得纷繁多样，传统被一点点地侵蚀，父母的影响力在减弱。

00一代的生活让我们想到他们的经历与20世纪在其后的各代人的经历之间的共同点。社会出身和资源在决定一个人的人生方向和成就上起着重要的作用，除此之外，还有选择和行为。我们的生活不属于我们自己，而是牢牢地嵌在那些塑造着我们的家庭关系和互动交往之中。所有人的生命都带上属于它的时代印记，而各个时代，又因为其间不时发生的各种变迁而有所不同。最重要的是，这些生命故事提醒了我们，人类在生活状况发生意外甚至经常是戏剧性的巨大变化时，韧性非凡。而且，00一代之后的每一代人，都经历过某一场其一度认为无法控制的快速甚至加速的社会变化。这场变化让每个人都心有余悸，却又让每个人都再次回到他原来的位置——变化之际。

附录

见听

附录 A

附图与附表

表 A5.1　婚姻调适表现与冲突和差异领域之间的关系（平均值与系数值）

冲突和差异领域	M（SD）	相互调适[k]	妻子更适应丈夫	丈夫更适应妻子
冲突领域				
财务[b]	6.2（1.67）	−0.70	−0.34	−0.39
性生活[c]	3.3（1.17）	−0.69	−0.59	−0.60
子女管教[d]	3.3（0.88）	−0.66	−0.31	−0.40
整洁度[e]	2.6（1.06）	−0.29	−0.09	−0.28
文化（族裔）[f]	1.7（0.90）	−0.27	−0.18	−0.11
亲属关系[g]	2.9（1.22）	−0.24	−0.23	−0.12
宗教[h]	1.8（0.93）	−0.17	−0.07	−0.10
差异领域				
受教育程度[i]	2.6（1.06）	−0.39	−0.31	−0.18
一般兴趣爱好[j]	3.0（1.04）	−0.53	−0.34	−0.45

　　a 这几栏的数值反映夫妻关系情况。这项相关性分析中使用的所有量表均为5分制量表（仅财务冲突为10分制量表）。在0.05的水平上，相关系数达到0.20以上具有显著性意义。最小 N=105。

　　b "财务"项目分值是两个5分制量表得分的综合：一是支出冲突，从"无分歧（1）"到"分歧严重（5）"，二是收入规模或收入管理冲突，从"无分歧，完全满意（1）"到"管理上分歧很大（5）"。

c "性生活"项目分值,从"调适情况特别好(1)"到"相互抱有敌意,在态度和动力上有分歧(5)"。

d "子女管教"项目分值,从"基本完全一致(1)"到"差异明显,发生过实际冲突(5)"。

e "整洁度"项目分值,从"标准上无差异(1)"到"因标准不同发生实际冲突(5)"。

f "文化"指与族裔相关的文化模式,项目分值从"无分歧(1)"到"分歧严重(5)"。

g "亲属关系"项目分值,从"相处非常融洽(1)"到"分歧严重,公开敌对(5)"。

h "宗教"项目分值,从"无分歧,态度一致(1)"到"严重分歧(5)"。

i "教育背景的相似性"项目分值,从"非常接近(1)"到"水平差异很大(5)"。

j "一般兴趣爱好"项目分值从"所有兴趣爱好都相同(1)"到"没有共同兴趣爱好(5)"。

k "夫妻调适总体情况"项目分值从"调适情况特别好,婚姻幸福(1)"到"极度不相容,冲突极为严重(5)"。这一组是倒序编码,分值越高,代表契合度越高。

表 A5.2　婚姻契合度,按家庭类型与社会阶层划分(平均值)

家庭类型	社会阶级		阶级对比
	中产阶级	工人阶级	
接近平等	53.1(28)	56.5(5)	t = 0.71, ns
过渡型	49.3(31)	55.2(11)	t = 1.73, p < 0.10
不平等	40.2(6)	47.8(24)	t = 1.78, p < 0.10
F	4.21, p < 0.01	3.69, p < 0.05	

注:括号内为样本数量。分值结果为100减去婚姻契合度指标分值的结果,使得高分可对应高契合度。

表 A5.3　角色偏好,按家庭类型划分(百分比)

角色偏好	家庭类型		
	不平等	过渡型	接近平等
女性角色为家庭主妇 a(N)	(N=31)	(N=42)	(N=22)
夫妻均不倾向于此	3	17	34
夫妻一方对此倾向程度大于另一方	23	19	22
夫妻均倾向于此	74	64	44

续表

角色偏好	家庭类型		
	不平等	过渡型	接近平等
婚姻相互性 b(N)	（N=31）	（N=41）	（N=33）
夫妻双方均重视	26	32	55
夫妻一方的重视程度大于另一方	43	44	33
双方均不重视	32	24	12

注：本表各项目相关数据源自20世纪30年代期间对夫妻双方的访谈记录和家访记录。

a "女性角色为家庭主妇"偏好评估，是基于对下列问题的回答："母亲与父亲在多大程度上认为女性的核心角色是家庭主妇？"设计这一项目及相应的编码类别是为了测量他们对"女性的天地就是家"这一观念的看法。

b "婚姻相互性"这一指标通过以下问题进行测量："母亲与父亲在多大程度上认可婚姻相互性的理念，包括感情厚度、共同沟通、决策，以及陪伴？"

表 A6.1 中产阶级男性经济重创程度，按先在条件划分（回归系数）

先在条件	经济重创程度			
	未失业		有失业经历	
	r	beta	r	beta
1930—1935年失业情况（1=失业；0=其他）	—	—	0.39	0.33
社会经济依赖性，1929（1=依赖；0=其他）	0.33	0.28	0.33	0.27
1929年就职行业（1=高风险；0=其他）	0.25	0.20	0.25	0.17
男性家长受教育程度（1=大学以下；0=大学）	0.25	0.11	0.25	0.08
	R^2=0.17		R^2=0.28	

注：回归系数均为标准化系数，基于密集组样本（N=59）。经济受到重创组的男性记为1分，经济未受重创组的男性记为0分。该项分析因为因变量有限（经济重创程度），我们仅从相对值解释自变量的影响力（区别于强调每个beta系数的绝对值）。通过聚焦先在条件变量对经济受到重创或未受重创的预测力，我们所使用的多元回归分析相当于一组判别分析。

311

表A6.2 中产阶级男性经济重创程度，按先在条件划分（回归系数）

先在条件	经济重创程度 未失业 r	未失业 beta	有失业经历 r	有失业经历 beta
1930—1935年失业情况（1=失业；0=其他）	—	—	0.54	0.50
男性家长职业，1929（1=半技术/非技术；0=其他）	0.07	0.04	0.07	0.13
社会经济依赖性，1929（1=依赖；0=其他）	0.20	0.24	0.20	0.12
男性家长年龄越大=分值越高	0.32	0.33	0.32	0.23
		R^2=0.15		R^2=0.36

注：回归系数均为标准化系数，基于密集组样本（N=41）。见表A6.1注。

表A6.3 男性职业生涯不稳定程度，按社会阶级、经济重创程度与出生队列划分（百分比）

	较早出生队列男性 非贫困	较早出生队列男性 贫困	较晚出生队列男性 非贫困	较晚出生队列男性 贫困
中产阶级				
稳定	90	50	69	35
参半	10	21	19	41
不稳定	—	29	13	24
	100（41）	100（24）	100（32）	100（17）
工人阶级				
稳定	92	26	64	19
参半	8	32	23	25
不稳定	—	42	14	56
	100（13）	100（19）	100（22）	100（16）

注：职业生涯不稳定程度按4分制编码，0表示稳定，2~3表示不稳定，1表示参半。括号内为样本数量。

附录 A
附图与附表

表 A7.1　中产阶级女性的经济标准，按经济重创程度和时间周期划分（偏相关系数）

经济标准	对自己命运不满的女性	经济安全感等级	夫妻共识等级
	1931—1932 年	1932—1934 年	1932—1934 年
标准等级			
受到重创（N=40）	0.14*	0.17	-0.15
未受重创（N=23）	0.44	0.22	-0.21
标准不灵活程度 c			
未受重创（N=20）	0.11*	-0.42*	0.57**
受到重创（N=16）	0.48	-0.20	0.05

注：控制变量为家庭年收入。1931 年家庭年总收入用于测量女性对自己命运不满的程度。在测量经济安全感和夫妻共识时，我们使用了 1932—1934 年三年年收入的均值。

* < 0.05，** < 0.01，用于对比经济受到重创组与未受重创组的平均值。

a 等级量表：7 分制，取于 1931—1932 年，分数越高，代表不满意程度越高。

b 经济标准等级按照 1930 年个案材料编码如下：1= 朴素标准，2= 一般标准，3= 高于一般标准，4= 高经济标准。

c 仅经济标准高于一般标准的个案做了标准灵活度的编码，标准高于一般水平的四位工人阶级女性没有纳入分析。不灵活编码为 1，灵活编码为 0。

表 A8.1　伯克利女性大萧条时期生育率，按 20 世纪 30 年代的经济重创程度以及 1929 年子女数量划分，校正了特定先在条件

1929 年生育数	大萧条时期生育率（1930—1939 年）	
	经济未受重创组校正后百分比	经济受到重创组校正后百分比
一孩	58（63）a	44（35）
二孩或多孩	27（56）	27（57）
百分比差	31b	17

a 已生育至少一孩女性的校正后百分比。括号内为样本数量。本表体现以 1929 年生育数为变量的多重分类分析。控制变量有四：女性受教育程度、年龄、族裔（1= 天主教，国外出生，或黑人；0= 其他），以及 1929 年所处社会阶级。

b 已生育一孩女性与已生育二孩或多孩女性的百分比差异。

图 A11.1 女性兼职或全职百分比，按年度划分

附录 B
样本、数据来源及方法

本附录向读者介绍作为本书核心的那一项代际追踪研究的关键内容,读者可借此了解我们所使用的原始档案数据的情况。但本附录并不逐一完整地介绍我们所采用的方法论策略或测量工具。

纵向研究的档案数据当初被收集的目的,往往与当代调查者的目的不同。因此,这些数据最多只能是接近数据研究者如果自行设计原始数据收集方案所可能实现的状态。本研究之所以使用伯克利指导研究的纵向数据档案,是因为这些档案符合一定的标准。数据与研究项目契合,是最基本的要求。

一份包含了大量基于观察法和开放访谈而获得的定性数据的档案,是一座可供探索式、归纳性和解释性分析的大宝库。当这些定性数据被转化为系统性设计的定量测量结果之后,它们在检验假设上的价值得到了更大的发挥,但是,完成这项工作的代价不小。一开始,埃尔德看到了应用大量系统性的编码和测量工具(详见附录 C)对这些数据进行分析的广阔潜力,但是,他没有预见到完成这些分析所需要花费的时间和精力之巨大。毕竟,这个项目从开始到结束,前后一共花费了四十多年。

伯克利样本及社区情况

1928 年,加利福尼亚大学伯克利分校创设儿童福利研究所,开展儿童发展方面的研究。医学博士赫伯特·R.斯托尔兹任研究所所长,哈罗德·琼斯任研究主任。他们邀请麦克法兰,一位刚从伯克利分校毕业的心理学博士，主持一项学前儿童研究项目。项目受到劳拉·斯佩尔曼·洛克菲勒纪念基金的资助。项目最开始研究的问题是探索父母获得与研究人员讨论儿童行为的机会对儿童发展的价值。

项目对象从在特定的 18 个月内（1928 年 1 月至 1929 年 6 月）在伯克利出生的儿童中选取，按照出生证明登记表的顺序，每隔三个选取一个。入选的家庭一共有 405 个，但最终能够带着被研究儿童一同参与项目的夫妇共 244 对。数量之所以变少，源于小孩死亡、搬家、拒绝参加或存在语言障碍等。等到被研究儿童到 21 个月大时，按照社会经济地位及家庭状况等变量，样本被进一步分成两组，一组为实验组，共 124 个家庭，他们会得到研究人员的指导，并且参与密集的数据收集；另一组为控制组，规模与实验组大致相等，但是数据收集的密度不如实验组高。在其后的几十年里，实验组和控制组的说法渐渐变为密集调查样本组，和非密集调查样本组，因此本书也采用了后者这种提法。1929 年，这些家庭中，60% 属于中产阶级，40% 属于工人阶级。

五年之后，项目结束，两个样本组的比较结果显示，研究人员与家庭互动的密集程度上的差别，并没有在这两组家庭的儿童成就上产生重大差异性影响。密集调查样本组因为相较之下有更多的数据，所以它也就成了长期追踪研究的重点。麦克法兰及其团队的研究重心开始从短期评估转变为终身发展性变化：了解儿童发展的过程及原因。因此，从儿童出生到进入青少年，再到进入成年，项目通过一系列跟进访谈持续收集与之相关的数据。其间，项目也收集与他们父母的相关数据。到了 20 世纪 60 年代，随着终身发展被确立为一项研究框架，儿童福利研究所更名人类发展研究所。

附录 B
样本、数据来源及方法

20 世纪 30 年代和 40 年代：数据收集

伯克利指导研究一向因其数据收集和研究的代际框架而闻名，它的数据收集范围上至 1928—1929 年出生的被研究儿童的父母及祖父母。1972 年的跟进访谈中，这个框架里又新增了一代人：00 一代的孙辈。

伯克利子女 21 个月大的时候，密集调查组的母亲，常常也包括父亲，来到研究所接受麦克法兰的访谈，访谈内容重点放在个人特征、家庭关系（夫妻关系以及父母子女关系）以及父母自身的家庭背景（社会经济方面及文化方面）上。[1] 这是对伯克利家庭开展的第一次大规模数据收集活动，数据在广度和深度上都蔚为可观，其中还包括一些跟进访谈和观察分析。在同一时间段的其他场合，研究所的社会工作者还对这些家庭进行了家访，采访母亲有关育儿方面的话题，并做观察记录。

这些观察分析与相关访谈带来了一些重要的意外收获，从中可以获知与 00 一代男性和女性工作历史及家庭历史相关的详细资料。访谈记录包含了丰富的情境化量表，反映这些父母及子女在 20 世纪 30 年代每一年的经济压力情况。此外，伯克利指导研究的档案资料包括出生名单、家庭年度花名册以及家庭作为主方或客方与亲属同住的情况的记录，还包括各代人的国籍及宗教信仰等方面的详细信息。

伯克利档案数据中缺失了与家庭生活相关的一些重要方面的信息，但我们通过详细阅读密集调查组每个家庭的相关个案汇编材料，对材料进行编码，对这些方面的问题开展定量测量。在伯克利指导研究所访问的一年间（1972—1973 年），埃尔德在详细阅读了密集调查组（N=111）中三十个家庭的历年记录及定性材料后，建立了测量家庭生活相关情况的编码系统。

两名高年级的研究生经过训练之后，按照设定的编码类别根据密集调查组剩余家庭样本的个案情况对他们进行分类。个案材料涉及的年份从1928—1929年开始，一直到1945年。因为大多数项目的编码类别都易于分类，所以编码员间一致性以编码员在编码结果上取得完全一致的百分比显示。如果编码员对编码结果不确定而没有达成一致，那么在适当的情况下，对一些编码类别做了合并。编码结果不一致的情况也在个案讨论过程中做了进一步分析。

大多数伯克利00一代夫妇都结合于"一战"到大萧条之间的这段时间内，这个时期对于年轻夫妇和家庭来说非常具有挑战性。考虑到这一点，我们决定关注这些夫妇如何看待各自的角色及他们之间的关系。我们设计了测量工具来评估他们对女性角色的看法，以及丈夫和妻子分别对"持家是女性的主要职责"这一观念的支持程度。我们同时还关注婚姻的相互性。相互性是美满婚姻关系的重要组成部分吗？我们还设计了与平等性相关的一个问题。平等性在婚姻关系中重要吗？00一代的男性和女性是否用"现代"一词来描述自己及他人的婚姻关系。而相互性与平等性在这样一种关系里被反复强调。除了这些方面的婚姻问题之外，访谈记录还出现了有关这些夫妇与对方父母关系的描述。我们也设计了相应的编码系统，来测量夫妇对对方作为丈夫与父亲、妻子与母亲的表现是否得体的评价。这个问题关涉子女对父母的依恋程度。

另一个只能通过开放式访谈的方式进行评估的问题，是夫妇两个各自所坚持的地位标准。根据约瑟夫·卡尔在有关社会分层一书中的创见，我们关注经济、文化与道德三个标准。[2]在经济标准上，我们关注夫妇的经济水平及他们对经济标准的恪守程度。例如，丈夫和妻子如何评价他们及他人的生活水平，是高于一般标准，一般标准，还是低于一般标准？灵活度通过标准与实际情况的匹配度进行评估。在文化标准上，我们探究个体是否认为他们在文化和背景上——行为举止、品位、兴趣爱好等——优于一般人。在道德标准上，我们主要关注体面性。各家的丈夫和妻子在人们的印象里，是否重视道德品质——诚实正直、值得信赖以及受人尊重？

等到被研究儿童长到 17 岁的时候，伯克利 00 一代夫妇又接受了一次大规模的跟进访谈。访谈年份是 1945—1946 年，当时"二战"已经结束，海外部队已经开始踏上回归美国的漫长旅途。从很多方面来看，这次访谈主要关注父母子女关系以及他们生活模式的变迁。访谈员先是向伯克利 00 一代男性和女性抛出一些回溯性的问题，让他们回忆自己的早年生活，并重点回忆 19 世纪末以及 20 世纪初他们童年时期的家庭经历，然后再把视线转向他们的父母——父母的受教育程度、职业生涯和移民经历。

然后，这些作为父母的 00 一代被问到作为研究对象的其子女"在一个完全不同的时代和地点长大"的经历。这些经历有哪些不同点，又有哪些相同点？他们是否认为父母的角色发生了改变，如果改变了，是什么样的改变？我们在第 12 章中，通过追随"一代又一代"的人告别"二战"，走进战后，然后很快又在 1950 年遇上朝鲜战争这一国际冲突的经历，对这些问题进行了解答。大多数伯克利 00 一代家庭的男性后辈都在朝鲜战争期间服役。

这部分的访谈记录创设了一个情境，父母得以在这个情境下回答他们对子女未来的期望。朝鲜战争的爆发对子女高中毕业后继续接受教育、在理想行业参加工作以及结婚这三件事的时间安排上产生了重大影响。我们探究了湾区的"二战"文化对这些事件的时序安排有怎样的影响，这种文化是否让父母的角色变得艰难？如果是，我们则进一步观察父母如何应对这些困难。困难大多来自有哥哥在军队服役过,尤其是在海外战场服役过的被研究儿童。我们了解到,一些家庭原本在 20 世纪 30 年代大萧条期间已经忍受过好些年的困难生活,后来大儿子在战争中牺牲,家里的父亲被彻底击垮。

1969—1982:数据收集与测量

到了 20 世纪 60 年代末,人类发展研究所计划对现有的两个纵向研究样本做进一步跨代研究,一个是麦克法兰主持的指导研究样本,一个是南希·贝利(Nancy Bayley)的成长研究样本,她同时也主持奥克兰成长研究。隶属于人类发展研究所的两名加利福尼亚大学伯克利分校的教师亨利·马斯(Henry Maas)与乔·凯珀斯(Joe Kuypers)开始跟进麦克法兰和贝利的样本中的伯克利 00 一代,当时,他们都成了祖父母,平均年龄 70 岁。

他们对共计 142 名男性和女性进行了深度访谈。其中,81 位女性和 38 位男性属于麦克法兰的研究项目,且这些男性都还与项目中的女性在婚。极少数男性丧偶,但三分之一的女性都成了遗孀。调查员把参加跟进访谈的 70 岁以上年龄组的父母与 1929 年原样本中的父母的情况进行对比发现,前者受教育程度与事业成就都更高,这一点与他们的预期一致,但差异不显著。两个样本组的平均受教育年限仅相差不到一年。数据收集以有临床专业知识的研究人员开展深入访谈为主。访谈先是做了录音,后来再逐字转录用作 Q 分类和其他心理量表分析。他们利用这些数据探究了伯克利 00 一代老年生活的情况。

最后两次跟进访谈发生在 20 世纪 80 年代早期,两次研究都聚焦老年生活。一项是大家熟知的伯克利老一代研究,由佐治亚大学老年学中心的多萝西·菲尔德主持。菲尔德在 1983 年的样本包括 1969 年马斯-凯珀斯跟进访谈样本中仍在世的人群。1983 年，菲尔德及其研究团队对 42 名女性和 20 名男性做了专访，他们的年龄从 74 岁至 93 岁不等。另一项是埃里克与琼·埃里克松夫妇的项目（与海伦·基夫尼克合作），他们旨在探究这些男性和女性老年时期的"重要参与事项"。[3] 他们仅仅完成了对 28 名父母的访谈，但是该研究获得了大量与生命周期性变化相关的数据。正是基于这些变化，各代人在人生各阶段才得以相互连接。这项研究的一大宝贵资料是调查员与伯克利 00 一代夫妇就教养孙辈的诸多回报进行讨论的记录。在很大程度上，分别出生于 1902 年和 1903 年的埃里克与琼·埃里克松夫妇，与伯克利 00 一代处在相同的历史地位，对于伯克利 00 一代的人生，以及这一代人所经历的深刻社会变革和经济变革，他们可以感同身受。

丰富又灵活的素材

没有人能够想象到，这些数据以及从中抽取和转化的很多内容在帮助我们理解被研究儿童的父母——伯克利 00 一代人上能够发挥这么大的作用。能够完成这本书，我们在很大程度上受益于这项研究很多访谈记录和个案笔记的深度和开放性。正因为此，我们才能够探究一些原项目发起人没有明确涉及的话题。例如，在第 9 章，原项目没有系统性地考察大萧条期间家庭多户同住的情况，但是研究人员对各个家庭的开放式访谈，以及 20 世纪 70 年代的口述史研究让我们获得了与这一关键调适措施相关的信息，包括它的利弊。由此，我们得以完成第 9 章的内容。再如，得益于与生活水平相关的访谈记录，我们在第 7 章得以把收入匮乏的经历与夫妇对生活质量的理解关联起来。

00 一代男性和女性的工作路径，以及他们对这一路径的看法，都提取于与他们的就业和收入相关的详细的系统性记录，以及开放式访谈记录中。基于这些记录，我们得以编制丰富的定量和定性分析工具，研究这些男性和女性工作路径的起伏、连贯与脱节，从而加深我们对这一代人的了解，这些内容尤其体现在第3章、第4章和第11章。

通过反复阅读定性材料，按照话题对材料内容进行分类，并且构建各种模型分析他们在婚前、大萧条期间以及"二战"时期的经历，我们得以从项目中挖掘到一些原项目发起人可能没有想到这个项目可以发挥的话题。这样的一组样本，因其纵向数据和代际数据收集之广泛和深入，其价值不可估量。在不断追求样本规模和代表性的趋势下，我们强烈建议继续结合这种方式进行样本设计。这些研究花费大量精力所记录下来的生活情境之丰富，至今无可取代。它们为后来一代又一代的学者敞开大门，让他们能够从中提炼出有关人类经验的新知识。

附录 C
1962—2019，项目的来龙去脉

1962年，埃尔德被派往加利福尼亚大学伯克利分校人类发展研究所工作，这段经历成就了过去十几年里他与赛特斯坦和皮尔斯的合作，追踪研究美国人在20世纪的生活状况的这一段故事，并最终成就了本书的问世。20世纪60年代的研究成果，成就了基于生命历程理论的《大萧条时期的孩子们》一书的出版，以及后来的对生于20世纪20年代末（奥克兰市与伯克利市）出生队列的人们的比较研究，再然后是现在的这个有关横跨20世纪的00一代——伯克利被研究儿童的父母——的研究项目。四十多年前，埃尔德发现了这些洋洋洒洒的，与00一代（生于1885—1908年）相关的档案数据，并且撰写了几个章节的初稿，描写00一代家庭经历的社会变化，现在，这些初稿发展成了一本书稿，记叙伯克利00一代男性和女性的故事，从他们结婚，到走进动荡的大萧条和"二战"时期，到走出战争，进入异常繁荣的战后若干年及以后。

缘起

这项长期项目的种子被播撒下的时间是在1962年。当时著名的伯克利人类发展研究所的新所长约翰·克劳森（John Clausen）邀请当时刚从北卡罗来纳大学教堂山分校社会学和社会心理学专业博士毕业的埃尔德作为研究助理，参加以1920—1921年在奥克兰市出生的儿童为研究对象的一项纵向研究。截至20世纪30

年代，该研究所（当时名为儿童福利研究所）逐步成为儿童研究领域的先锋代表，新增了两项以1928—1929年在伯克利市出生的儿童为研究对象的项目。这两个项目就是后来人们所熟知的伯克利指导研究项目和伯克利成长研究项目。指导研究项目由麦克法兰主持，成长研究项目由南希·贝利主持。成长研究项目的一些样本也同时参与了指导研究项目。指导研究项目中的所有被研究儿童，在本书中被称为1928—1929年的伯克利出生队列。

埃尔德在1962年到达伯克利时，奥克兰和伯克利的这几项研究涉及的儿童已经接受过好几轮数据收集。当时，他们已经步入中年，有兄弟姐妹，也有自己的子女。伯克利指导研究中很多年龄稍小的对象其父母还健在。当时纵向研究仍然很少，但是埃尔德作为研究员参与奥克兰研究项目的经验，让他接触到了丰富的纵向数据，并且培养了他对于人们的生活如何随着年龄的增长而发生变化这个问题进行思考的方式。同时，这段经历还让他接触到了与大萧条时期家庭变化和社会经济变化相关的详细资料。他从中看到，并不是所有家庭在1929—1933年都遭受了严重的收入损失。他得以辨别出，奥克兰市的哪些中产阶级和工人阶级家庭在20世纪30年代大萧条最严重的几年遭受了严重损失，哪些家庭又得以幸免。对这些个案的研究成果，成为他在1974年出版的《大萧条时期的孩子们》一书的基础，该书记录下了历史变化对个人生活经历的影响，并构建了生命历程的理论视角。

上述研究虽然详细地展现了奥克兰市的各个家庭在大萧条时期的不同经历，但是它并没有回答研究结果的普遍性的问题。大萧条对于较早出生队列或较晚出生队列的人们所产生的影响，会有很大的不同吗？发展性（或事业阶段）假设认为，经济受到重创的家庭中的年龄较小的儿童，比年龄较大的儿童因为收入损失而受到的伤害更大。从很多方面看，伯克利指导研究的对象，即生于1928—1929年的出生队列是用于比较研究的理想样本，因为研究所同时掌握了这两组出生队列的数据档案。

作为研究所主任，约翰·克劳森授权埃尔德查看伯克利指导研究的数据档案，他迅速地评估了档案中有关收入方面的数据是否足以用来评估各家庭在1929年以及大萧条最严重的1933年的收入情况。有关密集调查样本组的家庭（N=111），这方面的数据确实有，而非密集调查样本组的家庭（N=103），可以通过一系列社会经济方面的数据（例如收入、对福利救济的依赖性）大概估测家庭经济是否受到重创的情况，获得与密集调查样本组的家庭大致匹配的数据。

收集到这些数据之后，1971年夏，埃尔德开始申报为期两年的国家科学基金会项目。项目包含在伯克利指导研究所开展为期一年的数据收集和编码工作，然后在北卡罗来纳大学教堂山分校的社会科学研究所开展一年的数据分析工作。1972年夏，该项名为"经济重创对性格与成就的影响"的项目获批，埃尔德开始组建研究团队。

计划与机缘

做任何数据档案研究，都存在机缘问题，有可能抱着一个目的走进去，抱着另一个结果走出来。无论档案保管员和工作人员做了多么充分的准备工作，目标有多明确，研究过程中的意外发现还是可能改变最初的研究目的。但是，有意外发现，也并不意味着他们需要全盘放弃最初的计划，而是可能需要扩展项目内容，调整时间计划。这正是埃尔德在把自己埋进数据档案里的那一年（1971—1972）的切身经历。那一年，埃尔德的最初目的是构建测量工具，从而系统地对比奥克兰市生于1920—1921年的出生队列与伯克利市生于 1928—1929 年的出生队列的情况。这项工作需要查阅能够反映这些儿童在童年早期情况的访谈记录、对父母的评分记录以及对被研究对象的评分记录，然后查阅被研究儿童在成年时期的情况及其父母的情况。一开始，埃尔德与项目编码员一起回顾父母的访谈记录，以确保队列对比研究的测量结果合理可靠。然而，他却惊讶地发现，档案里有关于密集调查样本组的 111 对父母的大量的详细数据，相比之下，属于非密集调查样本组的 100 对父母的数据有限，奥克兰项目上与父母相关的信息就更加匮乏。这方面的大部分数据都没有进行编码处理。项目唯一的主持人麦克法兰作为受过专业训练的临床心理学家，其研究重点是各个家庭里的儿童，而对这类数据没有进行编码，恰恰反映了她的研究方向。个案材料的汇编，原本就是为了用于了解一个家庭里的小孩的情况。

奥克兰研究从大萧条结束之后，就停止了对父母情况的跟进。然而，伯克利 00 一代在整个 20 世纪 30 年代都接受了定期访谈，在 40 年代也被继续跟进，直到 1946—1947 年，对他们做了一次大规模的涉及多代人情况的访谈。这次的访谈重点关注父母在"二战"结束之前的生活经历，以及健在的父母与其正在向成年期转变的子女之间的关系。访谈内容涉及作为被研究对象的男性后辈服兵役的情况。到了 20 世纪 60 年代末，仍然健在的父母再一次接受访谈，谈论他们自己、子女和配偶的情况。这一个有关父母数据的大宝藏，远远超过对奥克兰和伯克利的出生队列进行比较研究所需，于是埃尔德意识到，把对这些父母人生的研究做成一项对 20 世纪 00 一代的研究有着很大的可能性。

与这些父母相关的数据研究非常深入，而且大部分都没有进行编码，因此，这需要项目上投入计划之外的大量资源。项目团队根据被研究对象的识别号整理基本信息，制作编码本，然后使用编码对数据进行分类,这些工作最后也促成扩大档案研究工作范围的决定,而这个范围已经远远超出队列比较研究所需。

对数据进行编码之后,得到四组复杂的数据集,主要与家庭生活和个人生活情况相关。被研究的伯克利儿童在经济崩溃时年龄尚小(2~3岁),因此我们对反映各个家庭在1929年至整个20世纪30年代的生活情况的所有定性数据进行编码的工作具有了更大的价值。有一个数据集关注20世纪30年代的家庭关系,另一个数据集关注亲属关系、夫妻互动以及家庭结构的变迁。从概念上来说,制作编码手册以及对数据进行编码的工作变得尤为艰巨。有关这些父母的早年生活、20世纪30年代和40年代期间的经历,以及被研究的伯克利儿童的成年生活等方面的生活记录数据被转录成磁带,送回北卡罗来纳大学教堂山分校和社会科学研究所(现改名为奥德姆研究所)。

在伯克利进行的第一个项目年度结束(1972年夏)之前,数据材料已经准备完毕,可用于两大主题的分析工作:一是奥克兰—伯克利队列比较研究,二是OO一代父母研究,重点关注家庭经历的社会变化。

队列比较研究

要进行队列比较研究,需要构建测量工具,比较大萧条时期的经济困难对奥克兰和伯克利项目中的被研究对象中年以前的生活所产生的影响。理论上来说,因为伯克利项目中的儿童还很小,因此他们当中的男孩受到大萧条时期经济困难的影响的可能性要大于奥克兰项目中的男孩,那些男孩年龄更大,已经步入青少年时期。为了完整地理解严重收入损失意味着什么,项目组需要测量收入损失和失业来临之前的家庭模式。伯克利家庭的档案里有关于他们在大萧条之前的情况的记录（但奥克利家庭没有），因此也被添加进教堂山的数据里。

社会变化与 00 一代父母——伯克利指导研究

该项目旨在探究大萧条时期以及"二战"时期的社会经济变化对家庭调适及其生命历程有何影响。因为掌握了大萧条之前的家庭历史数据和生活历史数据，我们得以评估走进大萧条时期之后的延续性和变化。[1] 我们也掌握了 20 世纪 30 年代收入损失和失业情况的数据。此外，伯克利指导研究的数据档案里，还可以找到"二战"时期父母的社会经济情况的记录。

在回到北卡罗来纳大学继续开展国家科学基金会资助项目的那一年（1973—1974 年），项目工作人员把研究伯克利家庭的资料作为奥克兰—伯克利比较研究的第一步。有关伯克利家庭在大萧条之前的情况的数据，使得项目组能够考察他们的生活在 20 世纪 30 年代存在延续性和脱节的地方。总的来说，这项工作让我们对大萧条的影响有了基本认识。这种影响是集中反映在特别脆弱的家庭，例如有经济依赖性的家庭身上，还是在 20 世纪 20 年代调适能力强和调适能力弱的家庭身上都有体现？

在项目进行的第二个年度，有关家庭移民并定居伯克利市的过程，父母的教育和职业生涯情况，以及他们在 20 世纪 30 年代之前婚姻关系稳定或动荡情况等章节的文稿已经完成。大多数 00 一代的男性和女性都是从其他国家或者美国东部各州移民至伯克利。最后，男性在决定婚姻关系的和谐程度和稳定性上发挥了更重要的作用。这些章节内容成为项目最后向国家科学基金会提交的报告的基础。[2]

1973—1974 年的研究工作在社会科学研究院开展进行，项目也属于该研究院。这项国家科学基金会项目历经变革，呈现出两个主要的研究阶段。第一阶段主要关注大萧条对伯克利00一代家庭的影响，以及基于这种影响，理解经济困难时期对不同年龄的儿童——年龄较小的伯克利儿童与年龄较大的奥克兰儿童——造成的影响差异。第二阶段的研究工作拓展至伯克利00一代父母和儿童各阶段的生活。项目组成专门小组，分别追踪父母直至老年时期的生活情况，以及儿童直至中年时期的生活情况。

第一阶段：研究大萧条对家庭及对年长和年幼队列之儿童的影响。项目在国家科学基金会资助结束之后，又获得了国家心理健康研究所（1974—1979年）的资助，加上埃尔德被内布拉斯加州奥马哈市新成立的男孩城研究中心聘为高级访问研究员，项目又继续向前推进了三年多。[3] 著名的口述史学家查尔斯·莫里西同意对伯克利指导研究所的核心工作人员和仍在大旧金山地区居住的00一代开展访谈。

研究最终发现，伯克利00一代各家庭在进入大萧条时期所携带的资源和风险因素（例如，生活上依赖亲属）在很大程度上决定了他们经济困难的遭遇。在20世纪30年代之前处于工人阶级的家庭，以及需要依赖外部资源生活的家庭所面临的风险最大。很明显，失业是导致工人阶级男性陷入长期贫困的主要原因。在男孩城的资助结束之前，我们已经完成了与大萧条时期的损失所造成的影响相关的几个章节的文稿。其中一个章节阐述20世纪30年代之所以存在不幸与繁荣发展这两张不同面孔的关键原因。并非对于所有家庭来说，艰难时期都变成了"糟心的时期"，因此有一个章节专门阐述经济受到重创家庭在这方面的情况。还有一个章节报告各个家庭如何应对20世纪30年代的匮乏。

之后，埃尔德开始研究大萧条对被研究儿童的影响，以及大萧条如何形塑他们的成年生活。上文提到，大萧条开始时，这些儿童尚未满学龄。因此项目假设，年幼的伯克利儿童所面临的风险比年长的奥克兰儿童更大，因为年幼的他们对家庭关系和家庭经济情况的突变更加敏感。伯克利男孩的情况符合了这一假设，但是女孩不同，她们受到了母亲的保护。尤其是家庭经济受到重创的男孩在学业上的表现不及女孩，青少年时期在自信心和自我引导能力上也都更弱。家庭经济受到重创的伯克利女孩得益于母亲的情感支持，而男孩则大多缺少一个体贴、关注他成长的父亲。

相比之下，家庭经济受到重创的年龄更大的奥克兰男孩善用资源的能力更强，也到了足以在社区中扮演重要经济角色的年龄，而青少年女孩则在家里帮助母亲承担家务，经常因为缺少漂亮的衣服而感到被排斥在社交活动之外。这些队列差异和性别差异方面的研究结果，最后被纳入1999年出版的《大萧条时期的孩子们》第25周年版，成为其中的一个章节。

第二阶段：研究人生和各代人（1979—1999年）。20世纪70年代末，埃尔德结束了他在男孩城的任期，进入康奈尔大学任人类发展学教授。[4] 在康奈尔大学期间的研究主要关注伯克利00一代在大萧条和"二战"时期的经历，并且特别关注他们在20世纪30年代与亲属的关系。大多数父母都住在离亲属不远的地方，因此他们之间可以互相帮助。我们重点关注了他们作为主方和客方与亲属同住的情况。三代人同住的家庭，通常会出现文化上的冲突。这方面的研究为我们探究20世纪30年代到老年时期的生活轨迹提供了一个情境。

随着项目进入尾期，我们开始重点关注伯克利00一代母亲老年时期的情绪健康和幸福程度，以及他们丈夫在1969年左右的幸福程度。20世纪30年代经济重创的不利影响在工人阶级女性的身上体现得最为明显，相应的结果也体现在了她们的老年生活上。伯克利00一代男性活到晚年的概率比女性低，而且在晚年的夫妻中，男性在能力、活跃程度和外向程度上都不及妻子，这与20世纪30年代经济受到重创的家庭当时的情况一样。

1984年夏，埃尔德被聘为霍华德·W.奥德姆教授，项目重新回到北卡罗来纳大学教堂山分校。1985年秋，他获得国家心理健康研究所高级科学家奖（NIMH00567），奖项一直持续到2000年，他也因此能够继续修改章节文稿。在这项奖助的支持下，他也得以启动新一轮的数据收集工作，研究伯克利和奥克兰男性后辈服兵役的情况。伯克利00一代都参与了"二战"，但他们的参与方式，几乎无一例外都是通过参加国内大后方的生产动员。湾区的战争动员吸引了大量的伯克利女性加入劳动大军，尤其是进入旧金山市附近蓬勃发展的造船厂工作。她们大多数人的丈夫，在20世纪30年代经历了失业的厄运之后重新回到全职甚至加班状态。随着劳动力需求越来越大，青少年也被推向劳动力市场，挣的工资比他们父母在20世纪30年代挣的还多。

因此，在国内大后方的工作经历成为与伯克利00一代相关的一个重要的章节主题。例如，我们了解到，哪些女性曾在20世纪30年代因为经济困难而参加工作？她们在"二战"时期是否继续工作？我们也识别出仅仅在"二战"期间参加过工作的女性。查尔斯·莫里西所做的口述史研究与这一时期的情况尤为相关。通过查阅公开发表的研究成果，我们得知在他们老年时期，男性后辈服兵役的情况。

著述成书

十年前，埃尔德意识到，是时候结束他培育的这个项目并完成书稿了。那时，距离他从一个庞大的数据档案中发掘出这个创新项目开始，已经过去了将近四十年。其间，项目获得了五个研究基金的资助，而项目本身的回报也成为一种激励，确保了项目的继续。为了把这个纵向数据档案传给下一代，2011 年，他开始和两位更年轻的同事合作，即俄勒冈州立大学的赛特斯坦，与北卡罗来纳大学教堂山分校社会学部的皮尔斯。

赛特斯坦是人类发展、衰老和生命历程研究领域的资深学者，埃尔德早在西北大学念研究生阶段就已经与他相识。赛特斯坦从伯克利人类发展研究所获得了一手资料，并且整理了奥克兰和伯克利两个研究项目的数据档案。皮尔斯是埃尔德在北卡罗来纳大学教堂山分校的同事，是家庭社会学、性别和宗教研究方面的专家，在混合研究方法上颇有名气，而埃尔德在奥克兰和伯克利两个研究项目上正是采取了混合研究法。

参加一个已有四十年历史的项目最具挑战性的地方在于结合现有材料了解项目的演变过程。我们开始在原有的框架之下，逐章讨论最初几个章节的文稿，在开放的心态下修改文稿，加入新章节，然后意识到我们需要更多的数据。初步讨论后，2012 年，在美国社会学协会在丹佛举办年会期间，我们用两天的时间，制定了完整的书稿目录。

在那之后，我们继续撰写新章节，修改已有章节，然后轮流修订每一章的文稿。我们定期通电话和见面，讨论书稿框架和故事脉络、章节修改意见、数据档案的情况、定性和定量分析以及下一步计划。最后完成的文稿建立在项目早期的研究成果之上，我们感谢为本书的面世提供过帮助的所有人。在过去长达九年多的持续深入合作期间，我们也贡献了我们各自的所长和专业知识，成就了一部我们独有的书稿。通过这部书稿，我们可以看到 20 世纪的众多革命性变化如何影响了 00 一代的美国男性、女性以及他们的家庭。

致谢

酝酿了四十年，本书的成稿，承恩于很多人的智慧、宽容和支持。在此，我们希望特别感谢成就了这一段旅程的核心人员。

如附录 C 中所详述，我们之所以能够开展本研究，最主要归功于 90 多年前当时的加利福尼亚大学伯克利分校儿童福利研究所（现在改名为人类发展研究所）研究主任哈罗德·E. 琼斯（Harold E. Jones）和所长赫伯特·R. 斯托尔兹（Herbert R. Stolz）的开创精神和远见卓识。1927 年，琼斯和斯托尔兹邀请麦克法兰主持一项针对 1928—1929 年出生的儿童的追踪研究，追踪其学前及向小学转变的情况。这些儿童的父母便是本书的研究对象，我们把他们称为伯克利 00 一代。我们非常感谢这些早期的研究人员，尤其是麦克法兰。她在研究过程中，缜密地关注到了这些父母的家庭背景，他们的成长经历以及家庭成员之间的互动情况。

本项目数据准备和数据分析的初步工作受到了美国国家科学基金会的支持，完成于 1972—1973 年，即埃尔德在人类发展研究所度过的休假年。研究所的那一学年结束之前，埃尔德已经起草好了一本有关家庭生活和个人生活中的社会变化的书稿章节雏形。感谢人类发展研究所和国家科学基金会对他的愿景的支持以及对本项目发起工作的帮助。

围绕着本书的核心主题，其后几十年里，埃尔德开始设计适当的测量工具，撰写各章节草稿，同时还发表了有关这些父母的育儿、子女向成年期的过渡衔接以及这些父母的衰老与健康等方面的书籍。这些年里，他获得了多名研究生、博士后、研究人员和其他合作伙伴的大力支持，他们来自他曾经任职的多个研究所，包括其在 20 世纪 70 年代早期任职的北卡罗来纳大学教堂山分校（University of North Carolina at Chapel Hill）的奥德姆社会科学研究所（Odum Institute for Research in SocialSciences），在20世纪70年代末任职的男孩城研究中心（Boys Town Research Center），在20世纪80年代任职的康奈尔大学人类发展学系（Cornell University Department of Human Development），从1984年开始一直任职至今的北卡罗来纳大学教堂山分校的卡罗来纳人口中心。其他项目减缓了他的进度，直到2010年，他意识到，是时候把本书的工作提升为优先事项了。

埃尔德邀请赛特斯坦和皮尔斯一同参与项目，于是在2012年，他们开启合作之旅，先是检查已经成稿的章节，然后针对一些话题进行拓展，把它们并入书稿成为新的章节。在他们的付出和领导之下，一本有关00一代动荡生活的书稿开始成型。在此后的七年内，本书作者轮流撰写新的章节并修订已有的章节，通过电话、邮件和会议的方式频繁地开展讨论。本书的撰写工作也获得了我们所任职的两家研究所——北卡罗来纳大学教堂山分校和俄勒冈州立大学的工作人员、同事和学生的鼎力相助。

卡罗来纳人口中心为埃尔德和皮尔斯提供了工作场地，以及与赛特斯坦远程交流和当面沟通的场地。中心的工作人员，尤其是信息技术组、图像组和图书馆组的工作人员为本项目提供了宝贵的支持。我们非常感谢中心在2013年提供的种子基金，在这笔基金的支持下，我们得以聘请乔伊斯[1]·塔伯（Joyce Tabor）、卡玛·黄（Karam Hwang）和蕾切尔·罗（RachelRowe）帮助我们对本研究的材料和数据进行数字化、清洗和整理。他们的工作富有成效。我们首次碰面时，特里·波伊思雷斯（Terry Poythress）

---

[1] 从上下文和公共渠道了解不到一些研究工作人员的性别，故对于此部分的中性名字，暂采用男性译名，包括此处的Joyce以及下文的Terry、Renee。——译者注

帮我们从埃尔德的文件中找出了研究相关的核心文件，并且分享了一些核心文件。感谢在 2014 年春天帮助我们对第 4 章涉及的访谈数据进行编码和分析的皮尔斯在第一学年研讨班上的学生。感谢雷尼·赖伯格（Renee Ryberg）帮助我们分析第 11 章涉及的数据。感谢卡罗琳·泰森（Karolyn Tyson）和米歇尔·伯杰（Michele Berger）针对章节书稿提出的有益的建议。

俄勒冈州立大学的多位同事和多个中心也都提供了慷慨支持。赛特斯坦负责的哈莉·福特健康儿童与家庭中心（Hallie Ford Center for Healthy Children and Families）给予了大力支持，这些支持一方面来自他领衔的团队，一方面来自公共健康和人文科学学院。这些年来，贝萨尼·戈德莱夫斯基（Bethany Godlewski），阿西娅·索格马汀（Asia Thogmartin）和科琳·泰勒（Corine Tyler）等研究生担任了多年的研究助理，也一直都在项目上发挥着重要作用，他们帮助浏览文档，分析定量和定性数据，开展文献检索，并且做了大量的会议记录，这些记录的数量之大，已足以让它本身成为一份档案。贝萨尼在本书第 2 章和第 10 章的内容上给予的帮助最多，科琳则是第 12 章。赛特斯坦获得了俄勒冈州立大学峡谷图书馆（Valley Library）提供的图书馆研究差旅基金（Liabrary Research Travel Grant）。在这笔基金的赞助下，他到过一次教堂山分校取数据，贝萨尼和特蕾丝·琼斯（Terese Jones）去过一次加利福尼亚大学伯克利分校的班克罗夫特图书馆（Bancroft Library）和伯克利历史学会（Berkeley Historical Society）收集材料。帕蒂·杰克逊（Patty Jackson）和劳拉·阿雷奥拉（Laura Arreola）帮助我们整理章节格式、绘制图表和生成数据。赛特斯坦在休假年专注本书工作期间，当时由大卫·鲁滨逊（David Robinson）担任主任的俄勒冈州立大学人文学科中心（Center for the Humanities）为他提供了工作场地。当埃尔德被邀请前往俄勒冈州，在坎贝尔讲坛（Campbell Lecture）上发表有关童年的关系、风险及韧性的演讲时，哈莉·福特中心也为他提供了支持。

我们也感谢加利福尼亚大学出版社的优秀员工所提供的支持和指导。执行编辑伊丽莎白·布兰奇·戴森（Elizabeth Branch Dyson）在一开始就对本书寄予厚望，在我们起草过程中，给予了耐心的等待。资深文字编辑爱丽丝·贝内特（Alice Bennett）让我们的文字变得更加优美。还有分别担任高级文稿编辑、推广专员和编辑助理的埃琳·德威特（Erin DeWitt）、丽安·卢西尔（Rian Lussier）和莫莉·麦克菲（Mollie Mcfee），他们也都为本书提供了帮助和指导。

我们还希望感谢目前正在亚利桑那州立大学任职的凯文·格里姆（Kevin Grimm），以及在加利福尼亚大学河滨分校任职的基思·维达曼（Keith Widaman），他们帮助我们取得了更多伯克利指导研究的数据资料。

最后，在为这个项目共事的这些年里，我们感谢彼此和我们各自的伴侣所给予的关爱、支持和理解。这段令人难忘的旅程充满着各种挑战，但最为重要的是，它也非常有意义。因为它，我们之间建立起了不可磨灭的联系。

补遗

21世纪头十年，我发现了两位特别适合一起完成本书撰写工作的学者，他们分别是赛特斯坦和皮尔斯。结果证明，他们确实非常合适，甚至远远超过了我的预期。从各方面来说，本书得以面世，归功于他们在文字上的出色贡献以及在组织上的辛勤工作。有幸与他们共同完成这份独特的事业，我感到非常幸运和感激。

小格伦·H. 埃尔德

注释

（扫码查阅。读者邮箱：zkacademy@163.com）